경쟁자도 반하게 할
최강 프레젠테이션 기술

PRE

경쟁자도 반하게 할
최강 프레젠테이션 기술

SEN

생초보도 어설픈 경험자도 멋지게 성공할 수 있다
체계적인 설명과 유용한 사례로 바쁜 직장인들에게 안성맞춤!

TATION

당신의 능력은 발표력으로 나타난다

많은 사람들 앞에서 발표하게 되면 누구나 긴장하기 마련이다. 평소 이야기를 잘 하는 사람도 지켜보는 사람이 많아지면 꿀 먹은 벙어리가 되는 경우가 있다. 대부분 심리적 부담 때문이다. 심리적 압박이 지속되어 자그마한 실수로 큰일을 망치는 경우도 가끔 볼 수 있다. 이런 사람들에게 발표에 대한 불안감을 없애고 좀더 효과적으로 발표할 수 있는 방법을 알려줄 수 있다면 매우 좋은 일일 것이다.

현대는 발표력이 매우 중요한 시대가 되었다. 불가피하게 발효할 기회도 많아졌고 그때 제대로 발표하지 않으면 살아남기 힘든 세상이 되었다. 그러니 성공을 원한다면 각자 가슴에 손을 얹고 '과연 발표에 자신이 있는가?' 라고 자문해봐야 한다. 막연한 자신감이 아니라 효과적인 테크닉도 갖췄는지 말이다.

발표력은 한 회사를 이끄는 사장은 물론 말단직원이라도 모두 갖춰야 할 능력이다. 리더라면 더욱 더 발표력이 중요하다. 발표를 잘 하려면 다른 사람에게 사실과 의견을 전달하는 것 그 이상의 능력, 설득력이 있어야 한다. 단순히 메시지를 전달하는 수준을 뛰어넘은 테크닉이 필요하다. 하지만 프레젠테이션은 단순히 말을 잘하는 기술이 아니다. 급변하는 지식사회에서 프레젠테이션은 정해진 시간 안에 얼마나 빨리 적절한 메시지로 자기의 뜻을 표현할 수 있는가가 승부를 결정한다.

이 책은 슬라이드 폰트에서부터 얼굴 표정까지 프레젠테이션에 대한 모든 부분을 상세하게 다루어서 실질적인 효과를 얻을 수 있다. 한 번이라도 이 책에 나와 있는 방법을 실행하는 것이 성공의 지름길이다.

그동안 프레젠테이션에 대한 저서가 무수히 쏟아져 나왔지만, 그것들과 달리 세계적인 프레젠테이션 전문가 펜숄트의 《최강 프레젠테이션 기술》은 새로운 관점을 보여준다. 펜숄트는 의사소통은 독백이 아니라 대화라는 것을 상기 시키며, 일방적인 소통이 아니라 쌍방적인 소통의 중요성을 깨우쳐준다. 그는 15년간 프레젠테이션을 가르쳐온 실력가이며 워크숍을 통해서 많은 사람들을 코칭해왔다. 그의 다양한 경험에서 깨달은 바로 프레젠테이션을 두려워하는 것은, 실체가 무엇인지 모르기 때문에 늑대를 두려워하는 것과 같이 프레젠테이션을 두려워한다는 것이다. 발표 때 보이는 불안감은 자연스러운 반응으로 프레젠테이션 과정을 완전히 이해하면 불안감이 해소되고 자신감이 고조되는 현상을 보인다는 주장이다. 그런 현상을 '프란시스 효과(Francis effect)'라고 명명했는데, 그의 코칭 기법은 매우 효과적이다. 특히 무턱 대고 발표 잘하는 법을 가르치는 것이 아니라, 하나하나 잘 안 되는 곳을 짚어주는 길 안내자의 역할을 잘 수행하고 있다.

이 책의 '프란시스 효과'를 활용하여 발표의 문제점을 바로 잡고 자신의 의도를 정확하게 전달하는 발표력을 강화할 수 있기를 바란다. 이제 껏 다른 프레젠테이션 책과 달리 코칭을 접목시킨 책이라 실전에 적용 하기가 쉬울 것이다. 잘 적용한다면 상대방을 자연스럽게 설득시키는 효과를 얻을 수 있다.

직장생활에서 발표할 기회가 자주 있거나 프레젠테이션을 힘들어하는 직장인이라면 이 책을 꼭 한번 읽어보라고 권하고 싶다. 이 책은 발표를 처음 준비하는 사람부터 프레젠테이션 전문가까지 즉시 활용할 수 있는 테크닉은 물론, 자신감까지 심어주는 훌륭한 가이드북이 될 것이다. 이 책에서 언급한 방법으로 하나하나 실습을 한다면 어느 틈에 자신도 모르게 훌륭한 발표자로 거듭날 것이라 확신한다.

윤영돈

생초보와 어설픈 경험자를 위한 방법

여러 사람 앞에서 효과적으로 발표하는 방법을 15년 동안 지도하다 보니 한 가지를 장담할 수 있게 됐다. 바로 하룻밤 사이에 자신 있는 발표가로 만들어주는 마법의 약은 없다는 것이다.

이 책은 사람들 앞에서 발표하면서 느끼는 일반적인 불안감을 빠르게 없애주는 비법을 소개하지는 않는다. 혹시라도 이런 방법이 있다면, 여러분을 비롯해서 발표 불안감을 느끼는 수많은 사람이 진작 이를 들어보고 사용도 해봤을 것이다. 적어도 이런 방법이 입수할 수 있고 감당할수 있으며, 합법적이고 건강에 해롭지 않다면 말이다(그러나 내가 만난 사람들 가운데 설사 불법인 데다 건강에 해로운 방법이라도 불안감을 없앨 수만 있다면 기꺼이 사용할 이들이 있었다).

이 책은 불안감의 실체를 밝히고 이 때문에 느끼게 되는 짜증을 없애줄 것이다. 먼저 불안감이 드는 게 지극히 정상이고 건강에 좋다는 점을 깨닫게 되는데, 이는 중요한 첫 단계다. 이 점을 깨닫지 못하면, 지적이고 자의식이 있으며 야심찬 사람들의 경우 자신에게 이미 깊게 자리 잡은 능력을 인식하기가 무척 힘들어진다. 아주 중요한 이 깨달음을 토대로, 이 책은 불안감을 최소로 줄이고 남은 불안감을 통제하는 데 필요한 방법을 소개한다. 이런 방법은 불안감을 방해요소가 아니라 기운을 북돋아주는 긍정적 요소로 바꿔주며, 심지어 남아 있는 신경과민까지 감춰준다!

발표를 잘하려면 아는 게 힘이며 탄탄한 준비가 핵심임을 알기에, 이 책은 여러 사람 앞에서 발표할 때 필요한 모든 핵심 질문에 답을 제시한다. 훌륭한 프레젠테이션을 준비해 효과적으로 전달하며, 압박감이 심한 상태에서도 아주 곤란한 질문에 점잖게 대답하는 데 필요한 사항을 소개한다. 또 실생활에서 활용할 아주 구체적인 지침, 제안, 비결, 사례를 담았다. 이 책의 정보는 단순한 기초 원리를 훨씬 초월하며, 갈수록 복잡해지고 협력이 중요해지는 현대 사회에서 발표에 성공할 수 있도록 도움을 줄 것이다.

이 책은 사업상 프레젠테이션을 하는 사람을 염두에 두고 집필했다. 그러나 책에 담긴 거의 모든 정보와 기초 원리가 전문직, 교육, 공공 서비스, 비영리 단체에 몸을 담고 있는 발표자에게도 잘 적용될 것이다. 사람들 앞에서 발표할 일이 있는가? 그렇다면 여러분은 이 책을 쓸 때 염두에 둔 독자 대상에 속한다. 주변에 발표하는 사람이 있는가? 그렇다면 그 사람도 이 책의 독자 대상에 속한다. 당연히 발표해야 하는데도 이를 거부하는 사람이 있는가? 그런 사람도 이 책의 대상이다. 결국 이 책은 사람들 앞에서 발표하는 모든 이를 대상으로 한다.

위대한 발표자는 타고나는 게 아니다. 다른 기술을 익힐 때와 마찬가지로, 발표에 진짜로 능숙해지려면(그리고 마음이 편해지려면) 기초 원리를 잘 익힌 뒤에 연습하고 평가해서 더 효과적인 방법을 찾아야 한다. 컴퓨터 사용자, 가수, 골프 선수, 암벽 등반가, 자전거를 배워본 사람이라면 누구나 이런 과정을 안다. 여러분도 이를 안다. 여러 사람 앞에서 발표할 때마다 모은 정보를 잘 활용하면, 다음 발표에서는 편안하게 효과를 증진할 수 있다.

내가 대학에 다닐 때, 첫 직장에 입사했을 때, 회사에서 처음으로 프레젠테이션을 했을 때, 자선사업 기금 조성자로 처음 발표했을 때 이런 책이 있었으면 정말로 좋았을 것이라는 아쉬움이 있다. 어쨌든 몇 년 동안 "꼭 책을 쓰세요"라고 말한 모든 고객에게 이 책을 선사할 수 있게 돼서 기쁘다.

이렇게 해서 이 책이 세상에 나왔다. 성장하기를 바라는 모든 사람에게 이 책을 바친다.

프란시스 효과와 프레젠테이션

이 책은 3부로 구성됐으며, 프레젠테이션 계획을 세우면서 주로 부딪치는 어려움 세 가지를 각 부에서 하나씩 통달하게 했다. 1부에서는 프란시스 효과(Francis Effect)를 소개한다. 프란시스 효과는 발표하면서 겪는 어려움에 몸이 보이는 자연스러운 반응을 진정으로 이해하면서 불안감이 줄어들고 자신감이 증가하는 현상을 말한다. 1부는 여러분이 느끼는 불안감을 이해하고, 대폭 줄이며, 효과적으로 통제하는 데 도움이 될 것이다. 2부에서는 프레젠테이션을 철저하게 계획하고 준비하는 방법을 소개한다. 3부에는 자신 있게 프레젠테이션하는 방법을 담았다.

책 전체를 앞에서부터 읽을지 아니면 필요한 부분부터 읽을지는 여러분 자유이지만, 먼저 1부를 자세히 읽어야 가장 좋은 결과를 얻을 수 있다. 발표 경험이 아무리 많더라도 1부를 읽으면 프레젠테이션하면서 부딪치는 각종 어려움을 새로운 시각으로 보게 될 것이다. 1부는 2, 3부에서 배울 정보를 잘 이해할 수 있게 돕고 여기에 새로운 의미를 부여한다.

주제별 정보에는 조언, 설명, 사례가 있는데, 제시한 기술과 방법이 효과를 발휘하는 이유를 알게 될 것이다. 각 조언에서는 발표자로서 여러분의 인간적 본성과 청중의 인간적 본성을 이해할 수 있게 해준다. 발표자가 자신의 인간적 본성을 이해하면 자신감과 기술이 향상되며, 마찬가지로 청중의 인간적 본성을 감안해 프레젠테이션을 계획하고 전달하면 일을 훌륭하게 치러낼 수 있다.

차 례

I부 프레젠테이션의 불안함

I 부

프레젠테이션의 불안함

누구나 불안하다
발표의 두려움

사람은 두려움을 타고난다. 넘어지기, 어둠, 바닷가재, 어둠 속에서
바닷가재 위로 넘어지기 또는 로터리클럽에서 발표하다가 넘어지기,
'회의 필수'라는 말 등 두려움을 느끼는 대상은 한도 끝도 없다.
                                                        ─데이브 베리

그의 차례가 됐다. 젊은 남자는 자리에서 일어나 강의실 앞으
로 걸어갔다. 앞에 선 그는 우리 쪽을 바라보더니 초조한 모습으로
고개를 홱 돌렸다. 수강생 11명이 그를 바라보며 조용히 기다렸다.
그는 강의실 뒤에서 비디오카메라로 자신을 찍는 나를 바라봤다.
내가 고개를 끄덕이자 그는 발표를 시작했다.

그는 앞서 발표한 수강생 너덧 명과 비슷한 소개말로 시작했
다. 그는 이름과 직책(국내 금융서비스 업체의 중간급 관리자), 사는 곳
(샌프란시스코 근교)을 소개했다. 그러고 나서 프레젠테이션 기술 훈
련 세미나에 참석한 이유를 설명했다.

"대학을 졸업하고 두 번째로 얻은 직장에서 브로커 일을 했습
니다. 그런데 프레젠테이션할 때마다 신경이 너무 곤두서서 제대

로 생각할 수조차 없었어요. 무릎이 후들거리는데다 목소리가 떨리고 땀까지 흘렸지요." 그는 씁쓸한 미소를 지으며, "말 그대로 옷이 흥건히 젖을 정도였습니다!"라고 했다.

"매번 그러는 거예요! 어찌나 심각한지 상사가 돕겠다고 나섰지요. 부장은 다음 프레젠테이션에 직접 참석해서 지켜본 뒤 발표를 마치고 나면 조언하겠다고 하더군요." 그는 눈동자를 좌우로 굴렸다. 다른 참가자들이 킬킬거리며 웃었다.

"그래서 부장이 제 프레젠테이션에 참석했죠. 회의실 뒤에 앉아 있더군요. 나는 프레젠테이션하면서 부장 쪽을 몇 번 봤어요. 처음에는 그저 나를 쳐다보고 있었어요. 얼마 지나니 머리를 흔들더라고요. 그리고 나서는 고개를 숙이고 손으로 얼굴을 가렸어요. 정말 엉망이었답니다. 프레젠테이션을 마치자 부장은 맥주를 한잔하자고 하더군요. 둘 다 아무 말 없이 앉아서 맥주만 마셨죠. 마침내 그는 내게 '맙소사, 존. 그 사람들은 자네를 안 잡아먹는다네!'라고 하더군요."

참가자들은 모두 웃었지만 마음이 불편한 듯 몸을 움찔거렸다.

"그러니까 내가 이 세미나에 참가한 이유는… 그들이 나를 잡아먹지 않을 것임을 알기 때문입니다. 어쨌든 나는 이 업계에서 거의 12년 동안 일했어요. 내가 발표하는 내용도 잘 알고 있죠. 이제는 땀을 흘리지 않거나 옛날처럼 많이 흘리지는 않지요. 하지만 프레젠테이션할 때마다 똑같이 불안합니다. 그래서 어떤 충고라도 들어보려고 오게 됐습니다."

다른 참가자들이 고개를 끄덕이며 보내는 박수를 받으면서 그는 자리로 돌아갔다. 뒷줄에 있던 한 여성이 옆 사람 쪽으로 몸을 기울이더니 작은 소리로 말했다. "내 말이!"

사람들 앞에서 발표할 때 불안한 게 얼마나 일반적인가?

여러 사람 앞에서 이야기할 때 불안한 것은 아주 일반적이라 대부분 자신은 물론 다른 사람들도 이 감정을 느낄 것이라고 생각한다. 사람들 앞에서 이야기할 때 두려움을 느끼는 것은 학자들이 말하는 '의사소통 불안(communication apprehension)'의 가장 일반적인 형태다. 의사소통 불안은 '개인이 한 사람 또는 여러 사람과 실제로 의사소통하거나 이를 상상하면서 느끼는 두려움이나 불안'이다. 내가 몇 년 동안 교육과 상담 과정에서 만난 사람들은 대부분 자신이 유일하게 지닌 의사소통 불안은 여러 사람 앞에서 발표하는 것이라고 했다.

반면에 이들은 1 대 1, 소규모 그룹, 전화, 파티 등에서 말할 때는 훨씬 마음이 편하다고 한다. 그리고 많은 이가 여러 사람 앞에서 이야기할 때 느끼는 불안이 다른 이들보다 더 심하다고 믿는다. 사람들은 자신이 느끼는 불안감의 강도에 의아해하고 짜증스러워하며 청중이 이를 알아챌까봐 걱정한다. 그리고 발표할 일이 없는 직업을 선택한다. 나도 그런 축에 속했다.

나는 어릴 때부터 아주 수줍어 해서 학교에 다니는 내내 눈에 띄지 않으려고 노력했다. 게다가 커뮤니케이션을 전공하여 학위를 두 개나 따면서도, 발표 강좌는 한 번도 수강하지 않았다. 대학과 대학원을 다니면서 간단한 프레젠테이션을 할 기회가 딱 두 번 있었지만 두 번 다 그리 달가운 경험이 아니었다.

역설적이지만 내가 직업으로 삼은 커뮤니케이션 분야는 사업계 프레젠테이션을 효율적으로 계획하고 전달하도록 돕는 세미나를 진행하는 것이었다. 10년 동안 나는 발표에 대한 두려움으로 고생하는 사람들을 지켜봤다. 이들은 끔찍했던 경험을 수없이 들려줬다. 이 과정에서 나는 이처럼 만연된 두려움을 확실히 설명하는 사람이 없다는 사실이 불만스러웠다.

많은 연구 논문이 발표에 대한 두려움을 '공연 불안(perform-ance anxiety)'에서 유발된 것으로 간단히 치부한다. 다시 말하자면 전문가들은 "공연 불안 때문에 사람들 앞에서 공연하기 두려워하는 겁니다"라고 한다. 그렇지만 이는 논점을 회피하는 답이다. 이는 '아프기 때문에 아픈 것이다'라고 하는 것이나 마찬가지다.

따라서 다음과 같은 여러 의문점이 남는다. 공연 불안은 무엇인가? 발표 두려움이 진짜 공연 불안인가? 공연 불안의 유일한 원인인가? 무엇 때문에 그렇게 흔하게 일어나고 사람을 무력하게 만드는가? 행사의 중요도나 관련된 실제 위험 요소와 상관없이 항상 강력한 힘을 발휘하는 이유가 무엇인가?

내 고객들은 지적이고 유능하며 이성적인데도 자신의 두려움이나 불안감을 스스로 명확히 이해하거나 설명할 수 없음을 불만스러워 했다. 나 또한 원인을 설명할 수 없었다. 발표 불안 예방법을 아무도 알려줄 수 없다는 점만은 분명했다. 그러나 원인을 모르는 상태에서는 프레젠테이션을 준비하면서 거친 여러 과정이 불안과 두려움을 최소로 줄이고 통제하는 데 과연 효과가 있을지 확신할 수 없었다.

나는 전통 분야(심리학, 사회학, 대인간 커뮤니케이션)에서 이 의문을 해결할 만족스러운 답변을 찾지 못해 다른 분야(생물학, 인류학, 생리학)를 탐구했다. 이 과정에서 찾은 답이 이 책의 토대가 됐다. 나는 발견한 답을 고객들에게 알렸고, 그 결과 발표와 관련해 거의 공통적으로 나타나는 불안과 두려움을 받아들이고 최소화하며 통제하는 면에서 엄청난 효과가 있었다. 여러분도 이런 답을 이해하면 같은 경험을 하게 될 것이다.

오드리(Audrey)는 누구에게나 사랑받을 만한 여성이었다. 그녀는 강의실에 들어서는 순간 모든 참가자에게 큰 영향을 미쳤다. 내가 인사하려고 다가서자 망설이는 것 같으면서도 따뜻한 웃음을 보여주었다. 그녀는 이름표를 붙이고 커피를 따른 뒤 먼저 도착한 세 참가자 쪽으로 걸어갔다.

내가 강사로 초빙된 그 세미나는 대형 컴퓨터 업체의 사내 대학(corporate university)에서 자사 직원을 대상으로 연 것이었다. 참석자들은 서로 다른 부서에 근무했기 때문에 다들 초면이었다. 먼저 도착한 사람들은 둥글게 모여 약간 부자연스럽게 이야기하고 있었다. 그들은 주로 프레젠테이션 세미나에 참석한 이유에 대해 이야기했다.

그러나 오드리가 합류하고 채 2분도 지나지 않아 모든 사람이 큰 소리로 웃기 시작했다. 이어 새로 도착한 사람들도 바로 이 무리에 끼어 대화에 참여했다. 오드리는 모든 이에게 자신을 소개했는데, 그녀의 개방적인 태도와 마음에서 우러나온 호기심과 따뜻한 품성 덕에 대화가 자연스럽게 흘러갔다.

세미나를 시작할 시간이 됐다. 참가자 열 명은 자리에 앉으면서, 서로 오드리 옆 자리를 차지하려고 장난스러운 말싸움을 했다.

내가 세미나를 간략하게 소개한 뒤 참석자들은 강의실 앞쪽으로 나와서 자기소개를 했다. 몇 명은 소개를 하는 게 상당히 불편해 보였다. 한 남성은 말하면서 계속 바닥만 쳐다봤다. 사람들이 소개를 끝내고 자리로 돌아갈 때마다 참가자들은 형식적으로 손뼉을 쳤다.

오드리는 아홉 번째로 앞에 나왔다. 그녀는 사람들을 바라보며 밝은 미소를 지었다. 그녀는 자기소개를 아주 훌륭하게 했다. 먼저 일반사무직에서 마케팅부장으로 승진한 과정을 멋지게 설명했다. 이어 사랑과 자부심을 담아 남편과 두 딸을 소개했다. 그리고 나서 세미나에 거는 기대가 아주 크다고 했다. 참가자들은 열광적인 박수를 보냈다.

오드리는 계속 서 있었다. 그녀는 뒤에서 비디오카메라를 들고 서 있는 내게 시선을 보냈다. 그녀는 '자리로 돌아가기 전에 한마디 더 해도 될까요?' 라고 묻는 듯했다. 나는 고개를 끄덕였다. 박수 소리가 가라앉자, 그녀는 다시 청중을 바라봤다. 그녀의 어깨가 푹 꺼졌다. 그녀는 등을 구부리고 걱정스러운 듯 참가자들을 곁눈질하며 말했다. "솔직하게 말해주세요. 내가 지금 머리카락이 곤두설 정도로 떨고 있는 게 느껴지나요?"

때로 청중은 발표자의 두려움을 눈치 채지 못한다

대체로 청중은 발표자의 기분을 잘 파악하지 못한다. 청중은 발표자의 두근거리는 심장소리, 위가 졸아드는 느낌, 바싹 타들어가는 입, 가슴을 타고 흐르는 땀을 알아채지 못한다. 또 쭈뼛 서 있는 머리털도 못 본다. 설사 발표자가 긴장한 게 확연히 드러나고 가까이 다가서면 무릎이나 손이 떨리는 게 보일 정도이더라도 청중은 발표자가 마지막까지 잘 진행하기 바란다. 여러분이 청중석에 앉아서 긴장한 발표자가 하는 말을 듣던 때를 떠올려보자. 비난하기보다는 발표자가 발표를 잘하기를 바랐을 것이다.

발표자가 몸을 앞뒤로 흔들면서 손가락을 만지작거리거나, 손을 주머니에 쑤셔 박고 있거나, 목소리가 떨리고 갈라지거나, 시선을 한 곳에 집중하지 못해 허공을 떠도는 모습을 상상해보자. 이렇게 발표자가 긴장한 모습이 역력하게 보일 때 청중은 발표자를 무정하게 비판하지 않는 경향이 있다. 발표자의 기분을 아는 것이다.

청중은 발표자의 상황에 공감한다. 이들의 긴장감에 감염될 수도 있다. 청중은 발표자가 발표하면서 점차 긴장을 풀기 바란다. 그러나 청중이 불안해하는 발표자를 무정하게 비판하거나 경멸하지는 않는다 해도, 청중의 반응은 아주 자신만만한 발표자가 진행할 때와 분명히 다르다.

이번에는 반대로 주도권을 쥐고 이끌어가는 발표자의 발표를 듣던 때를 생각해보자. 이런 발표자와 긴장한 발표자의 차이는 분명하다. 이들의 발표를 들으면 기분이 좋다. 청중과 공감대를 나누려고 노력하는데다 확연한 자신감과 기술까지 있는 발표자의 말을 듣다보면 활력이 넘치는 대화에 참여하는 느낌이 훨씬 많이 든다. 이런 경우 사람들은 이야기에 빠져들어 경청하며 내용에 집중하기가 더 쉽다. 또 자발적으로 질문하고 싶어한다.

긴장한 발표자와 자신만만한 발표자가 각자 전문 분야에서 동일한 능력이 있다고 해보자. 청중이 둘 중 누구와 더 일하고 싶겠는가? 누구에게 물건을 사고 싶겠는가? 누구를 고용하고 싶겠는가? 누구를 승진시키고 싶겠는가?

최근에 한 조사기관에서 실시한 설문조사 결과, 기업 중역과 관리자 가운데 94%가 경영계에서 성공하는 데 가장 중요한 기술로 의사전달을 꼽았다. 집단을 대상으로 효율적으로 발표하는 능력은 의사전달에서 중요한 부분을 차지한다. 집단을 대상으로 발표하는 능력에 따라 여러분의 존재감이 높아진다. 여러분이 조직에서 지위가 높아질수록 말을 잘하는 능력의 중요성도 커진다. 여러분이 어떤 지위에 있든 간에 발표를 잘하면 아이디어를 공유할 수 있고, 제품과 서비스를 판매할 수 있으며, 다른 사람에게 영향을 미쳐 이들이 더 높은 목표를 달성할 수 있게 북돋는 능력이 커진다. 프레젠테이션을 훌륭히 하면 여러분이 몸담고 있는 조직에 훨씬 더 공헌할 수 있다. 여러분의 조직은 물론 여러분도 이 공헌의 대가로 각종 보상을 받게 될 것이다.

그렇지만 세상에서 가장 가치 있는 보상이 보장되더라도, 발표

핵심 포인트

발표에 동반되는 불안은 일반적이어서 다들 이를 당연하게 여기게 됐다. 이런 불안은 일반적으로 불가피한 요소로 받아들여진다. 그러나 불안 증상이 심각해지면 신체적·감정적으로 불편하고 스트레스가 생긴다. 평소에는 자신만만하고 지식이 넘치는 사람들에게 이런 증상(과 수반되는 불편함과 스트레스)은 짜증과 부끄러움을 일으킨다. 그 결과 너무 많은 사람이 발표를 피하려 한다. 그러나 여러 사람 앞에서 발표할 기회를 피하는 사람은 정보를 공유하고 알리며 설득할 기회를 잃는 셈이다. 이렇게 되면 존재감을 부각하고 이익을 얻으며 성공할 기회가 줄어든다.

자신이 이런 상황에 빠지게 방치하지 말자. 불안감을 이해할 수 없는 불가피한 증상으로 받아들이지 말고, 이런 감정이 드는 이유를 파악하는 법을 익히자. 그러고 나면 불안을 최소로 줄이고 통제하며 결국 여기에 정통할 수 있다.

할 때 흔히 나타나는 불안과 두려움과 각종 신체적인 변화를 없앨
수 없을 것이다. 그래도 불안과 불편함이 아무리 일반적 증상이라
해도 이를 당연하게 받아들이면 안 된다. 이런 증상을 이해하고 최
소로 줄이며 통제해야 한다. 이 책은 여러분이 이렇게 할 수 있게
도울 것이다.

하강 악순환
불안이 불안을 유발하는 과정

위험은 두려움을 부르고, 두려움은 더 많은 위험을 부른다.
―리처드 백스터

발표 때문에 느끼는 두려움과 불안을 더 자세히 살펴보기 전에 두 증상의 차이점을 분명히 해야 한다. 두려움과 불안은 모두 위협을 인식했을 때 감정적이고 지적으로 나타나는 반응이다. 그러나 둘 사이에는 중요한 차이점이 있다.

두려움은 명확한 위협에 닥쳤을 때 나타나는 반응이다. 고속도로에서 일반도로로 나오던 참에 갑자기 브레이크가 작동하지 않거나, 기이하게 생긴 커다란 개가 앞길을 막고 으르렁거릴 때를 예로 들 수 있다. 반면에 불안은 막연하거나 명확하지 않은 위협의 결과로 생긴다. 이유 없이 자녀의 안전을 걱정하거나, 재정 상태가 악화될 가능성도 없는데 이를 우려하는 것이 불안의 예다.

산업화된 사회에서 살아가는 사람들은 대체로 신체적으로 실제 위험을 경험할 일이 별로 없다. 예를 들어 사람들은 대부분 브레이크가 갑자기 고장 나는 일을 평생 겪지 않을 것이다. 우리는 청중이 신체적으로 해를 주지 않을 것임을 알고 있다.

그러나 오늘날처럼 급속도로 변하고 경쟁적인 사회에서 사람들은 심리적인 위협을 경험한다. 대체로 업무와 관련된 프레젠테이션과 발표는 신용, 지위, 명성, 돈을 얻거나 잃을 수 있는 기회로 직결된다. 이 '기회'가 일정표에 기재되면 일반적으로 어떻게 반응하는가? 불안해한다. 불안은 처음에는 막연하지만, 정해진 날짜가 다가올수록 공포로 변한다.

불안감을 느낀 발표자는 이를 설명해줄 거리를 찾고 원인을 분석하게 된다. 이 과정에서 대부분 적어도 두세 가지 특정한 두려움을 발견한다. 내가 사람들에게 자주 듣는 두려움은 다음과 같다.

전달하려는 정보가 잘못되었으면 어떻게 하지? 지루하게 하면 어쩌나? 내용을 이해시키지 못하거나 헷갈리게 하면 어떻게 한담? 질문에 답을 못하거나, 아예 질문이 하나도 안 들어오면 어쩌나? 내 말에 수긍하지 않으면 어쩌지?

목소리가 떨리거나 갈라지면 어쩌나? 입이 바싹 마를 수도 있잖아? 땀을 많이 흘려 사람들이 알아채면 어떻게 하나? 말을 너무 부드럽게 하거나 너무 빠르게 하면 어쩌지? 할 말을 잊어버리면 어떻게 하나? 말이 두서없이 나와 걷잡을 수 없이 흘러갈 가능성도 있잖아?

위 두 단락에 담긴 걱정을 다시 살펴보면, 각 단락이 다른 종류임을 알아차릴 것이다. 첫째 단락에 나온 걱정은 내용(주제, 전달할 정보, 사용할 보조자료, 청중의 구성, 청중에게 필요한 사항과 이들의 요구)을 정하고 준비하는 과정과 관련돼 있다. 이를 '내용걱정(content concerns)'이라고 해보자.

두 번째 단락에 담긴 걱정은 발표, 즉 발표자가 내용을 전달하는 방법과 관련돼 있다. 이를 '발표걱정(performance concerns)'이라고 하자.

내용걱정은 흔히 지식이나 정보가 부족할 때 일어난다. 예를 들면 프레젠테이션 준비 방법을 모르는 경우다. 또는 전문성이 부족한 청중에게 최신 제품의 작동 원리를 이해시킬 방법을 모를 수도 있다. 아니면 슬라이드에 얼마나 상세한 내용을 담아야 할지 확신이 서지 않을 수도 있다.

이 밖에 CEO가 참석하기로 돼 있는데, 이 사람이 아주 어려운 질문을 하기로 유명할 수도 있다. 이런 문제에 대한 조언과 답은 2부와 3부에서 자세히 얘기하겠다. 그러면 다음 상황은 어떻게 처리해야 하는가?

▶▶ 다른 사람을 대신해서 발표하게 됐다. 발표 직전에 상사의 대타로 자리를 메워달라고 '부탁' 받았다고 하자. 중역 브리핑 센터에서 중요 고객을 대상으로 30분 동안 발표해야 한다. 여러분과 소규모 기술자 팀은 지난 3개월 동안 다른 어려운 프로젝트에만 열중했다. 그간 여러분은 상사와 거의 접촉하지 않았다. 따라서 발

표 주제에 일반적 지식만 있지, 그 분야의 전문가라는 생각이 안
든다.

↪ 모호한 주제로 발표해야 한다. 업계의 한 총회에서 90분 동안 발
표해달라는 요청을 받았다. 여러분은 내년에 독립해서 컨설턴트
일을 할 계획인지라, 이번이 자신을 알릴 기회라고 보고 수락했
다. 총회 주최 측에서 주제와 프레젠테이션 제목을 정했다. 제목
은 '경영 효율성 평가' 다.

↪ 청중에 대해 아는 것이 거의 없다. 마케팅부장에게 신제품 정보
슬라이드 42장을 막 넘겨받았다. 영업 프레젠테이션에서 이 슬
라이드를 사용하라는 지시가 내려왔다. 그리고 오후에 중요한
프레젠테이션을 해야 한다. 여러분은 제품을 잘 안다. 그러나 새
로 만든 슬라이드는 지난주 회의에서 딱 한 번 봤다. 고객이 막
구매를 결정하려는 참인 것 같다. 그러나 여러분은 프레젠테이
션 참석자에 대해 모른다.

위의 상황에서 드는 우려는 내용걱정이다. 청중의 눈높이에 맞
춰서 발표하려면 해당 주제에 대한 전문적 지식과 청중에 관한 충
분한 정보가 가장 중요하며, 이는 그 무엇으로도 대체할 수 없다.
둘 가운데 하나만 부족해도 자신 있게 발표하기가 무척 힘들다. 그
이유를 소개한다.

하강 악순환

　　해결하지 못한 내용걱정은 불안을 상승시키는 하강 악순환 (downward spiral)에서 1단계에 해당된다. 내용걱정은 빠르게 감정적 두려움을 불러일으키며, 이 상태는 하강 악순환에서 2단계에 속한다. 이 단계에서 사람들은 각종 의문에 빠진다.

　　사람들이 나를 지식이 충분하지 않거나 무식하거나 급기야 멍청하다고까지 생각하면 어떻게 하지? 이 기회와 수입과 지위와 명성을 잃어버리면 어쩌나? 회사와 상사와 동료와 나 자신을 실망시키면 어떻게 하나? 내 평판과 경력과 신용에 손상이 가면 어쩐담?

　　발표자 대부분이 내용걱정에서 유발된 발표걱정(2단계)을 경험한다. 발표걱정은 더 많은 불안을 유발한다. 이렇게 불안이 고조된 상태가 3단계다. 3단계에서는 불안 자체를 불안해하게 되며, 두려움 때문에 더 두려워한다. 사람들은 다음 내용을 자문한다. 너무 긴장해서 불안감이 확연히 드러나면 어쩌나? 청중이 불안한 모습을 보면 어떻게 하지? 불안해서 내는 소리를 들으면 어쩌지?

　　할 말을 잊어버리면 어떻게 하나? 틀린 내용을 말한다면? 목소리가 떨리거나 갈라지면 어쩐담? 다리가 후들거릴 수도 있잖아? 너무 빨리 말하면? 목소리가 작게 나오면 어쩌지? 목소리가 너무 크게 나오면 어쩐담? 하염없이 땀이 흐르면 어떻게 하지?

　　청중이 이런 문제를 알아챌까봐 두려워하면 상황은 더 심각해진다. 두려움과 불편함이 악순환하는 하강 곡선에 가속이 붙는다.

시간이 지날수록 멈추기가 더 힘들어진다. 그럼 하강 악순환이 진행되는 단계를 정리해보자.

1. 발표 내용에 확신이 없다.
따라서 성공할지 확실하지 않다. 실패할 가능성도 있다.
실패 결과는 고통스러울 것이다.
고통스러운 결과가 생길 것이라는 생각에 실패하는 게 두려워진다.

2. 실패할까봐 두려워 긴장된다.
긴장돼서 땀이 나고 _____ .
(여러분에게 적합한 발표걱정을 빈칸에 써넣으시오)
청중은 내가 땀을 흘리고 _____ 것을 볼 것이다.
청중은 내가 긴장했음을 알아차릴 것이다.
청중은 내가 긴장했음을 알아차리고, 나를 하찮게 볼 것이다.

3. 청중이 나를 하찮게 볼 것임을 알기에 더 긴장된다.
긴장이 커질수록 땀을 더 흘리고 _____ 것이다.
땀이 나고 _____ 것을 알기에, 더더욱 청중이 이를 감지하고 내가 긴장했음을 눈치 챌 것 같다.
이들은 내가 긴장했음을 알아차리고, 나를 하찮게 볼 것이다.

발표를 잘못할까봐 두려워하면 하강 악순환이 계속돼 두려움이 현실이 된다. 이는 자기 예언의 전형적인 예다. 많은 사람이 하강 악순환을 한 번만 경험해도 평생 사람들 앞에서 발표하는 것을 꺼리게 된다. 그렇다면 다음 조언이 발표 때문에 느끼는 두려움에 답이 되는가? '발표하기 전에 항상 내용과 청중을 잘 파악해둔다.'

이는 답의 일부분이지만 좋은 조언이다. 항상 이 조언을 따르기 바란다. 그러나 이를 따르기는 간단하지 않다. 현실적으로 발표 내용이나 청중을 파악하기 힘든 경우가 있다. 조직에서 지위가 올라갈수록 더 자주, 더 광범위한 주제로 발표하게 된다. 반면에 준비 시간은 줄어든다. 또 청중 구성이 다양해진다. 많은 발표 상황에서 내용과 청중에 관한 상세 정보를 확보하지 못할 것이다.

따라서 위 조언을 열심히 따르려 해도 상황에 따라 불가능할 때가 있다. 설사 이 조언을 따르더라도 또 다른 문제가 있다. 때로 논리적 이유도 없이 내용걱정과 발표걱정이 생기기도 한다. 여러분이 해당 분야의 전문가라고 치자. 발표장에서 지위가 가장 높고 희소식을 전달하고 있다. 청중은 여러분을 존중하며 흠모하기까지 한다. 그런데도 여전히 불안이 강타한다.

테리는 로스앤젤레스 서부에 산다. 그는 재능 있는 연기자이자 극작가다. 텔레비전 방송과 광고에 여러 번 출연했고 10년 동안 장기 공연한 연극의 대본을 쓰기도 했다. 그는 유머감각이 뛰어나고 인간 행동의 모순을 잘 간파한다. 게다가 15년 동안 프레젠테이션 기술을 지도했다. 그리고 호평받은 발표를 많이 했다.

테리는 한 기업 총회에서 '훌륭한 발표 기술의 중요성'을 주제로 발표해달라는 의뢰를 받고 흔쾌히 승낙했다. 발표는 화요일 오전 일찍 하기로 돼 있다. 테리는 일주일 전에 준비하기 시작했다. 초고를 작성하고 슬라이드를 골랐다. 샌프란시스코행 비행기 표를 예약하고, 행사가 열리는 대규모 모스콘 센터(Moscone Center) 근처에 있는 호텔도 예약했다. 모든 준비를 마친 것이다.

테리는 월요일 오후에 샌프란시스코행 비행기를 탔다. 비행기가 이륙해서 대양을 가로지르는 동안 의자에 몸을 기대고 눈을 감은 뒤 다음 날 아침 일을 생각했다. 마음속으로 발표를 연습하기로 했다. 무대로 올라가는 모습을 상상했다. 그러자 불안이 강타했다. 가슴이 조여오며 숨이 가빠졌다. 양손과 이마에 땀이 났다. 위가 뒤틀렸다. 머리에 갖가지 생각이 떠올랐다.

테리는 '총회가 취소됐을 수도 있어. 아니면 오늘 발표자들이 너무 오래 발표해서 내일 아침에 끝내야 할지도 몰라. 그러면 내 순서는 아예 없어질지도 몰라'라고 간절히 바랐다.

테리는 이런 가능성을 생각해봤다. 그러나 실제로 이런 일이 일어날 확률은 거의 없었다. 그는 다른 가능성을 생각해봤다. '그래, 어쩌면 이 비행기가 추락할지 몰라!' 테리는 이를 간절히 바랐다.

비논리적으로 보이지만, 심지어 경험 많은 전문 발표자나 공연자들마저 불안을 느낀다. 대단히 성공한 수많은 기업가마저 발표하기 전에 늘 불안감을 느낀다고 한다.

몇 달 동안 호평받으면서 연극 공연을 하고 있지만 대사 한 줄 잊지 않는 배우가 있다. 또 수백 번이나 노래를 부르는 가수도 있다. 전국 클럽에서 1인극 순회공연을 하면서 박수갈채와 웃음을 끌어내는 배우도 있다. 그러나 이들은 공연할 때마다 불안해한다.

노련한 사업가들도 이와 동일한 불안감을 느낀다. 나는 이 때문에 곤혹스러워하고 불만에 빠진 사람들이 이런 말을 자주 하는 것을 듣는다.

▸▸ 순회 판촉전을 하면서 16개 도시를 돌았습니다. 같은 프레젠테이션을 적어도 25번은 했을 겁니다. 시간이 지나면서 수월해지기는 했지만 매번 긴장되는 거예요.

▸▸ 내가 직접 프레젠테이션 내용을 썼거든요! 박사학위 논문도 그 주제로 썼어요! 누구보다 잘 아는 주제란 말입니다. 그런데도 가장 중요한 요점을 빠뜨리고 말았어요!

▸▸ 내 목소리가 너무 떨려 꼭 오페라에서 노래를 부르는 것 같다니까요.

▸▸ 떨리는 무릎이 부딪치지 않도록 발을 넓게 벌리고 서는 데 통달했을 정도랍니다.

▸▸ 이제는 프레젠테이션할 때 비싼 실크 블라우스를 입지 않는답니다. 저번 회의가 끝난 뒤 가장 좋아하던 블라우스를 버려야 했거든요.

▸▸ 실연할 때마다 손에 땀이 어찌나 나는지 마우스가 말 그대로 흠

뻑 젖는답니다.

이런 이야기를 들어보면 발표 내용을 잘 알며 청중에게 맞는 내용이라고 확신하더라도 여전히 불안감이 강타한다는 점이 명백해진다. 불안감은 자주 강하게 몰려들기도 한다. 이럴 때 우리 신체는 스스로 알고 있는 유일한 방법으로 반응한다.

왜 신체 반응이 그토록 강한가?

인간의 몸이 내용걱정과 발표걱정에 반응하는 방법은 신체에 위험에 닥쳤을 때와 똑같다. 우리 몸은 이 둘의 차이점을 인식하지 못한다.

고대 사회에서 삶이 '거칠고 잔인하며 짧았던' 시절에 인간에게 닥치는 위험은 대부분 신체적인 위협이었다. 험난한 지형, 독을 품은 뱀과 곤충, 위험한 야생동물, 이밖에 신체에 가해지는 수많은 위험이 생활 곳곳에 도사리고 있었다. 우리 몸의 구조는 비교적 최근에 창조된 도시, 복잡한 상업과 법률 체계, 정교한 기술보다 훨씬 오래전에 만들어졌다. 물론 프레젠테이션 개념이 나오기 훨씬 전에 만들어졌다. 이렇게 오래전에 만들어진 인간의 몸은 여전히 작동하며, 여기에 인식한 위험에 대해 신체적으로 반응하는 능력이 진화됐다.

그러니 인간 몸의 구조와 현대 생활에서 필요한 사항 사이에 격차가 얼마나 크겠는가? 인간 몸의 현재 구조는 대략 2,000만 년 전에 정립됐다. 이 구조는 훨씬 더 오래된 구조에서 진화해왔다. 기원전 5000년경에 시작된 인간 사회, 경제 구조, 기술은 빠른 속도로 발전했다. 그러나 인간 몸의 진화는 이 속도를 따라잡지 못했다. 우리는 현대 사회에서 프레젠테이션을 한다. 그러나 프레젠테이션하는 우리 몸은 초기 석기시대에 만들어졌다. 석기시대의 몸은 심리적이고 감정적인 위협에 대해 신체적 위협에 닥쳤을 때와 동일하게 대응한다. 즉 신체적으로 변화가 일어난다는 말이다.

오늘날 심리학에서는 이런 변화를 '투쟁-도피 반응(fight or fight response)' 이라고 한다. 투쟁-도피 반응으로 신체 감각이 아주 민감해지는데, 이는 신체적 위험을 감지하거나 피하는 데 도움이 된다. 위험을 피할 수 없을 때 싸우거나 도망가도록 신체의 힘이 강해지고 속도가 빨라지는 변화도 일어난다.

이런 신체 변화는 기억력을 떨어뜨리고 분석 기술을 저하시킨다. 또 빠르고 분명하게 생각하는 능력을 떨어뜨린다. 할 말이 잘 생각나지 않게 한다. 현대적 지혜가 필요하며, 분명하고 빠르게 생각하고 전문적으로 대처해야 하는 바로 그 순간에 정작 몸은 완전히 반대 반응을 보이는 것이다.

투쟁-도피 반응의 속성을 모르면 자신의 신체반응에 깜짝 놀라게 된다. 설사 놀라지 않고 이미 다른 프레젠테이션 전이나 도중에 이를 경험한 적이 있더라도 신체의 이런 변화는 그리 달갑지 않다. 게다가 실제로 내용걱정이나 발표걱정이 없는데도 몰려드는 불안은 더 달갑지 않다.

필요한 만큼 준비하지 못했거나 아주 중요한 발표라면 불안한

핵심
포인트

내용걱정과 발표걱정은 발표 두려움을 높인다. 내용걱정은 프레젠테이션 내용을 선택하고 준비하는 데서 생기는 걱정이다. 여기에는 주제의 적합성, 전달할 정보의 내용, 사용할 보조 자료, 청중의 특성, 청중에게 필요한 사항과 이들의 요구, 청중의 반응이 포함된다.

발표걱정은 발표자가 정보 전달 방법과 진행 방법을 놓고 우려하는 것이다. 지식과 전문성을 잘 보여줄 수 있는가? 외양과 목소리에 자신감이 있고 신뢰가 가는가? 청중의 질문에 잘 답할 수 있는가?

발표자가 발표 내용의 타당성이나 적합성을 걱정하면 쉽게 불안과 두려움을 느끼게 된다. 일단 자신이 긴장한 증상이 확연히 드러나 청중이 이를 감지한다고 생각하면 더 긴장하게 된다. 더구나 긴장이 높아지면 긴장이 확연히 드러날 가능성도 따라서 많아진다. 두려움과 불안에서 나타나는 이런 하강 악순환은 통제하거나 없애기 힘들다.

하강 악순환을 한 번이라도 경험한 발표자는 다시 사람들 앞에서 발표하기 힘들어진다. 내용걱정 때문에 생긴 두려움과 공포를 최소로 줄이고 통제하는 한 가지 방법은 준비를 철저히 하는 것이다.

그러나 내용걱정이나 발표걱정을 할 타당한 이유가 전혀 없는 상황에서도 불안해지곤 한다. 발표자가 불안감(그리고 투쟁-도피 반응으로 알려진 신체적 불안 증상)을 느끼면 내용걱정이 없더라도 하강 악순환이 시작된다. 그러고 나면 발표자에게 불만이 쌓인다. 이 불만 덕에 발표자가 직접 행동에 나서서 두려움을 최소화하고 통제할 방법을 찾기도 한다.

게 이해된다. 그러면 철저히 준비했거나 별로 중요하지 않은 발표일 때는 어떤가? 설명할 수 없는 불안감은 왜 생기는가? 앞서 예로든 테리의 경우처럼 타당한 이유가 없는데도 왜 불안해지는가? 이럴 때 신체는 어떤 반응을 보이는가? 합리적 이유가 없는데도 불안하다면 합리적인 사람은 당연히 불만을 느끼게 된다. 더구나 합리적인 사람이 평소에 자신감이 넘치고 통제력이 강하며 권력까지 있는데도 불안감을 어쩔 도리가 없다면 불만은 더 커진다.

불만 자체는 부정적이지만 긍정적인 면도 있다. 상황을 개선하려고 노력하게 만드는 원동력이 되기 때문이다. 3장과 4장을 읽으면 직접 나서서 상황을 개선하는 데 도움이 될 것이다. 이 두 장에서는 두려움과 공포를 느끼는 이유를 더 자세히 설명한다.

늑대와 여러 공포증
두려움의 진짜 이유와 해결책

고대사회에서 늑대는 눈길을 한 번만 보내는 것으로도 사람의 말문을 막아버리는 '유령 동물'로 생각됐다. **-한스 비데르만**

발표 준비를 최대한 철저히 하면 불안감을 최소로 줄이고 통제하는 데 큰 도움이 된다. 할 수 있는 준비를 다 마쳤다고 생각하면 쉽게 자신감이 생긴다. 또 해당 프레젠테이션의 중요성을 더 넓게, 장기적 관점으로 보게 된다.

'프레젠테이션이 잘못될 경우 일어날 최악의 결과가 무엇인가?'를 자문하는 방법은 프레젠테이션이 잊힌 뒤에도 어차피 자신의 인생과 경력은 지속된다는 점을 상기시키는 효과가 있다. 많은 사람이 이 방법을 활용하며, 실제로 도움이 된다고 한다.

무슨 일이 벌어지는가?

하지만 불안감을 그리 간단히 해결할 수 있었다면 이토록 흔하게 발생하지도 않았을 것이다. 내용걱정과 발표걱정을 할 타당한 이유가 없는데도 불안이 밀려드는 이유가 무엇인가? 위험 요소가 아주 적은 상황이라 실제로 '실패'할 가능성이 전혀 없는데도 불안한 이유가 무엇인가? 반복해서 성공을 거둔 노련한 발표자나 공연자들조차 불안해하는 이유가 무엇인가? 친목 모임에서는 아주 활발한 사람들에게까지 영향을 미치는 이유가 무엇인가?

불안감을 느끼는 데는 또 다른 원인이 있다. 이는 지금까지 설명한 원인보다 더 뿌리 깊고 강력한 요소다. 몸은 정신이 인식하지 못하는 부분을 알고 있다.

불안의 가장 큰 원인은 무엇인가?

한 무리의 사람들 앞에 서면 '주목받는 대상(salient object)', 즉 가장 눈에 띄며 관심이 집중되는 사람이 된다. 모두 발표자를 바라본다. 그렇다면 이 상태가 썩 유쾌하지 못한 이유가 무엇인가?

인간이 '주목받는 대상(중심 무대)'이 되면 의식상태가 강화된다. 심리학자들은 강화된 상태를 과다경계(hypervigilance)라고 한다. 이 상태가 되면 너무 많은 자극(내부, 외부)을 고스란히 의식하기 때문에 쉽게 당혹감에 빠져 어쩔 줄 모른다. 주위 환경, 청중, 지적 · 감정적 · 신체적 상태가 모두 스스로의 의식과 경쟁한다. 발표나 프레젠테이션할 때 우리 의식(conscious mind)은 아주 활동적이며 방어태세를 갖춘다.

그러나 의식은 인간을 구성하는 다양한 요소 가운데 일부분에 지나지 않는다. 안토니오 다마시오(Antonio Damasio) 박사는 신경 전문의로, 인간의 의식 분야 및 뇌와 정신과 감정의 관계 분야에서 선구적 이론가이자 저술가다. 그가 쓴 책에 이런 내용이 나온다.

무의식(unconscious)은 우리 문화에 좁은 의미로 깊이 새겨져 있다. 이는 자각하지 못하는 수많은 작용과 내용 가운데 일부분일 뿐이며, 핵심적이거나 확장된 의식에서 밝혀지지 않은 영역이다. 사실 '밝혀지지 않은' 내용을 살펴보면 아주 놀랍다. 여기에는 다음 내용이 포함된다.

▶ 주의를 기울이지 않는 모든 완전한 이미지
▶ 이미지가 되지 않는 모든 신경 패턴
▶ 경험으로 얻었으나 잠재돼 있을 뿐 명백한 신경 패턴으로 전환되지 않을 모든 기질
▶ 이 기질의 개조와 재연계. 이는 절대로 명백하게 밝혀지지 않을 것임
▶ 선천적이고 항상성 있는 기질에 포함돼 감춰진 모든 지혜와 지식

인간이 아는 내용은 극히 일부분이라는 사실이 놀랍다.

청중 앞에서 발표할 때 이런 무의식적 요소가 모두 우리의 지적·감정적·신체적 상태에 영향을 준다. 어쨌든 여기에서 내가 설명하려는 부분은 다섯 번째 요소인 '선천적이고 항상성 있는 기질에 포함돼 감춰진 모든 지혜와 지식'이다. 나는 이 요소야말로 프레젠테이션에서 '집중적 관심을 받을' 때 나타나는 강한 불안을 가장 잘 설명한다고 믿는다.

일단 '선천적이고 항상성 있는 기질'의 뜻을 확실히 이해하는 게 중요하다. '항상성'은 환경 변화가 있을 때 생리학적으로 안정성을 유지하려는 성질이다. 이 용어는 미국의 생리학자 월터 캐넌(Walter Cannon)이 처음 사용했다. 캐넌은 〈신체의 지혜(The Wisdom of the Body)〉라는 논문에서 항상성 덕분에 생물이 생존, 즉 내부 상태를 일정하게 유지할 수 있다고 했다.

예를 들어 체온이 올라가면 땀을 내서 식히고, 햇볕에 노출되면 피부를 보호하려고 살갗이 타며, 빛의 강약에 따라 눈의 홍채가 팽창되거나 축소된다. 캐넌은 항상성을 일으키는 과정, 즉 '신체의 지혜'는 인간의 생존을 위해 수십억 년에 걸쳐 진화했다고 했다. 그렇다면 신체 변화는 인간이 항상성을 유지하려는 과정인가?

다마시오는 『문제가 생길 것 같은 느낌(The Feeling of What Happens)』에서 "진화하는 과정에서 내부 또는 외부의 상당히 위험하거나 중요한 자극물에 연결되는 답을 감정이라는 형태로 만들었다… 감정은 없어도 되는 사치품이 아니다. 감정은 생물이 생존을 조절하는 장치의 일부이다"라고 했다.

캐넌이 말한 '신체의 지혜'와 다마시오가 말한 인간에게 내재된 '선천적으로 포함돼 감춰진 지혜와 지식'이 발표할 생각만 해도 불안이 밀려드는 기본적 이유임을 뒷받침하는 증거가 무척 많다.

그러니 이제 인간으로서 우리 실체를 더 자세히 살펴보자. 감춰진 지혜와 지식에 담긴 내용을 탐구하자. 그리고 이것이 우리에게 미치는 영향력도 검토해보자.

인간과 다른 동물

르네 데카르트(René Descartes, 1596~1650)는 과거 수백 년 동안 배출된 서양 철학자 가운데 가장 중요한 인물로 널리 인정받는다. 그는 생전에 수학자, 물리학자, 생리학자였으며, 오늘날은 철학자로 가장 많이 거론되고 인용된다. 데카르트 철학 사상에서 가장 알려진 것은 두 가지다. 첫째는 극도로 의심하는 사고법에서 나온 철학이다. 둘째는 세상의 모든 존재에 의심을 품더라도 이런 의심을 하는 자신의 존재만은 의심할 수 없다는 '나는 생각한다, 그러므로 나는 존재한다'는 말이다.

데카르트는 생각하는 능력과 말하는 능력은 인간에게 마음과 정신이 있는 증거라고 강조했다. 그는 동물에게도 어느 정도 느낌과 감정이 있지만, 정신은 없다고 주장했다. 동물은 정신이 없기 때문에 인간과 아주 다르다. 지난 350여 년 동안 인간이 동물과 다르다(그리고 우월하다)는 믿음은 이 분야 서양 사상의 기본이었다.

서양 문화는 동물이 본능적으로 행동하거나 외부 힘에 따라 반복하는 데 반해 인간은 논리적으로 생각하고 결정한다는 데카르트 사상을 반영하고 강화했다. 이 때문에 인간도 '본능'을 지녔다는 점을 잘 인정하지 않는다. 따라서 인간은 본능 없이 '순백'의 상태로 태어나 경험을 기다리며, 능력과 성격을 제자리에 '기입하는' 방법을 배운다고 생각한다. 그러니 성격과 행동을 결정하는 것은 천성이 아니라 교육이라고 본다.

그렇다면 실제로 이렇게 명확히 구분되는가? 저명한 학자들이 그렇지 않다고 주장한다. 사람들은 지난 350여 년 동안 과거에 데카르트가 미처 몰랐던 아주 많은 사항을 알아냈다. 천성이 과거에 생각했던 것보다 인간의 행동과 감정을 결정하는 데 훨씬 큰 역할을 한다고 주장하는 사람이 많아지고 있다.

인간의 감정과 느낌이 사고와 논리화 과정에 영향을 준다는 점을 보여주는 증거가 늘어나고 있다. '천성 대 교육'의 중요성을 놓고 진행 중인 논쟁에서 많은 사상과 이론과 연구가 파생되고 있다. 출생 직후 떨어져 자란 쌍둥이들에게서 나타나는 강한 유사성을 조사한 결과는 중요한 사실을 알려주며, 범위가 아주 넓어진 인간 유전학 연구는 인간 발달과 행동에서 유전자와 환경이 하는 일을 보여주는 결정적인 정보를 제공한다.

동물과 인간을 연구할수록 둘 사이의 관련성이 더 많이 나타난다. 여러 연구는 인간과 다른 영장류 사이에 유전학적으로 놀랍도록 중요한 유사점이 있음을 보여준다. 각종 유전 검사는 인간과 침팬지의 DNA는 약 98.7퍼센트가 일치한다는 동일한 결론을 내고 있다. 현재 일부 유전학자들은 침팬지를 영장류에서 인간과 가장 관계가 밀접하다고 분류한다. 동물학자와 사회학자는 인간과 다른 영장류의 행동에서 강한 유사성을 발견한다.

데카르트는 인간의 말하는 능력을 아주 중요하게 봤으며, 이 능력이 인간 정신의 월등한 지적 능력을 의미한다고 강조했다. 그렇지만 인간만이 말하는 데 필요한 생리기능을 지녔다는 인식이 확산되고 있다. 2001년 옥스퍼드대학 유전학자들은 유전자 하나가 단 한 번만 변이돼도 구강 신경을 자유롭게 조종하는 능력이 없어진다는 사실을 밝혀냈다. 이 변이 때문에 일부 문법을 이해하는 능력이 상실되기 때문이다.

또 흥미로운 점은 동물이 데카르트가 생각한 것보다 더 다양하고 복합적인 방법으로 의사소통한다는 것이다. 동물은 다양한 발성, 얼굴 표정, 몸의 자세는 물론 화학물질을 분비해서 의사소통한다. 이 모든 내용을 종합하면, 동물의 본성은 본능에 기반하고 인간의 본성은 이성에 기반한다고 분명하게 구분한 데카르트 학파의 주장에 반대할 수밖에 없다.

물론 인간(또는 적어도 인간 대부분)은 추론하고 이성적으로 생각하여 판단하고 충동을 통제하는 능력을 지닌다. 그러나 굳이 연구 결과를 대지 않더라도 인간이 항상 이성만으로 활동하지는 않는다는 점을 다 알고 있을 것이다. 인간의 경험과 본성에는 감정, 열정, 설명할 수 없는 직감, 전혀 합리적이지 않은 갑작스러운 결정, 알 수 없는 불안, 이유 없는 두려움 등이 모두 작용한다. 설명하기 힘들고 신비한 영역이지만 인간 본성에서 가장 일반적으로 나타나는 요소는 공포증이다.

공포증은 정확히 무엇인가?

공포증은 위험하지 않음을 확실히 알면서도 일정한 상황이나 물건에 불합리하고 비정상적이며 반복적으로 나타나는 공포다. 수단과 방법을 가리지 않고 해당 상황이나 물건을 피하려 할 만큼 엄청나고 지나친 두려움이 밀려드는 경우 공포증으로 규정한다. 이 증상이 있는 사람은 공포 대상을 피하려 하기 때문에 생활(사고, 활동, 수면 등)에 지장이 많다.

현대 정신의학은 공포증을 세 가지 형태로 나눈다. 이는 특정 공포증, 광장 공포증, 사회 공포증이다. 먼저 각 공포증을 간단히 살펴본 뒤, 더 중요한 세 공포증 사이의 상관관계를 알아보자.

첫째, 특정 공포증에는 동물이나 곤충 공포증, 높은 곳이나 물 등의 환경 요소 공포증, 비행을 하거나 동굴에 들어가거나 다리를 건너는 등을 두려워하는 환경 공포증, 피나 주사바늘 등을 두려워하는 의료나 상처 공포증이 있다.

둘째, 광장 공포증은 달아나기 힘들거나, 부끄러운 장소 또는 상황에 있거나, 공공장소에서 자기 통제력을 잃거나, 공황발작이 일어났을 때 도움을 받을 수 없는 장소나 상황에 있는 것에 공포를 느끼는 것이다. 어떻게 보면 광장 공포증은 두려움을 느끼는 것 자체에 공포를 느끼는 것이다.

셋째, 사회 공포증은 일정한 형태의 사회생활이나 행동 상태를 접할 때 나온다. 특히 다른 사람이 자신을 유심히 바라보거나 평가한다고 생각하는 상황에서 많이 생긴다(바로 발표가 떠오를 것이다). 사회 공포증은 수줍음과 달리 회피 자세가 뒤따르며, 따라서 개인이 직장 생활과 인간관계를 유지하는 능력에 영향을 미친다.

그렇다면 이런 공포증은 명백하게 구분되는가? 그렇지 않다. 사회생활을 두려워하면 당연히 광장 공포증으로 이어질 것이다. 사회 공포증(청중이 유심히 바라보며 평가하는 것을 무서워함) 때문에 광장 공포증(연단에 오르는 것을 무서워함)이 생기는 것은 2장에서 설명한 하강 악순환에 속한다. 비행하거나 다리를 건너는 것에 공포증이 있는데, 발표장으로 가려면 이 두 과정을 다 거쳐야 한다면 어떻게 될 것인가?

그렇다면 특정 공포증이 다른 공포증을 유발하는 잠재적 요인인가? 저명한 심리학자 마틴 셀리그먼(Martin Seligman)은 사람은 천성적으로 일정한 공포증을 갖게 돼 있다는 주장을 처음 했다. 이후 나온 많은 연구 결과는 그의 주장을 강하게 입증했다. 수백만 년 동안 독이 있는 뱀과 곤충과 높은 장소(고생물인 검치호랑이를 거론하지 않더라도)와 같은 환경상 위험을 피하는 방법을 재빨리 익힌 사람은 그렇지 못한 사람보다 안전(생존과 건강)을 유지할 가능성이 더 많았다. 물론 이들에게는 다음 세대에 자신의 유전자를 전달할 기회도 더 많았다. 이들이 바로 현대인의 조상이다.

이 점은 발표와 연관된다. 일상적 대화에서보다 발표할 때 훨씬 일반적이고 크게 나타나는 공포는 환경이나 상황이 아니라 바로 인간의 본성 때문에 유발된 것이 아닐까?

이 가능성을 염두에 두고, 인간의 많은 두려움과 일반적인 공포증에 대한 저명한 학자의 설명을 살펴보자. 에드워드 윌슨 (Edward O. Wilson)은 진화생물학, 사회생물학, 보존 분야의 선구자다. 그는 퓰리처상을 받은 『인간 본성에 대하여(On Human Nature)』에서 다음의 식견을 제시했다.

무의식적이고 감정적인 여러 학습 규칙 가운데서 유전적 진화에 가장 많은 영향을 받은 행동을 찾을 수 있다. 공포증을 생각해보자. 동물의 학습 과정을 보여주는 많은 예와 마찬가지로, 공포증 역시 대부분 어린 시절에 시작되며, 아주 비이성적이고 감정적인 면이 있고, 근절하기 어렵다. 공포증은 대체로 뱀이나 거미, 쥐나 높은 장소와 밀폐된 장소, 고대 사회에서 위험할 가능성이 있었던 여러 요인 때문에 생기는 반면, 칼과 총과 전기 콘센트 같은 현대 문명의 산물로 유발되는 경우가 거의 없다는 점이 중요하다. 고대 인간 사회에서 공포증은 생존을 보장하는 데 필요한 예비 방책이었을 것이다. 예를 들어 방심한 채 벼랑 끝을 걷다가 공포심에 현기증을 느끼는 것보다 낭떠러지에서 멀리 떨어져서 기어가는 게 나았을 것이다.

발표 두려움을 다룬 토론에는 『목록 책(The Book of Lists)』에 나온 '인간 최악의 10대 공포(미국)' 도 포함된다. 이 순위에 따르면 발생 빈도순으로 정리한 최악의 10대 공포는 다음과 같다.

1. 여러 사람 앞에서 발표하기
2. 높은 장소
3. 곤충
4. 재정 문제
5. 깊은 물
7. 병
7. 죽음
8. 비행
9. 외로움
10. 개

윌슨이 "공포증은 대체로 … 고대 사회에서 위험할 가능성이 있었던 여러 요인 때문에 생긴다"고 한 말을 생각하며 위의 순위를 다시 살펴보면, 그의 이론이 타당하다는 생각이 든다. 위 순위에서

개를 '늑대와 하이에나'로, 재정 문제를 '환경(현재 생활양식)의 상실'로 대체하면 그의 주장에 더욱 설득력이 생긴다.

위의 순위를 좀더 살펴보자. 높은 장소 공포는 높은 장소보다는 그곳에서 떨어질 것을 무서워하는 것이다. 키가 큰 나무나 높은 산을 봤다고 해서 재빨리 몸을 틀어 도망가는 사람은 없다. 그저 섣부르게 오르지 않을 뿐이다. 그리고 고대 사회에서는 비행이 일상적 활동이 아니었지만 비행 공포는 나는 것보다 이카로스처럼 추락하거나 '착륙'을 잘못할까봐 무서워하는 것이다. 그러면 이제 1위를 차지한 '여러 사람 앞에서 발표'할 때의 공포를 살펴보자.

'주목받는 대상'이 되면서 느끼는 두려움과 불안은 단지 말할 내용이 걱정돼서라고 하기에는 뿌리가 너무 깊다. 사람들은 그저 프레젠테이션한다는 생각만으로도 확연히 불안해진다고 말한다.

그러면 내가 실시한 실험 결과를 이야기하겠다. 나는 각종 세미나와 워크숍에서 이 실험을 말 그대로 수백 번 이상 해봤다. 내가 진행하는 워크숍에서 참석자들이 처음 하는 프레젠테이션은 자기소개다. 논리적으로 따지면 자기소개는 가장 간단한 프레젠테이션 형태다. 일단 발표 주제가 아주 친숙하다. 자기소개 내용을 가장 잘 아는 사람은 바로 자신이다. 대체로 워크숍에는 8~10명쯤 참석하는데, 이들은 지위나 연배가 거의 비슷하고 다시 만날 일도 별로 없으니 당연히 자기소개가 아주 쉬워야 한다. 그런데도 나는 자기소개하라는 말만으로도 명백하게 불안해하는 사람을 수없이 봤다.

그러나 워크숍 참석자들에게 '1~2분 동안 사람들 앞에서 자기

소개하기, 아니면 아무 말 없이 그냥 서 있기' 중에서 선택하라고 하면, 사람들은 동일한 반응을 보인다. 먼저 이들은 거북하게 웃으며 신음을 낸다. 그리고 나서 어쩔 수 없이 자기소개하는 쪽을 선택한다.

이 예의 결론은 무엇인가? 발표 자체가 두려움을 유발하는 게 아니라는 점이다. 더 큰 두려움은 여러 사람 앞에 혼자 서 있어야 한다는 공포다. 이런 생각을 하는 것만으로도 불안해진다. 위험하다는 생각이 든다. 몸이 위험을 감지한다. 그리고 몸은 이에 반응한다.

갑작스럽게 즉각적 위험에 닥칠 때 몸은 어떻게 반응하는가? 바로 앞서 말한 투쟁-도피 반응을 보인다. 몸은 서서 싸우거나 최대한 빨리 도망갈 준비를 한다. 감각이 예리해지고 심장 박동이 빨라지며 아드레날린(신체적 위험이나 정신적 스트레스에 반응해 분비되는 호르몬-옮긴이)이 지나치게 분비된다. 고대사회에서 사람들은 투쟁-도피 반응 덕분에 다치지 않고 살아남을(또는 그저 살아남을) 가능성을 높여주는 힘과 체력을 발휘해 신체의 위협에 빠르게 대응할 능력이 생겼다.

그렇다면 발표하면서 신체적으로 위협을 당할 가능성이 낮은데도(발표자가 모든 준비를 마쳤고 경험이 많으며 실패 위험이 낮거나 아주 없는 상황에서) 투쟁-도피 반응이 그토록 강하게 나타나는 이유는 무엇인가?

투쟁-도피 반응의 신체적 변화를 유발하는 두려움과 불안은 내용걱정 또는 발표걱정에만 기반을 두지 않는다. 우리가 강하게 느끼는 두려움은 주목받는 대상, 즉 관심의 중심이 되는 데서 오는 공포다. '자신을 유심히 살펴보는', '많은 사람' 앞에서, '취약'한 상태로, '혼자' 있어야 하는 것 때문에 말이다.

나는 똑똑하고 교육수준이 높으며 유능하고 대체적으로 자신감에 넘치면서도 발표 공포에 시달리는 성인 남녀를 몇 년 동안 도왔다. 나는 이 경험에서 일반적 발표 공포는 내용과 발표걱정의 결과인 것 못지않게 '타고난' 생물적 반응(고유의 공포증)이기도 하다는 결론에 다다랐다.

그리고 다른 종은 인간처럼 아주 발달한 언어 능력이 없지만(또는 발표 공포를 느낀다는 불만을 제기하지 않지만), 발표 때문에 생기는 두려움은 인간에게만 일어나는 것은 아니다. 발표나 다른 형태의 공연을 할 때만 두려움을 느끼는 것도 아니다. 두려움은 인간과 다른 동물의 공통적 특징이다. 이 두려움은 생물적 기질의 일부분이며, 따라서 우리의 동물적이고 인간적인 본성이다. 우리 조상들은 두려움 덕분에 대를 이어 살아남아 우리에게 유전자를 전달해줄 수 있었다. 두려움은 인간의 당연한 특성이다.

무리 속에서는 안전, 혼자 있으면 위험

이 두려움은 동물 본성에서 가장 기본적 생존 규칙이 침해당하면 자연스럽게 생긴다. 물고기, 새, 영양, 사자, 늑대가 무리지어 생활하는 데서 볼 수 있듯이 수많은 동물이 여럿이 함께하면 안전하지만 혼자 있으면 위험하다는 점을 본능적으로 안다.

동물 세상에서 인간과 가장 가까운 관계인 영장류의 생존은 무리에 속하느냐 여부에 달려 있다. 다음은 영장류의 무리 중심 사회 형태를 보여준다.

작가이자 인간 관련 분야를 통찰력 있게 꿰뚫어본 데스먼드 모리스(Desmond Morris)는 "영장류 집단은 정적인 속성이 있고 음식이 풍족한 덕에 음식을 찾으려고 나눠서 생활할 필요가 없다. 이들은 긴밀한 공동체에서 모두 다른 일원의 움직임과 행동을 주시하며 함께 이동하고 도망치고 쉬고 잔다. … 때로 소규모로 나눠서 생활하는 종일지라도 한 개체로만 단위가 구성된 경우는 없다. 영장류에게는 육식동물이 타고나는 강한 무기가 없기 때문에 홀로 떨어지면 몰래 접근한 포식동물의 먹잇감으로 전락하기 십상이다"라고 했다.

로빈 던바(Robin Dunbar)는 『꾸미기, 잡담, 언어의 진화(Grooming, Gossip, and the Evolution of Language)』에서 집단에서 분리되거나 관심이 집중(주목받는 대상)될 때 느끼는 불편함에 깊은 통찰력을 보여준다. 던바는 동물 세상에서 무리인 일원을 보호하는 방법을 세 가지 나열한다. 이는 영장류, 원시 시대 인간, 현대인에게 모두 적용된다.

첫째, 던바는 무리를 지으면 포식자의 공격을 살피는 눈이 많아진다고 설명한다. 다른 일원이 감시하는 동안 일부는 먹이 찾기나 새끼 돌보기 등 일상생활에 필요한 사항에 초점을 맞출 수 있다. 둘째, 무리의 규모가 크면 무리는 포식자를 제지할 수 있다. 세상사가 다 그렇듯이 규모가 큰 군대일수록 전투에서 이길 가능성이 높다. 예를 들어 비행기에서 공중 납치범에게 잡힌 승무원을 구하려는 승객과 기내 경찰의 힘으로 이 납치범을 제지할 수 있다.

셋째, 규모가 큰 무리는 적을 혼란스럽게 만든다. 공격자가 혼란스러워서 특정 희생자를 골라내는 데 집중하지 못하면 공격에서 성공할 가능성이 낮아진다. 그리고 혼란은 잠재적 희생자가 위험에서 탈출할 시간을 벌어준다. 던바는 "따라서 영장류는 포식동물에게 공동으로 방어하려고 무리를 지어서 살아간다. 실제로 영장류의 생존에서 집단성은 아주 핵심적인 부분이다. 이는 영장류의 주요한 진화 전략이다"라고 했다.

발표는 '무리 속에서 안전' 하다는 법칙에 위배된다

다른 동물들의 안전을 지켜주는 투쟁-도피의 수단을 인간은 갖고 있지 않다. 사람에게는 송곳니, 발톱, 질긴 가죽, 거대한 몸, 막강한 힘이 없다. 치타처럼 뛰거나 영양처럼 튀어오를 수 없다. 날아서 도망갈 수도 없다. 숨을 곳이 없는 개방된 공간에서 혼자 있을 때 포식동물의 시야에 들어가면 무시무시한 결말을 맞게 될 것이 자명하다.

그렇지만 원시인들은 꾀를 내어 포식동물을 이길 만큼 총명하지 않았는가? 그럴 때도 그렇지 못할 때도 있었다. 인류학자들은 수십만 년 동안 원시인이 동물 사냥꾼과 식물 채집자로만 살지는 않았음을 입증하는 풍부한 자료를 제공했다. 원시인(인간)은 먹잇감이기도 했던 것이다.

작가 노엘 보아즈(Noel T. Boaz)와 러셀 시오천(Russell L. Ciochon)은 〈박물학(Natural History)〉지에 게재한 글에 다음 내용을 담았다. 이들은 잡지에 실린 '썩은 고기를 찾아 헤매는 '베이징원인(The Scavenging of 'Peking Man')'에서 역사적으로 베이징원인으로 알려진 호모 에렉투스 페키네시스(Homo erectus pekinesis)의 유골 화석을 분석한 결과를 소개한다. 이들은 인간의 선조 격으로 대략 60만~30만 년 전에 살았다.

작가들은 베이징에서 48킬로미터쯤 떨어진 동굴에서 발견된 약 45구의 부분 유골을 조사했다. 이 동굴에는 베이징원인의 유골 외에도 동물 뼈 수천 개가 있었다. 이 동굴에서 가장 많이 발견됐으며 완벽한 형태를 지닌 뼈는 현재 멸종된 몸집이 거대한 하이에나의 것이었다. 이는 하이에나들이 이 동굴을 점령하고 있었음을 보여준다. 작가들은 호모 에렉투스의 뼈가 어떻게 해서 동굴에 남아 있는지 의문을 제기한다.

글에서 작가들은 "호모 에렉투스는 인류학에서 말하는 강인한 사냥꾼이 아니라 그저 사슴이나 동굴 속의 다른 먹잇감 같은 운명에 처했던 것인가?"라고 질문을 던진다. 호모 에렉투스의 모든 뼈대가 대체로 사지가 사라진(팔뚝, 손, 종아리뼈, 발) 불완전 상태였음은 다른 장소에서 죽은 뒤 남은 부분만 동굴로 옮겨졌다는 가설을 강력하게 뒷받침한다.

호모 에렉투스의 뼈 가운데 3분의 2에 거대한 하이에나 같은 동물에게 물린 자국이 남아 있다. 눈에 띄는 손상으로는 육식동물의 어금니로 생긴 여러 구멍(길게 도려낸 자국)과 위산의 흔적이 있었으며, 이런 점으로 뼈 가운데 하나가 삼켜졌음을 알 수 있다. 무시무시하고 상세한 내용을 다 살펴보지 않더라도, 하이에나들이 이 동굴의 주인이었으며 주도권을 잡고 있었음이 분명하다. 앞서 말한 작가들의 질문에 대한 답은 '그렇다'인 듯하다. 이를 비롯해 수많은 증거를 통해서 당시 인간이 동물의 먹잇감이었음을 알 수 있다.

인간은 진화하고 지력과 언어 능력이 발달하면서 무리 속에서 얻는 안전에 의지했다. 이 규칙을 따르는 인간은 살아남았다. 그러나 무리에서 떨어져나오거나 처진 인간은 그렇지 못했다. 인류 역사에서는 대부분 집단의 안전장치에서 떨어져 나왔다가 다른 집단의 눈에 띄면 엄청난 위험을 맞았다. 수백만 년에 걸쳐 인간에게 혼자 있다는 것은 다른 동물의 먹이로 전락할 가능성이 엄청나게 커짐을 의미했다.

우리는 모두 생존자의 후손이다. 우리는 모두 혼자 있으면 희생된다는 것을 잘 알아서 살아남고 이를 자신의 유전인자로 전달

한 사람들의 후손이다. 이 생존자들은 주목받는 대상이 되는 자리
에 서는 것에 뿌리 깊은 혐오감을 후손인 우리에게 물려주었다. 뱀
과 곤충과 높은 장소와 어둠을 무서워하는 것과 마찬가지로, 우리
는 원시 시대 인류가 전해준 주목받기 싫어하는 본성을 지니고 현
대 사회에서 살아간다.

작가 브루스 채트윈(Bruce Chatwin)은 『가사(The Songlines)』에
서 인간은 수십억 년에 걸쳐서 생존을 위협했던 약탈자에 대항하
는 방어수단으로 선천적인 경고 시스템을 가지고 있다는 이론을
뒷받침하는 주장을 한다. 그는 이 책에서 어린 시절에 겪는 많은
공포의 잠재적 원인을 고찰하면서, 유명한 아동발달 전문가 존 볼
바이(John Bowlby)의 사상을 설명한다. 채트윈이 책에 쓴 한 부분
을 살펴보자.

"아주 어린 시절의 불안과 분노의 원인을 꿰뚫어보는… 볼바이
박사는… 어린이의 어둠이나 모르는 사람에 대한 두려움, 빠르게
접근하는 물체에 대한 두려움, 존재하지 않는 악몽 속의 괴물 창조
등 간단히 말해 프로이트가 밝혀내려 했지만 실패한 '알 수 없는
공포증'은 모두 원시 시대 인간의 거처에 약탈자가 지속적으로 출
몰했던 것으로 설명할 수 있다고 결론을 내린다."

볼바이는 "어둠 속에 혼자 방에 있는 어린이가 소리를 지르는
이유는(아프리카 가시덤불로 침대를 옮겨놓는다고 가정했을 때) 엄마가
몇 분 안에 오지 않으면 하이에나가 잡아먹을 것이기 때문이다. …
산부인과 아기 병동에 가본 사람은 갓난아이들이 너무 조용해 놀

라곤 한다. …혹시라도 엄마가 아이를 버렸을 때 아이가 살아남으려면 침묵을 지키는 방법밖에 없다"고 설명한다.

볼바이를 비롯해 학자들의 연구 내용은 인간이 일정한 방어 행동을 가지고 있으며 이런 행동은 오늘날 인간이 만나는 여러 상황에 따라 촉발된다는 이론을 강력하게 뒷받침한다. 여기에서 말하는 '여러 상황'은 인간의 몸이 본래부터 위험하다고 믿는 것이다. 바로 발표 같은 상황이 이에 해당된다.

발표의 실제 위험성

원시 시대에 비하면 현대 사회에서는 인간의 생존을 위협하는 신체적 난관이나 위험이 아주 많이 줄었다. 오늘날 우리는 즉각적 신체의 위험보다 지적이고 감정적인 난관을 더 많이 만나게 된다. 현대 사회에서 우리가 맞닥뜨리는 위험은 개인적이고 직업적인 평판, 성공하는 데 필요한 능력, 자신의 이미지 조절(아마도 가장 중요)과 관련돼 있다.

특히 사업상 필요한 프레젠테이션을 비롯한 각종 발표는 기본적으로 자신의 메시지를 전달해서 다른 사람들에게 영향을 미치는 기회다. 그렇지만 발표에는 이 이상의 의미가 있다.

발표는 신용, 지위, 명성은 물론 대개의 경우 재정적 보상을 얻는 길이다. 이 때문에 사람들은 이 기회를 잡아 발표장 앞으로 나가서, 계단을 밟고 단상으로 올라가, 관심이 집중되는 데서 '주목받는 대상'이 된다.

이때 우리 몸은 어떤 반응을 보이는가? 두려움을 느낀다. 인간의 몸은 청중을 바라볼 때와 거대한 하이에나 무리를 바라볼 때의 차이점을 인식하지 못한다. 몸은 이 둘을 동일 상황으로 받아들인다. 그래서 몸은 원래 정해진 반복적 행동을 한다. 항상 그랬던 것과 동일한 방식으로 스스로 보호하고 방어할 준비를 하는 것이다.

인간은 상상하고 시각화하는 힘을 지니고 있다. 인간은 과거에는 물론 미래에도 생명을 유지할 능력을 가장 많이 가진 동물이다. 인간에게는 미래에 일어날 일을 예측하고 상상하는 능력이 상당히 많다. 미래를 예측할 때는 과거의 경험, 다른 사람의 이야기, 자신의 상상력을 기반으로 삼는다.

상상과 미래를 시각화하는 힘은 감정을 유발시켜 강렬하게 만든다. 감정이 강렬해짐에 따라 신체 반응도 거세진다. 이 때문에 인간이 다른 동물보다 투쟁-도피 반응을 더 많이 경험하는 것이다. 자신을 위험한 상황에 처하게 한다는 생각만으로 심장이 뛰고, 호흡이 가쁘며, 근육이 긴장하고, 기타 투쟁-도피 반응의 시작을 알리는 여러 증상이 일어난다.

따라서 투쟁-도피 반응이 생기는 원인에는 내용걱정과 발표걱정보다 인간 몸에 숨겨진 지혜, 즉 천성적 성질이 훨씬 많이 작용한다. 이 반응은 발표할 때 신체가 노출돼 취약한 상태에 놓이는 것에 우선 진화적인 반작용을 보이는 것이다. 이것이 투쟁-도피 반응이 일어나는 가장 주요한 원인이다.

두려움은 인간의 정상적이고 건강한 반응

이 마지막 원인은 꼭 이해해야 하는 중요한 사항이다. 이야말로 예방하거나 통제하기 가장 어렵기 때문이다. 숨을 쉬는 것과 마찬가지로 이 반응은 인간의 자연스러운 특성이다. 먼저 연료(내용걱정)를 들고 산소(발표걱정)를 넣어 불꽃(사람들 앞에서 주목받는 대상으로서 취약한 상태가 되는 것을 두려워하는 선천적인 두려움) 속으로 던져버리자. 이렇게 일어난 불은 사람들 앞에서 발표하는 것에 대한 인간 공통의 두려움이다. 즉 인간의 타고난 방어 행동 때문에 타오르는 강하고 비논리적인 불안이다.

이 두려움은 너무 자주 큰 불로 번진다. 투쟁–도피 반응이 격렬하게 나타나는 것이다. 오랜 시간에 걸쳐 만들어진 투쟁–도피 반응은 현대인을 탄생시켰고, 이 반응을 경험했으며, 반응이 주는 경고에 귀를 기울인 결과 생존한 사람들에 의해 지속되고 있다.

역사적으로 동물과 '의사소통' 하는 특별한 능력이 있는 사람이 일부 있었다. 동물과 조화롭게 살아가는 능력을 타고난 사람은 동물의 본성을 보고 이해하며 다루는 능력이 있다. 이들은 동물의 두려움, 못마땅함, 만족, 대담한 상태를 의미하는 행동을 감지한다. 그리고 이들은 다음 사항을 고심한다.

이 동물이 세력을 확장하려는 본능이 강한가? 서열을 엄격하게 지키는가? 협동하는가? 먹잇감을 사냥하는가? 어둠 속에서 잘 볼 수 있는가? 혼자 생활하는가, 아니면 무리를 이뤄서 지내는가? 평생 한 짝과 살아가는가, 아니면 기회가 있을 때마다 짝을 바꾸는가? 다른 종과 천성적으로 다른 점이 무엇인가?

이런 재능이 있는 사람은 관찰력이 예리하고, 다른 종과 비슷한 특성을 잘 파악하며, 각 동물의 독특한 특성을 예민하게 알아챈다. 이들은 예리한 관찰과 이해로 동물의 본성을 거스르지 않고 이들을 잘 다루는 지식을 얻는다.

인간도 자신은 물론 동료와 고용인과 학생과 자녀에게 동일한 방법을 써야 한다. 인간 속성을 관찰하고 이해하면서 활동하면 공포를 최소로 줄이고 통제할 해답을 찾게 된다. 다행히 인간은 어떤 동물보다 이런 능력을 많이 가지고 있다.

희소식 : 여러분이 하기 나름!

인간은 지능이 발달한 터라 누구나 자신의 본성을 이해할 능력이 있다. 이 지능 덕에 완전히 굽히지 않고 본성을 다룰 능력이 있다. 또 새로운 행동을 고심해서 실행해볼 수 있고 새 기술을 습득할 수 있다. 신중하게 선택권을 늘릴 수도 있다. 이는 대부분의 생활에서 실제로 가능하다. 또 많은 사람 앞에서 발표할 때도 마찬가지다.

그렇지만 가장 중요하게 알아둬야 할 점은 '강한 불안감을 느끼는 것이 일반적이고 자연스러우며 건강한 반응'이라는 것이다. 이는 인간의 특성으로 현대사회에서 유용성을 오랫동안 발휘한 생물학적 반응이다. 사람에 따라서 이를 느끼는 강도가 다르며, 이 두려움을 완전히 없앨 수는 없을 것이다. 그렇다고 두려움이 불안정한 감정 상태나 준비 부족을 보여주는 징표가 아님을 명심하자.

이 점을 인식하고 몸에 나타나는 생리적 변화를 기본적으로 이해(증상과 이유)한다면 두려움을 받아들이고 점차 이를 초월할 수 있다. 남은 두려움을 최소로 줄이고 통제할 수 있다. 이는 충분히 가능한 일이고 여러분도 할 수 있다.

두려움 해결책 여섯 가지

이 장에서 내놓을 해결책은 여러분이 생각하는 것과 다른 종류일 것이다. 발표와 관련된 두려움은 다음 여섯 가지 방법으로 최소화하고 통제할 수 있다. 늘 다음 방법 가운데 몇 가지를 혼합해서 사용해야 한다.

1. 발표 공포 속성 파악하기
2. 프레젠테이션 계획과 전달 방법 익히기
3. 훌륭한 프레젠테이션 기술 연습하기

4. 스트레스를 줄이는 생활습관으로 바꾸기

5. 말하기 전에 긴장 푸는 연습하기

6. 약 복용하기

이 가운데 발표가 투쟁-도피 반응을 일으키는 이유를 이해하는 게 가장 중요하다. 나는 이를 통해 수천 명이 엄청나게 변하는 모습을 지켜봤다. 두려움이 발생하는 진화론적 이유를 이해하면 탄탄한 지식을 기반으로 발표에 임할 수 있다. 이 지식은 두려움이 생길 때 경험하게 될 짜증과 혼란을 제거해준다.

또 부정적인 말로 자신의 두려움을 해명할 필요가 없어진다. 그리고 한 걸음 더 나아가 훌륭한 발표자가 되는 데 필요한 기술을 습득하고 연습하는 데 힘을 쏟게 해준다.

두려움이 발생하는 진화론적 이유를 이해하지 못한 채 발표할 때 느끼는 두려움과 불안을 설명하려는 것은 잘못이다. 이런 시도를 해봤자 불필요한 혼란과 짜증만 생긴다. 이렇게 되면 수많은 사람이 자기 회의에 빠져 쓸데없는 데 힘을 허비하게 된다. 실제로 지난 수천 년 동안 이런 일이 일어났다.

프란체스코와 늑대

다음 이야기는 다양한 내용으로 개작돼왔다. 그중에서도 내가 가장 좋아하는 이야기는 존 시어(John Shea)가 『별빛(Starlight)』에 담은 내용이다. 그는 야담가 밥 빌헬름(Bob Wilhelm)이 한 이야기라고 밝히고 있다. 존 시어의 이야기에 오머 잉글버트(Omer Englebert)가 쓴 『아시시의 성 프란체스코 : 일대기(St. Francis of Assisi : A Biography)』에서 따온 세부 내용을 일부 덧붙여 소개한다.

13세기 이탈리아의 작은 마을 구비오(Gubbio)는 거대한 산기슭에 자리 잡고 있었다. 구비오는 분수와 교회와 조각상으로 가득 찬 아름다운 도시였다. 당연히 구비오 사람들은 자부심이 대단했다.

어느 날 밤 구비오를 둘러싼 깊고 어두운 숲에서 그림자 하나가 나타났다. 이 그림자는 구비오 거리 곳곳을 배회하다가 혼자서 걸어오는 사람을 발견했다. 그림자는 갑자기 이 사람에게 달려들었다.

다음 날 아침 구비오 사람들은 엉망으로 물어뜯긴 시체를 발견했다. 충격을 받고 분노에 찬 사람들은 "어떻게 구비오에서 이런 일이 일어날 수 있지?"라고 반문했다. 사람들은 모두 구비오를 지나가는 이방인이 저지른 짓이 틀림없다고 생각했다. 그날 밤 사람들은 문을 걸어 잠그고 집 안에만 있었다. 한 여인을 제외하고 말이다.

다음 날 아침 이 여인의 시체가 역시 엉망으로 물어뜯긴 채 발견됐다. 구비오 사람들은 다시 그 이방인의 짓이라고 입을 모았다. 그때 한 할머니가 말했다.

"잠이 안 와서 서성이다가 창문으로 늑대를 한 마리 봤어. 입에서

피를 뚝뚝 떨어뜨리는 커다란 회색 늑대를!"

사람들에게 칭찬받으려고 혈안이 된 남자 둘이 구비오에서 이 늑대를 없애버리겠다고 작정했다. 그날 밤 이들은 무기를 단단히 갖추고 거리를 돌아다니며 늑대를 기다렸다. 다음 날 아침에 발견된 것은 이들의 시체뿐이었다. 이렇게 되자 겁에 질린 구비오 사람들이 모여서 늑대를 찾아 없애야 한다고 소리를 높였다. 그렇지만 어떻게 할 것인가?

마침내 한 소녀가 이웃 도시에 성인이 산다는 말을 꺼냈다. 이 성자는 동물과 이야기할 수 있다고 했다. 한 노인도 그 성인 이야기를 들은 적이 있다고 했다. 해봐서 손해날 것은 없지 않은가? 성인으로 알려진 프란체스코를 데려올 임무를 맡을 사절단이 구성됐고 구비오 사람들은 이들에게 갖가지 제안을 했다.

"그 성인에게 늑대를 향해 '사람을 줄이지 말라'고 명령하라고 하게나."

"아니야. 늑대의 선한 면에 호소하라고 하는 게 낫지. '이웃을 사랑하라'고 말하라고 해요."

"늑대는 늑대라고! 바뀔 수 없어! 늑대에게 페루자로 가라고 해. 거기 사람들은 늑대에게 당해도 싸! 아니면 스폴레타로 가라고 하든지. 스폴레타 사람들은 늑대나 마찬가지이니 아마 늑대가 왔는지도 모를걸!"

사절단은 프란체스카를 만나자 구비오에 불어 닥친 공포를 전하며 마을을 방문해달라고 간청했다. 그러면서 늑대에게 명령에 복종하거나 다른 도시로 가라고 말해달라고 부탁했다. 이야기를 들은 성 프란체스카는 어찌할지 방도를 찾아볼 테니 집으로 돌아가라고 했다.

다음 날 아침 잠에서 깬 구비오 사람들은 마을 중앙에 있는 분수대 근처에 서 있는 프란체스카를 발견했다. 모여든 사람들은 프란체스카가 늑대에게 어떤 말을 했는지 알고 싶어 했다. 그는 사람들이 조용해지기를 기다렸다가 "구비오의 선한 백성들이여, 답은 간단하다오. 여러분의 늑대에게 먹이를 주시오." 그러고 나서 그는 자신의 도시로 돌아갔다.

사람들이 소리쳤다. "무슨 뜻이래? 그건 우리 늑대가 아니라고! 늑대에게 와달라고 부탁한 적이 없어! 어떻게 '여러분의 늑대에게 먹이를 주시오' 라고 말하는 거지?"

그러나 그날 밤 큰 그릇에 가득 담긴 늑대의 먹이가 거리에 놓였다. 늑대는 이를 먹었고 아무도 잡아먹히지 않았다. 남녀노소를 불문하고 모두 돌아가면서 늑대 먹이를 내놓았다. 마을 사람들은 계속 늑대를 돌봤고, 늑대는 사람들에게 전혀 해를 끼치지 않으며 자유롭게 마을을 드나들었다. 늑대가 나이를 먹어 죽자, 그동안 늑대에게 정이 든 마을 사람들은 몹시 슬퍼했다.

우리의 공포는 스스로의 '늑대' 다. 구비오의 늑대처럼 갑자기 나타나 좀처럼 떠날 생각을 하지 않는다. 공포를 인정하지 않거나 사라지기를 바라는 것은 늑대가 그저 마을을 지나쳐 가거나 명령에 복종하거나 페루자로 떠나기를 바라는 것만큼이나 부질없는 짓이다. 우리는 구비오 사람들처럼 우리 늑대와 살아가는 방법을 배워야 한다. 이렇게 되면 두려움을 줄이고 자신감을 높이는 가장 중요한 첫 단계에 접어든 셈이다.

프란시스 효과는 발표에 대한 몸의 자연스러운 반응을 제대로 이해할 때 불안이 줄어들고 자신감이 커지는 것을 말한다. 프란시스 효과는 인간의 본성을 이해하고 받아들일 때 시작된다.

구비오 사람들이 늑대가 '자신의' 늑대라는 점을 인정하려 들지 않았던 것처럼, 많은 사람이 자신이 느끼는 두려움이 프레젠테이션하는 어려움 때문에 일어나는 정상적이고 자연스러운 반응임을 잘 받아들이지 못한다. 게다가 자신의 늑대에게 다른 도시로 가라고 설득할 수 있는 사람이 거의 없음을 받아들이기는 더 어렵다.

그렇지만 구비오 사람들처럼 우리도 늑대의 본성을 이해하는 방법과 우리를 '잡아먹지' 않게 하는 방법과 평화롭게 공존하는 방법을 배울 수 있다. 어쩌면 자신의 늑대에게 애정이 생길 수도 있다. 이 모든 것은 충분히 가능하다. 위험한 스포츠를 즐기는 사람들이 자초한 위험 상황에서 스릴을 느끼는 과정을 생각해보자. 설사 위험을 즐기지 않는 사람일지라도 불안감에서 생기는 힘을 통해 프레젠테이션을 더 잘할 수 있음을 깨닫게 될 것이다.

다른 공포증과 마찬가지로 대중 앞에서 발표할 때 느끼는 두려움도 인간의 본성이다. 두려움은 인간이 느끼는 지극히 정상적이고 자연스러운 현상이다. 발표 공포는 사람에 따라 다른 강도로 나타난다. 뱀과 높은 장소와 어둠을 두려워하는 공포증과 마찬가지로, 발표 공포도 고대 사회에서 인간이 자신을 보호하는 데 도움을 줬다. 안전한 자신의 집단에서 홀로 떨어질 때(혼자서 취약한 상태로 노출된 주목받는 대상) 느끼는 두려움은 천성적으로 깊이 박힌 공포, 즉 먹잇감으로 전락했다는 공포를 자극한다. 발표자 또한 이와 똑같은 상황에 놓인다.

수백만 년 동안 신체의 안전을 위협하는 위험한 환경에서 진화를 거듭해 형성된 인간의 몸은 위험을 인지하면 방어적으로 대응하게 돼 있다. 논리적 두뇌가 발표에는 신체적 위험 요소가 전혀 없음을 인정할지라도 몸은 선천적 경고 시스템을 계속 가동한다. 이 시스템은 투쟁-도피 반응으로 촉발된다. 몸은 지적 어려움과 감정적 어려움과 신체적 어려움을 구분하지 못한다. 그 대신 알고 있는 유일한 방식으로 반응한다. 신체적 위험에 대처하는 능력을 높이도록 호르몬을 더 분비하는 것이다.

이런 반응을 무시하거나 거부하는 것은 도움이 안 된다. 우리 몸의 선천적 반응을 거부하는 게 아니라 이를 이해하고 받아들이며 제대로 대응할 때 프란시스 효과가 일어나기 시작한다. 프란시스 효과는 두려움을 감소시키고 자신감을 높인다. 프란시스 효과의 이점을 경험하려면 발표에서 일어나는 두려움과 불안이 정상적이고 건강한 것임을 먼저 인정해야 한다. 그러고 나면 짜증 내고 거부하는 데 힘을 쏟는 대신 새 기술을 습득하는 데 힘을 집중할 수 있다. 이렇게 해서 얻은 기술은 다시 자신감과 편안함을 줄 것이다. 게다가 이런 기술이 생기면 발표를 진짜로 즐기게 될 수도 있다.

4장

자신의 늑대를 인식하자
알아야 하는 이유

공포는 필름을 현상하는 작은 암실 같다. **―마이클 프리차드**

무더운 여름밤 해가 질 무렵 네 살배기 에디가 밖에서 놀고 있었다. 엄마가 방충문을 열고 현관 밖으로 나와서 뒤뜰 전구의 스위치를 눌렀다. 에디는 고개를 들고 불빛 주변으로 몰려드는 나방을 봤다. 커다란 거미 한 마리가 멈췄다 움직였다 하며 이따금 방향을 바꾸면서 차고 앞을 기어가고 있었다. 에디는 거미 쪽으로 다가서서 웅크리고 앉아 거미가 기어가는 방향 바로 앞에 손바닥을 놨다. 거미는 잠깐 멈추더니 계속 앞을 향해서 기다가 에디의 손바닥으로 기어올랐다.

기쁨에 젖은 에디는 손을 눈높이로 올리고 거미를 자세히 관찰했다. 한순간 거미 역시 에디를 관찰하는 것 같더니, 이윽고 에디의 손가락 끝을 향해서 다시 기었다. 에디는 재빨리 손을 오므리고 엄지와 검지 사이의 작은 구멍을 들여다봤다. 좋았어! 거미는 주먹 안에 안전하게 있었다. 에디는 현관 쪽으로 뛰어가 방충문을 열고 서둘러서 부엌으로 갔다.

"엄마! 내가 잡은 것 좀 봐요!"

"에디, 잠깐만. 프라이스 여사랑 통화 중이란다."

엄마가 통화가 끝내기를 기다리는 동안 거미가 주먹 안에서 움직이는 게 느껴졌다. 거미 다리가 손을 간질였다. 에디는 웃으면서 다시 안을 들여다보려고 손을 올렸다. 엄마가 수화기를 내려놓자, 에디는 주먹을 머리 위로 올려 손바닥을 폈다. 엄마는 비명을 지르며 재빨리 뒤로 물러섰다. 에디도 비명을 지르며 재빨리 뒤로 물러섰다. 거미가 두 사람 사이의 바닥으로 떨어졌다. 엄마가 밟아 뭉개려는 순간 거미는 간발의 차이로 식기세척기 밑의 안전한 곳으로 서둘러 기어갔다.

"에디! 저건 거미잖아! 거미를 집으면 안 돼! 그리고 절대 집 안으로 가지고 들어오지 마!"

에디는 훌쩍이며 엄마에게 뛰어가서 허리에 팔을 두르고 매달렸다.

"거미가 돌아오면 어떻게 하죠?"

소년은 울면서 두려운 눈으로 식기 세척기 근처 바닥을 보았다.

에디는 내 동생이다. 이 거미 이야기는 우리가 자라는 동안 가끔 나왔다. 이 이야기를 들은 사람들은 대부분 여기에 감춰진 의미를 놓고 웃곤 했다. 엄마가 비명을 지르기 전까지만 해도 에디가 거미를 무서워하지 않았던 점을 아주 재미있어 했다. 또 거미를 정말 자랑스럽게 생각해서 엄마에게 보여주려고 한 점도 재미있어 했다. 그리고 엄마의 공포가 아주 빠르게 전염됐다는 점도 흥미로워했다. 반면에 이 거대한 세상에 잠복된 모든 위험을 어른들이 어린이에게 일일이 알려줘야 한다는 사실은 그리 재미있어 하지 않았다.

그러나 이 이야기에는 주목해야 할 점이 더 있다. 에디의 일화는 '선행 학습(prepared learning)'의 예라는 것이다. 선행 학습 이론은 학습이 자극물(학습자가 직접 경험하거나 다른 사람이 경험하는 것을 관찰)로 촉발되며, 일부 학습은 아주 제한된 자극물로 일어난다는 것이다. 또 이 자극물(경험 또는 노출)이 없으면 학습은 일어나지 않는다고 한다. 흥미로운 점은 뱀이나 거미나 여러 사람 앞에서 이야기하는 등의 자극물을 직접 경험하지 않아도 된다는 것이다.

연구 결과 다른 사람의 안 좋은 경험을 듣는 것만으로도 공포증이 촉발된다. 엄마가 거미를 보고 좋아하며 관심을 보였더라도 (거미가 에디를 물지 않았다는 전제 아래) 에디는 거미가 무서워해야 하는 존재임을 배울 수 있었을까?

1980년대 초기 위스콘신대학 대학원생인 수전 미네카(Susan Mineka)가 기획해 실시한 일련의 흥미로운 실험은 바로 이 의문을 탐구한다. 과거에 몇 년 동안 학자들은 연구실에서 자란 아기원숭이들도 뱀에 선천적 공포심이 있다고 생각했다. 그러나 미네카는 아기원숭이가 어미와 떨어진 상태에서 처음으로 뱀을 접하면 무서워하지 않음을 밝혀냈다. 반면에 야생에서 태어난 어미원숭이가 뱀을 무서워하는 모습을 아기원숭이에게 보여주면 아기원숭이들도 곧바로 뱀 때문에 겁에 질렸다.

미네카는 공포가 선행 학습의 결과임을 입증하는 확실한 증거를 발견했다. 그녀는 실험실에서 자란 원숭이들에게 성인원숭이가 뱀을 보면 겁에 질린 반응을 보이고 꽃을 보면 침착하게 반응하는 모습을 찍은 비디오를 보여줬다. 예상대로 아기원숭이들은 이 모습을 재연하며 뱀이 있으면 겁에 질리는 반면, 꽃을 보고는 겁을 내지 않았다.

그러나 이어 미네카는 어린원숭이의 공포심을 촉발한 원인이 성인원숭이의 공포 하나만은 아님을 증명했다. 미네카는 테이프를 편집해서 성인 원숭이들이 꽃을 보고 무서워하는 반응을 보이는 반면, 뱀을 보고는 침착하게 반응하는 화면으로 바꿨다. 그리고 편집한 테이프를 아기원숭이들에게 보여줬다. 이를 보고 아기원숭이들이 꽃을 두려워하게 됐을 것 같은가? 전혀 그렇지 않았다.

에디가 처음으로 아이스크림을 접했을 때 엄마가 이를 무서워하는 모습을 보였다면 에디도 이를 두려워하게 됐을까? 장난감 자동차는 어떤가? 설사 그렇더라도 에디는 아이스크림이나 장난감 자동차를 보고 두려움에 떨지는 않았을 것이다.

여기에서 제기되는 다른 의문이 하나 있다. 비명을 지른 사람이 바로 엄마였기 때문에 에디는 거미에 대한 두려움을 학습하게 된 것인가? 즉 모르는 사람이 거미를 두려워했다면 에디는 공포심을 덜 느꼈을까? 이 또한 그렇지 않을 것이다. 이유는 다음과 같다.

미네카는 다른 실험에서 아기원숭이들이 엄마에게 뱀에 대한 두려움을 배운 것과 마찬가지로 낯선 원숭이에게서도 이를 쉽게 배우게 됨을 알아냈다. 또 실험 결과 뱀에 대한 공포를 간접적으로 배운 다른 원숭이를 통해서도 공포가 쉽게 학습됨이 발견됐다. 이 실험들은 실험실에서 자란 세대(뱀의 위협이 없는 현대 환경과 동일)에게도 선행 학습이 존재함을 입증한다. 즉 미네카의 연구 결과는 학습에서 본능이 일정한 역할을 한다는 것을 분명히 보여준다.

앞에서 에드워드 윌슨이 인간의 일반적 공포증을 설명한 내용을 살펴봤다. 기억하겠지만 윌슨은 공포증을 천성적 생존 장치라고 설명했다. 현대 사회에서 나타나는 공포증은 사실 고대 사회에서 위험을 뜻했던 것과 동일한 요소들로부터 현대인을 보호하는 것이다. 윌슨은 현대 문물(아무리 위험할지라도) 때문에 생기는 공포증은 거의 없다고 강조했다.

이 내용은 두 가지 명백한 의문점을 제기하게 한다. 발표(혼자서 무방비로 여러 사람의 관심이 집중된 가운데 서서)에서 생기는 일반적 두려움은 어차피 나타나게 돼 있는 천성적 두려움인가? 아니면 학습을 통해서 생기는 두려움인가?

나는 위 질문의 확실한 답을 모른다. 그렇지만 수많은 어른을 교육하면서 관찰한 결과, 대체로 발표할 때 두려움을 느끼는 것이 정상임을 분명히 알게 됐다. 앞에서 살펴본 각종 문제와 이런 어려움 때문에 고생하는 여러 연령대의 수천 명을 몇 년 동안 관찰한 나는 사람들이 대부분 필연적으로 발표에 어느 정도 두려움을 느낀다고 강하게 믿게 됐다.

생물적 특성이 운명은 아니다

그렇지만 두려움이 필연적이라고 해서 참고 견딜 필요는 없다. 인간은 두려움을 상당히 줄일 수 있으며, 일부 경우에는 완전히 없앨 수도 있다. 그리고 남은 두려움을 통제하는 방법을 익히면, 효과적으로 발표하는 능력을 발휘하고 두려움을 느끼는 티를 안 내며 발표로 얻을 수 있는 각종 이익을 누릴 수 있다.

두려움이 쉽게 학습된다고 해서 이를 막거나 제거하거나 축소하거나 통제할 수 없다는 뜻은 아니다. 모든 사람은 교육과 결의와 연습으로 처음에는 불가능해보였던 기술을 언젠가 습득하게 된다. 우리는 어둠 속에서 잠들고, 깊은 물에서 수영하며, 비행기를 타고 창밖으로 멀리 떨어진 육지를 바라보는 방법을 배우게 된다. 또 낯선 도시와 나라를 탐험하기도 한다. 그리고 뱀과 거미에게 큰 흥미를 느낀다(물론 멀리 떨어져 있거나 유리창으로 바라보는 식으로 두려움을 통제하는 방법을 배우지만 말이다). 이밖에도 아주 소름끼치는 가면이나 영화를 보고 느끼는 충격과 전율을 즐겁게 받아들이는 방법까지 익힌다. 그리고 자녀가 우리와 동일하게 행동하도록 돕는다.

그렇다면 어떤 방법으로 이를 배울 수 있는가? 불안과 두려움과 공포증을 전환하거나 축소하는 데 아주 중요한 두 요소는 교육과 통제다.

교육

우리가 공포증을 유발할 가능성이 있는 요소를 접한 시기와 경위에 따라서 큰 차이가 생긴다. 사람을 잘 따르는 애완견을 기르는 집에서 자란 어린이는 낯선 개를 만나더라도 두려움을 느끼지 않는다. 세 살밖에 안 된 어린이가 스키를 타고 언덕을 힘차게 내려오는 모습을 본 적이 있을 것이다. 많은 치료 요법의 기본은 두려워하는 물건이나 활동을 점진적으로 접하게 하는 것이다.

학자들은 일정한 물건이나 상황과 관련된 긍정적이거나 중간적인 경험이 부정적인 면을 억누른다는 점을 강조했다. 예를 들어 자동차가 위험하다는 사실을 누구나 알지만 자동차와 관련된 긍정적인 면을 아주 많이 알기 때문에 이를 무서워하는 경향이 '무효'로 돌아간다. 사람들이 칼을 무서워하지 않는 이유는 일상생활에서 사용하면서 편리한 경험을 많이 했기 때문이다. 총으로 목표물을 맞히는 연습(또는 게임)은 도전하는 맛이 있으며 즐겁다.

통제

이후 진행된 미네카와 다른 학자들의 연구 결과는 공포증이 통제할 수 없는 물건 또는 예측이나 제어를 못하는 상황에 대해 생기는 경향이 강하다는 점을 보여준다. 예를 들어 칼과 총은 관리만 잘하면 머리 위에서 떨어지거나 바닥으로 미끄러지는 등의 위협

요소로 작용할 가능성이 없다. 전기 콘센트를 관리하기는 더 쉽다 (그러나 청중은 예측하기가 힘들며, 일반적으로 발표자들은 준비하지 않은 질문을 받을까봐 두려워한다).

심리학자들은 공황장애를 앓는 이들이 사람들 앞에서 공황발작을 일으킬까봐 걱정하기 때문에 사회 공포증이나 광장 공포증까지 겪게 된다고 믿는다. 이들은 결과적으로 겪을 무력감과 창피를 두려워한다. 다시 말하면 공황장애를 발생시키는 요인은 바로 통제 불능 상태에 대한 두려움이다. 이 문제를 해결하는 방법은 앞서 말한 대로 두려움을 유발하는 요소를 점차 접해가면서 단계적으로 통제하는 것이다. 학습과 결의와 연습으로 두려움을 줄이고 긍정적으로 바뀔 수 있다.

물론 교육과 결의와 연습은 모두 중요하다. 결의를 통해서 새 기술을 익히고 연습할 기회를 갖게 된다. 그러나 이 가운데서도 교육이 가장 결정적인 역할을 한다. 지식이 없으면 힘을 가질 수 없다. 따라서 더 많은 지식을 얻기 위해 흔히 제기되는 또 다른 의문의 답을 다음에서 찾아보자.

왜 두려움의 존재를 받아들이는 것만으로는 부족한가?

두려움의 속성을 모를 때 발생하는 위험이 있는가? 발표할 때 긴장한다는 사실을 받아들이는 것만으로는 부족한가? 왜 그저 강인한 자세로 버틸 수 없는가? 생물학적 기본 특성을 이해하면 실제로 도움이 되는가? 답은 그렇다가 맞다. 생물학적 특성 이해는 두려움을 최소로 줄여서 통제하며 자신감을 북돋아 편안해지는 데 결정적 역할을 한다. 이런 특성을 이해하지 못했을 때 생기는 문제점을 살펴보자.

지속적인 행동과 믿음 필요

인간은 예상하지 못했거나 불쾌한 것을 비롯해서 새로운 것을 접하면 설명이 필요하다. 인간은 신념이나 논리에 어긋나는 행동을 하면 그 행동을 설명할 방법을 찾는다. 그래서 자신의 행동과 일치시키려고 아예 태도나 신념을 바꾸는 경우도 있다.

이 내용은 사회 심리학에서 인지균형이론(cognitive consistency theory)이라 한다. 이는 쿠르트 레빈(Kurt Lewin)의 연구로 시작됐으며, 레온 페스팅거(Leon Festinger)의 『인지 부조화론(A Theory of Cognitive Dissonance)』으로 더 완전하게 발전됐다. '인지균형이론'은 정해진 사고방식에 일치하지 않는 행동은 심리상태를 불편하게 만든다고 주장한다. 페스팅거는 이 불편한 상태를 '인지 부조화' 라고 했다. 이 부조화를 줄이거나 없애려면 사고방식과 태도를 조화하려고 해야 한다.

대체로 이런 변화는 실제 행동과 비슷하게 원래 사고방식을 바꾸는 식으로 이루어진다. 따라서 인지균형이론에서는 평소 사고방식과 다르게 행동하다보면 사고방식을 바꾸게 된다고 주장한다. 더 간단히 말하면 생각하거나 말하는 것과 행동이 아주 달라지면 마음이 불편해진다. 이 때문에 이 불편함을 줄이려고 무엇인가 하게 된다. 그런데 행동을 바꾸는 게 어렵거나 복잡하다면 사람들은 아예 사고방식을 바꿔버린다.

이는 독자들이 이 책을 펼쳤을 때 했던 것과 동일한 질문을 다시 떠올리게 한다. "나는 똑똑하고 아는 게 많으며 분별력이 있다. 그런데도 사람들 앞에서 이야기할 때 왜 그렇게 불편할까?"

이 질문은 인지부조화의 예다. 사람들은 발표 때문에 마음이 불편할 합당한 이유가 전혀 없는데도 신체적 변화(심장 박동 증가, 떨리는 몸, 건망증, 땀에 젖은 손, 타들어가는 입)가 일어나면 이런 부조화를 줄일 방법을 찾는다. 그러나 신체적 반응을 이해하지 못하면 이를 줄이거나 없애기가 아주 어렵다. 그리고 이것이 바로 문제가 된다.

두려움으로 발생하는 신체 증상을 이해하거나 없앨 수 없으면 자신의 사고방식이나 신념을 바꾸는 조치를 취한다. 그리고 자신에게 다음과 같이 해명한다.

▸ 생각만큼 제대로 준비하지 못했나봐.
▸ 생각했던 것과 달리 나는 이 분야를 잘 모르나보군.
▸ 청중이 내가 모르는 질문을 할까봐 겁이 나는가봐.

▸ 나는 1 대 1 대화에는 능숙한데, 여러 사람 앞에서 말하는 데는 부족한가봐.

▸ 나는 생각했던 것보다 자신감이 부족하구나.

▸ 내가 이렇게 겁이 많았나? 나는 그리 용감한 사람이 못 되는구나.

▸ 중학교 때 연극 대사를 잊어버렸던 일을 아직 극복하지 못했나 보다.

▸ 스스로 이런 상황에 빠지다니 믿을 수 없군!

▸ 나는 영업(또는 마케팅, 관리, 정치) 분야와 맞지 않나봐.

▸ 발표는 나랑 안 맞아.

▸ 이제 절대로 발표를 안 할 거야!

▸ 발표가 정말 싫어.

이런 해명거리를 스스로 믿으면 그때부터 상황이 악화된다. 자신의 인품이나 성격에 문제가 있어서 투쟁—도피 반응이 생겼다고 생각하면 스스로 파괴하는 셈이다.

근본적 귀인 오류

여기에 생각해볼 또 다른 요소가 있다. 인간은 행동, 특히 다른 사람의 행동을 환경이나 상황이나 정황의 요소보다 그 사람의 기본적 성격 특성으로 돌리는 경향이 강하다. 심리학자들은 이 경향을 '근본적 귀인 오류(fundamental attribution error)'라고 한다. 학자들은 행동을 상황이나 정황보다 성격과 결부하는 이런 경향은 아주 복잡한 세상을 단순화해서 이해하려는 시도라고 본다. 그리고 자신의 행동보다 다른 사람의 행동을 해석할 때 이런 실수를 더 많이 저지른다. 이는 첫인상이 중요한 이유이기도 하다.

처음 만난 사람이 예상치 못했거나, 인습과 다르거나, 분별력이 없거나, 변덕스럽거나, 바보 같은 말이나 행동을 했다고 치자. 그러면 우리는 그가 분별력이 없거나 인습에 얽매이지 않거나 변덕스럽거나 바보 같다고 결론을 내린다. 그리고 해당 행동이나 말을 한 이유를 그 사람의 성격이나 인품 탓으로 돌린다.

또 다른 사람이 자신을 평가할 때도 이런 실수를 저지를 것임을 어느 정도 알고 있다. 이미 내린 결정이 실수로 판명난 뒤에(정보가 더 많아졌을 때) 이 이유를 해명하려고 노력한 적이 있는가? 자신이 왜 그렇게 행동했는지 이유를 해명하느라 고생한 적이 있는가? 당시에는 왜 옳은 생각처럼 여겨졌을까?

상대방을 이해시키고, 관련 요소를 모두 고려한 뒤 지나고 보니까 여러분의 행동이 겉보기처럼 불합리하지 않았다고 결론을 내리게 만들 수 없다는 점 때문에 짜증스러웠던 적이 있는가? 여러분이 이야기할 때 의심과 조바심이 섞인 상대방의 시선을 느껴본 적이 있는가? 여러분이 경솔하거나 부주의하거나 바보가 아님을 상대방에게 납득시킬 재간이 도저히 없다는 결론에 다다른 적이 있는가?

여러분은 상대방이 여러분에 대해서 근본적 귀인 오류를 저지르는 것을(설사 여러분이 이 용어를 모르더라도) 감지하기 때문에 불만스러워지는 것이다. 게다가 이런 오류를 막을 방법조차 모르지 않는가!

여러분은 프레젠테이션 도중에 겉모습과 목소리에 불안감이 묻어나거나 실수를 할까봐 불안해하는 동시에, 청중이 여러분의 성격과 지식과 능력을 평가하고 있다는 사실 또한 인식하고 있다. 청중의 평가가 틀릴 수도 있다. 여러분의 일부분만 보고 내린 평가이기 때문이다. 그러나 자신 있게 프레젠테이션할 능력이 없는지라 청중이 제대로 평가하게 만들 방도를 모른다.

그러면 중요한 또 다른 가능성을 살펴보자. 불안해지는 진화론적 이유를 모르면 스스로에게 근본적 귀인 오류를 범할 가능성이 있다. 인간은 상황에 걸맞지 않게 과다한 신체적·감정적 두려움을 경험하면 해명거리를 찾으려 한다. 자신의 두려움을 합리화하고 인지 부조화를 없애려고 노력한다.

그러다가 마땅한 해명거리가 없으면 자신의 인지 부조화를 제거할 방도로 근본적 귀인 오류를 저지르게 된다. 발표할 때 일어나는 신체 반응의 이유를 자신의 성격이나 인품이나 타고난 능력(또는 무능) 탓으로 돌린다. 앞서 나열한 자멸적 해명거리가 마음을 편하게 만들기는 할 것이다. 그러나 이런 해명은 정확하지도, 만족스럽지도, 생산적이지도 못하다.

주목받는 대상이 될 때 점진적으로 나타나는 신체 반응은 너무 강렬해서 다른 요소가 없더라도 신체적 불안 증상이 유발된다. 여기에 위의 자멸적 해명까지 더해지면 영향력이 더 커지고 상황이 악화된다. 이 결과 또 다른 하강 악순환이 시작된다.

하강 악순환은 불안과 신체 반응을 유발하는 진화론적 이유를 이해하지 못해서 시작된다. 이 반응의 힘을 자신에 대한 잘못된 사고방식과 믿음으로 해명하려고 들면 부정적인 악순환이 반복된다. 앞서 말한 해명거리를 믿으면 두려움이 더 커질 뿐이며, 이는 발표에 악영향을 준다. 결국 악순환이 끊임없이 되풀이된다.

부동산 중개업자가 최근 내게 해준 이야기는 이 악순환의 작용을 생생하게 담고 있다. 그녀는 영리하고 품위가 있으며 매력적인데다 스트레스가 높은 상황에서도 사람들과 이야기를 잘 풀어가 수입이 아주 좋았다. 이런 그녀가 대학 때 있었던 한 경험(25년 훨씬 전) 때문에 평생 다시는 발표하지 않으리라고 결심했다는 말을 했다. 이는 전형적 경험이었다.

당시 그녀에게 불안이 밀려들자 할 말이 전혀 생각나지 않았다. 너무 긴장해서 심지어 준비했던 원고를 들여다볼 생각도 못했다. 그녀는 친구들이 당시 상황에 '충격'을 받았으며, 아직도 자신이 그토록 긴장했던 이유를 알 수 없다고 했다. 그녀는 똑같은 일이 생길까 여전히 걱정돼서 다시는 여러 사람들 앞에서 발표하지 않을 작정이라고 했다. 이는 하루에도 수없이 듣는 이야기다.

발표할 때 느끼는 두려움을 정복하자면 먼저 수용과 이해로 시작해야 한다. 두려움의 원인은 다양하며, 모두 타당하고, 정상적이 많은 공포증과 마찬가지로 흔히 나타나는 발표 공포는 선행 학습의 예다. 선행 학습 이론에 따르면 일부 학습은 제한된 관찰 또는 경험 가운데 하나로 촉발된다. 예를 들어 발표와 관련된 불안에 노출된 경험이 없거나 관찰을 하지 않은 상태에서는 학습(발표 두려움)이 일어나지 않는다. 그러나 비논리적이고 설명할 수 없는 불안을 경험하면 이 두려움이 조장된다. 또 다른 사람이 무서워하는 것을 관찰하는 것만으로도 공포가 일어난다.

불안해지는 진화론적 이유를 모르면 이 상황이 더욱 악화된다. 사람들은 자신에게 일어나는 강한 신체적 반응의 진화론적 이유를 모르면서 다른 방식으로 해명거리를 찾으려 한다. 이런 두려움을 처음 느낄 때 흔히 보이는 반응은 다음과 같다.

▶▶ 그렇게 두려웠던 이유를 모르겠어요!
▶▶ 정신 차리려고 노력했지만 아무 생각도 안 나더군요.
▶▶ 친구들이 그 상황을 믿을 수 없었대요. 나는 소규모 집단에서는 아주 편하고 자신만만해 하거든요!

강한 두려움 때문에 놀라고 혼란스러워지면 다음 말로 스스로 해명하려 든다.

▶▶ 내가 완벽하게 준비를 못해나봐.
▶▶ 발표에 소질이 없나보군.
▶▶ 발표가 정말 싫어.

다른 좋은 해명거리가 없는지라 이런 말을 스스로 믿게 된다. 이 믿음은 다시 자아상을 자멸적으로 바꾸어놓는다. 자신에게 자신감이나 기술이 없고 기억력이 안 좋다고 믿게 되면 사람들 앞에서 발표하기 주저하게 된다. 사람들 앞에서 발표할 기회를 피하면 연습할 기회를 비롯해서 많은 이익을 얻을 기회를 잃게 된다. 사람들 앞에서 발표할 때 불안해지는 반응은 자연스럽고 정상임을 인식하는 것이 투쟁-도피 반응으로 생기는 각종 문제를 받아들이는 데서 핵심이다. 잘못된 믿음으로 문제를 악화시키기보다 두려움을 축소하고 통제하는 데 도움이 되는 버릇을 파악해서 연습하는 것이 현명하다.

다. 인간의 자연스러운 본성임을 알아야 수용하고 이해하는 자세가 생긴다. 인간의 본성 가운데 마음이 불편한 이 부분이 우리의 '늑대'다. 구비오 사람들이 늑대가 '자신의' 늑대라고 받아들이기를 꺼려했던 것처럼, 많은 사람이 자신의 두려움이 프레젠테이션과 관련된 각종 문제 때문에 일어난 정상적이고 자연스러운 반응임을 잘 받아들이지 못한다.

이보다 받아들이기 더 어려운 점은 사람들이 대부분 이 공포에서 완전히 벗어날 수 없다는 사실이다. 우리는 절대로 자신의 늑대를 다른 마을로 보낼 수 없다. 그 대신 늑대를 기르는 법을 배워야한다. 늑대의 본성이 허용하는 한 최대한 평화롭게 사는 데 필요한사항을 제공해야 한다.

불안함의 속성과 '늑대를 기르는' 방법을 더 자세히 살펴보기전에, 프레젠테이션이 그토록 불편하게 느껴지는 이유를 하나 더알아봐야 한다. 이 이유는 5장에서 설명한다.

5장

발표가 부자연스럽다
이 어려움에 유연하게 대처하기

학습은 의무가 아니며… 생존도 마찬가지다. **─에드워즈 데밍**

수요일 저녁에 에밀리는 인생에서 가장 중요한 발표를 준비하고 있었다. 에밀리는 여섯 살이었으며 1학년이 다 끝나가는 참이었다. 이 아이는 다음 날 발표를 하기로 돼 있었다. 한 주제에 대해 반 친구들에게 설명하는 것이다. 선생님 히즌은 주제가 '자신에게 중요한 것'이어야 한다고 했다.

에밀리는 도로시 할머니가 크리스마스 선물로 준 인형 캐롤라인을 이야기하기로 했다.

엄마가 "친구들에게 캐롤라인에 대해 뭘 말해줄 거니?"라고 물었다.

"음, 원래 이름이 사만다였다고 이야기할 거예요. 그렇지만 캐롤라인이 내 중간 이름이고 인형이 나랑 닮아서 캐롤라인으로 이름을 바꿨다고 할 거예요. 나랑 인형은 머리색이 같고 눈동자 색은 완전히 똑같으니까요! 도로시 할머니가 크리스마스 선물로 줬다는 말도 할 거예요."

"또 해줄 말이 있니?"

"캐롤라인의 몸에 딱 맞는 침대와 옷 세 벌이 있다는 것하고, 할머니가 내년 크리스마스 때 나랑 캐롤라인에게 비슷한 옷을 사주실 거라는 이야기도 할 거예요. 아, 또 무슨 말을 할 거냐면…" 에밀리의 말은 1분 이상 계속됐다. 아이는 발표할 준비가 다 된 듯했다.

목요일 아침에 에밀리는 캐롤라인을 데리고 학교에 갔다. 이날 오후에 엄마가 에밀리에게 물었다. "발표는 잘했니?"

"그럭저럭."

"반 친구들에게 무슨 말을 했니?"

"아무 말도 안 했어요."

"아무 말도?"

"있잖아, 엄마. 애들을 보니까, 다 나를 쳐다보고 있잖아요. 이야기를 시작하려고 했는데 말이 안 나오는 거예요."

"그래서 어떻게 됐니?"

"아이들이 나한테 질문했어요."

"어떤 질문을 했는데?"

"음, 인형을 어디에서 났고 이름이 뭐고 내가 좋아하는 이유는 뭔지 뭐 그런 거요."

"그래서 질문에 대답했어?"

"네… 그리고 나서 옷이랑 침대 이야기도 했어요."

프레젠테이션이나 발표는 부자연스러운 의사소통 방식이다. 독백(혼자서 하는 긴 이야기)은 말로 의사소통하는 일반 규칙에 어긋나기 때문이다.

이에 비해서 대화는 말을 하는 자연스러운 형태다. 이 책의 목적에 맞춰보면 대화는 두 명 또는 그 이상이 회화하는 것으로 정의할 수 있다. 그리고 대화는 독백과 규칙이 다르다.

인간은 부모와 기타 보호자와 음성언어를 주고받으면서 말하는 법을 배운다. 처음에 한 단어로 시작해서 두 단어로 늘고 점차 구와 문장으로 발전한다. 이는 모두가 아는 사실이다. 그러나 갓난아기가 처음 말을 하기 훨씬 전부터 이루어지는 '대화'에 대해서는 잘 모른다.

유명한 아동발달 전문가 존 볼바이는 언어 습득 과정을 자세히 관찰했다. 그는 유아가 생후 3주만 돼도 벌써 일종의 대화에 참여해 엄마나 보호자와 '말'을 주고받음을 밝혀냈다. 그는 이 대화의 전개 과정을 자세히 관찰한 뒤 다음과 같이 결론을 내렸다. "이런 대화가 전개되는 속도와 효율성 및 여기에서 서로 느끼는 즐거움은 각 참가자들이 대화에 참여할 사전준비가 돼 있음을 분명히 보여준다."

볼바이는 12~24개월 사이의 유아를 대상으로 한 다른 연구에서 주고받는 식의 대화가 되는 것을 다시 발견했다. 그가 이 연구에서 내린 결론은 다음과 같다. "유아가 어른과 대화를 주고받으며 서로 겹치지 않게 하는 능력이 놀랍도록 효과적이며, 이 특성은 월

령에 상관없이 모든 연구 대상에게서 발견됐다. 따라서 유아가 말을 배우기 훨씬 전부터 인간 대화의 특성인 주고받기가 이미 나타난다."

인간은 대화를 하도록 만들어졌다. 엄마는 직관적으로 의사를 주고받는 대화의 특성을 갓난아기에게도 자연스럽게 적용한다. 처음 말을 배우는 시기에 비하면 뇌 크기가 절반밖에 발달하지 않은 갓난아기들도 '대화'로 엄마의 말에 응답한다.

대화는 인간에게 자연스러운 행위다. 이는 인간의 고유한 특성이다. 인간은 일단 언어를 습득하면 자연스러운 대화의 사용법을 즉시 익힌다. 환경을 관찰하고 여기에 대한 의견을 내놓는다. 대화 내용을 이해하고 자신의 생각을 다른 사람과 나눈다. 잡담도 한다. 또 기억 장치에 저장된 정보를 꺼내서 짧은 논평이나 대답이나 질문 형태로 전달한다. 그리고 대화 상대자의 대답과 조언을 듣는다. 이 과정은 끝없이 반복되며 이러다보면 곧 대화 전문가가 된다.

그 반면 독백은 자연스럽지 않다. 편하고 자신 있게 독백하려면 융통성이 필요하며, 이런 기술은 따로 개발해야 한다.

독백은 인간의 선천적 특성이 아니다. 인간은 초기 발달 단계에서 독백하는 방법을 배우지 않는다. 연습도 하지 않는다. 독백을 사용하도록 장려받지도 않는다. 독백을 준비해서 전달하는 데 능숙해지거나 연습할 기회나 자극제가 거의 없다. 이처럼 사용 기술을 배우거나 연습하지 않은 상태에서 편하고 자신 있게 독백하기는 불가능하다.

인간이 사회 기술을 습득하는 과정에서 다른 사람의 생각이나 이야기를 듣고 공유하며 이에 반응하는 것이 중요하다는 점이 지속적으로 강조된다. 일반적인 칵테일파티에서 서너 명이 담소를 나누는 광경을 상상해보자. 여기에 다른 사람과 대화를 주고받지 않은 채 20분이 넘게 혼자서만 이야기하는 사람이 하나 끼어 있다면 상황이 어떻게 될지 쉽게 짐작이 갈 것이다.

그런데 최소한 한 사람 이상과 대화하다보면 논평이나 개입이나 질문 등이 따르기 마련이므로, 짧은 한 단락 이상의 정보를 혼자서 계속 말해야 하는 상황을 별로 접하지 않는다. 어쩌면 몇 년 동안 이런 독백을 할 일이 아예 없을 것이다. 애초에 인간의 기억 장치는 긴 원고를 외우는 것보다 짧은 평이나 질문에 대한 정보를 전달하게 만들어진 듯하다. 우리는 일반적으로 대화 상대자(또는 상대자들)가 대답한 다음에야 이어서 할 말을 결정한다. 앞서 예로 든 소녀 에밀리는 원래 계획했던 독백이 물거품으로 돌아간 상황에서도 반 친구들이 던진 질문에 쉽게 대답(대화에 참여)할 수 있었다.

인간은 대화 덕분에 다른 사람과 '연계' 될 수 있다. 엄마와 갓난아기의 대화는 두 사람의 연계를 강화한다. 에밀리는 묻고 답하기 시간에 대화를 통해서 수줍음과 두려움을 벗어던질 수 있었다. 에밀리는 바로 이 대화 덕분에 반 친구들과 연계될 수 있었다. 일단 친구들과 연계되자 에밀리는 원래 말하려고 계획했던 내용까지 기억할 수 있었다.

어떻게 해야 청중과 연계될까?

내 고객들은 '청중과 연계되는 방법'을 지도해달라고 요청한다. 이들이 실제로 얻으려는 것은 대화에서 발생하는 친밀감이다. 이들은 자신이 전달하려는 메시지를 청중이 이해했는지 알고 싶어 한다. 또 청중의 반응을 감지하고자 한다. 청중이 발표 내용에 동의하는지 아니면 의문스러워하는지 알고 싶어 한다. 청중의 생각과 감정도 알고 싶어 한다. 그뿐만 아니라 자신의 확신과 열정, 진지함과 관심을 청중에게 전달하고 싶어 한다.

독백에서 이런 친밀감을 얻기가 그토록 어려운 이유는 무엇일까? 독백에는 대화의 중요한 두 요소가 빠져 있다. 독백이 대화와 다르게 느껴지는 주요 원인은 바로 이 두 요소가 없기 때문이다. 이 중에 하나만 빠져도 이해력이 없어지고 소외감을 느끼게 된다. 두 요소가 다 빠지면 청중과 연계되기가 힘들어진다.

내용 확인

첫째 요소는 내용 확인(grounding)이다. 내용 확인은 자신이 대화 상대방의 메시지를 얼마나 이해했는지 상대방에게 알려주는 과정이다. 즉 자신이 생각하는 상대방 메시지의 뜻을 확인시키는 것이다.

동시에 자신이 전달하려는 메시지를 상대방이 올바르게 이해했는지도 확인한다. 기반 내용을 확인하면 행동을 조율할 수 있으며 오해를 발견해 바로잡을 수 있다.

우리는 여러 방식으로 의사소통을 한다. 일부는 말로 가능하지만 그렇지 않은 경우도 있다. 예를 들어 청중이 눈썹을 치켜올리면 회의적이라는 의미이므로, 말하는 사람은 이 표정을 보고 자신이 전달한 내용을 다시 생각해보게 된다.

청중이 간헐적으로 고개를 끄덕이는 것은 들은 메시지를 이해하고 있음을 보여준다. 상대방이 적절한 질문을 던지는 것은 말하는 사람이 전달하려는 논점을 잘 파악하고 있다는 뜻이다. 청중이 말하는 사람의 메시지를 다른 말로 바꿔서 말하는 것은 자신이 제대로 이해하고 있는지 확인하려는 의도다.

내용 확인은 직접 만나서 대화하는 경우에 가장 빠르게 효과적으로 할 수 있다. 서로 상대방을 잘 관찰할 수 있기 때문이다. 내용 확인의 필요성은 비행기 표가 판매되는 주요 원인이기도 하다. 사업상 출장이 늘어나기 때문이다.

사람들은 중요 사안을 진행할 때 상대방을 가까이서 관찰하려는 경향이 있다. 그래서 고객을 직접 찾아가는 방문판매를 많이 하게 된다. 또 중대한 협상은 관계자가 모두 참석한 자리에서 진행한다. 인터넷에서 만난 친구라도 어느 단계에 도달해서 관계를 더 발전시키려면 직접 만나야 하는 것은 이 때문이다.

내용 확인이 부족하면 메시지가 잘못 전달된다. 흔히 들리는 "그저 의사소통 문제였습니다." "우리 통신이 차단됐나봐요"라는 말은 관련자들 사이에 내용 확인이 불충분했음을 의미한다.

전화로 나누는 대화가 직접 만나서 의사소통하는 것보다 더 어려운 이유는 내용 확인의 필요성 때문이다. 전화 통화할 때는 내용 확인에 아주 유용한 비언어적인 미세한 힌트를 사용하거나 관찰할 수 없다. 화상 회의마저도 내용 확인에 장벽이 된다. 미세한 비언어적 행동을 놓치게 되기 때문이다.

게다가 독백 형태인 프레젠테이션에서는 청중이 메시지를 이해했는지 확인하기가 전화통화보다 더 어렵다. 많은 면에서 '암흑 속에서 활동'하는 것과 마찬가지다. 청중의 신체 언어와 미세한 반응을 관찰할 수 없는 것이다.

더 중요한 점은 번갈아가면서 말하기(대화의 특징)가 불가능하다는 것이다. 발표자는 청중의 평이나 질문이나 목소리 톤을 비롯해서 아무것도 들을 수 없다. 발표자가 혼자서 말하는 동안 청중은 침묵을 지킨다. 격식을 차린 프레젠테이션일수록 의사소통의 많은 부분 또는 전체가 독백 형식으로만 이루어진다.

파동 동화

독백에 빠져 있는 대화의 둘째 요소는 파동 동화(entrainment)다. 파동 동화의 간단한 예를 들면 리듬에 맞춰 발가락으로 바닥을 두드리거나 머리를 까딱거리는 것이다. 살아 있는 인간의 몸에는 진동 시스템이 있다.

사람은 몸을 흔들며, 호흡과 심장박동과 뇌파의 리듬은 인간의 몸이 만드는 진동의 일부분이다. 인간은 실제로 비브라폰(vibraphone, 타악기의 하나로 경음악이나 재즈 등에서 효과음을 냄–옮긴이) 같은 소리를 낸다.

한 사람의 신체 진동 시스템이 다른 사이클로 바뀌면 여기에서 나오는 반복적인 움직임의 타이밍이 상대방의 움직임에 영향을 미친다. 시간이 지나면 두 움직임은 서로 일종의 리듬을 맞추게 된다.

우리는 다른 사람과 대화할 때 상대방의 진동에 서로 영향을 주고받는다. 두 사람이 동일하게 움직이면서 각자의 진동이 바뀌기 시작한다.

대화하는 두 사람은 동화된다

다른 사람들과 대화할 때 우리는 동화되기 시작한다. 우리는 상대방에게 맞추려고 말 속도를 느리게 하곤 한다. 우리가 사용하는 동작의 확장과 속도에 미세한 변화가 일어나기도 한다. 이런 미세한 동화의 '움직임'은 상세히 기록된다.

우리는 진동에 동화되고 상대방에게 영향을 주며 상대방의 진동에 영향을 받기 시작한다. 아주 민감한 감각을 발휘해 서로에게 '귀를 기울이게' 되며 '동조'된다. 들리지 않는 음악에 맞춰서 움직이는 것과 같이 말이다.

그렇다면 진동의 동화는 어느 정도나 기본적이고 절대적인 특성인가? 에드워드 홀(Edward T. Hall)은 권위 있는 저서 『문화를 넘어서(Beyond Culture)』에서 이런 동화는 갓난아기와 대화자 사이의 동작 타이밍에서도 발견되는 인간의 공통적 특성이라고 한다. 갓난아기가 태어난 즉시 또는 그 다음 날부터 이 특성이 지속적으로 발견된다. 따라서 연계는 대화하면서 다른 사람들과 동화될 때 이루어진다.

집단과 동화될 수 있는가?

그렇지만 독백하면서 이런 식으로 청중에게 '귀를 기울이기(조율)'는 사실상 불가능하다. 한 사람이 많은 진동을 일으킨다면 나머지 열 사람에게서 나온 진동은 불협화음이 된다. 한 사람 주변에 있는 15명 또는 500명의 진동이 모두 그 사람에게 고스란히 전달되기는 힘들다. 혹시 전달되더라도 이 많은 진동에 다 동화될 수 없을 것이다. 이런 느낌은 한 사람과 대화를 주고받으면서 느끼는 것과 다를 수밖에 없다.

앞서 대화는 '두 명 또는 그 이상이 나누는 회화'라고 정의했다. 그러나 대화가 학습이나 문제 해결이나 동의를 얻으려는 목적으로 진행될 때는 정의가 이보다 더 복잡해진다.

『다섯 번째 훈련(The Fifth Discipline)』의 저자 피터 센지(Peter Senge)는 대화의 목적이 "한 사람의 이해 범위를 뛰어넘는 것이다. 대화에서 사람들은 개인적으로 성취하기 힘든 통찰력을 얻게 된다. … 대화 참가자들은 지속적으로 발전하고 변하는 공통 의미를 함께 나누는 데 참여한다"라고 했다. 이 '참여'는 대화가 목적이므로, 독백에는 해당되지 않는다.

독백이 불편한 이유는 인간 본성에
어긋나기 때문

요약하면 독백은 인간의 본성에 어긋난다. 독백은 원래 인간의 특성이 아니다. 우리는 독백하는 법을 배우거나 연습하지 않는다. 우리 기억 장치는 독백을 도와주도록 만들어지지 않았다. 독백할 때는 대화의 두 가지 주요 요소인 내용 확인과 파동 동화가 되지 않는다. 이런 이유 때문에 독백할 때는 청중과 연계되기가 아주 어려워진다.

이해하면 더 쉬워져

발표자가 독백에서 느끼는 이런 차이점을 이해하지 못하거나 예상하지 못하면 아주 당황해서 어쩔 줄 모르게 된다. 이런 당혹스러움은 발표자가 이미 느끼는 불안에 더해진다. 또 과거에 독백하면서 이런 차이점 때문에 불편을 겪은 경험이 있다면, 이 불편한 감정의 기억이 미래 발표에 대한 걱정에 더해진다. 독백 형식으로 정보를 전달할 때 독백 자체의 특성에 의사소통을 방해하는 난관이 담겨 있음을 알아야 한다.

이 책에 제시될 실질적인 도움

이 책의 2, 3부에서 대화의 힘을 효율적으로 사용하는 다양한 방법을 제안한다. 대화에서 사용하는 신체의 행동 특성으로 프레젠테이션을 더 솔직하고 자연스러우며 편하게 만드는 방법을 배우게 될 것이다. 또 프레젠테이션 내용을 전달할 때 대화의 자연스러운 리듬을 결합하는 여러 방법을 익히게 될 것이다. 프레젠테이션의 통제권을 잘 움켜쥐면서 청중과 진실한 대화를 나누는 방법도 알게 될 것이다.

그렇지만 먼저 다음 장에서 투쟁-도피 반응이 신체적·지적으로 미치는 영향을 확실히 이해하고 넘어가자. 발표에 신체가 보이는 반응의 원인을 이해하면 이런 반응에 짜증스러워하거나 불쾌해

핵심 포인트

독백(발표와 대부분의 프레젠테이션)은 인간의 의사소통으로는 부자연스러운 형태다. 인간은 대화하는 특성을 타고났다. 우리는 대화를 훨씬 선호한다.

인간은 생후 몇 주만 돼도 대화의 리듬 형식으로 불분명한 소리를 내기 시작한다. 인간은 대화를 통해서 말하는 법을 배우며, 살아가면서 말로 의사소통할 때 대부분 대화를 사용한다.

독백하기가 어려운 이유는 연습이 부족하기 때문이다. 또 청중과 연계되는 능력이 떨어진다는 점도 독백하기가 어렵게 만든다. 독백할 때는 상대방이 이해하고 있는지 계속 검토하고 확인하는 '내용 확인'과 대화 상대자의 말과 동작의 리듬에 동화되는 '파동 동화'를 할 수 없다.

인간의 의사소통에서 일반적으로 나타나는 이 두 요소가 독백에는 빠져 있음을 인식하면, 프레젠테이션 도중에 종종 느끼는 청중과의 '단절감'을 이해하는 데 도움이 된다. 또 이 점을 이해하면 상대방과 더 긴밀하게 연계를 맺을 수 있는 각종 기술(2, 3부에서 설명)을 배우고 연습하려는 의욕이 생길 것이다.

하거나 겁을 내는 감정이 줄어들 것이다. 어쩌면 일부 반응을 재미있게 생각하는 단계로까지 발전할 수도 있다.

설사 재미까지는 아니더라도 자신의 신체가 보이는 반응의 특징을 이해하는 것이 프란시스 효과를 얻는 기초임을 명심하기 바란다. 훌륭한 발표자가 되려면 인간의 본성을 잘 다뤄야 한다는 사실을 이해해야 한다.

1부의 마지막 장은 발표자가 느끼는 불안을 축소하고 관리하는 구체적인 활동, 연습, 조언을 담고 있다. 불안감이 어떤 영향을 미치는지 파악하고, 자신에게 나타날 반응을 다룰 전략을 고르고, 책에 제시한 제안을 따라가다보면 불안감을 최소화하고 통제하는 능력이 엄청나게 향상될 것이다.

자신의 늑대와 친해지기
불안 증상을 미소로 맞이하자

용감하게 자신의 본질을 파악해보자. 현실을 인식한 철학만이 진정한 행복으로 인도할 수 있는 까닭에 이런 철학만이 합리적이고 건전하다. -린 위탕

인간의 몸은 내용걱정과 발표걱정으로 생기는 지적이고 감정적인 스트레스에 대해 신체적 위험에 닥쳤을 때와 동일한 방식으로 반응한다는 사실을 앞에서 배웠다. 또 독백 형식으로 많은 정보를 전달하자면 대화할 때와 다른 여러 어려움이 따른다는 점도 알게 됐다. 그리고 관심이 집중되는 '주목받는 대상'이 되면 많은 사람 앞에 신체가 노출되어 취약하게 있어야 하는 데서 오는 '위험'에 몸이 투쟁—도피 반응으로 대응함도 배웠다. 이 결과로 불안감이라는 내면의 늑대가 깨어나서 으르렁거리게 된다는 점도 깨달았을 것이다.

불안이 밀려들면 정상적이고 건강한 인간의 신체는 어떻게 반응하는가? 발표자들이 한 무리 사람들 앞에서 프레젠테이션을 하기 직전과 도중과 이후에 경험하는 증상들을 살펴보자. 다음은 이들이 흔히 하는 말이다.

- ↠ 심장이 두근거렸어요.
- ↠ 숨을 쉴 수 없었답니다.
- ↠ 얼굴이 달아오르는 게 느껴졌어요.
- ↠ 손바닥이 땀으로 축축해졌죠.
- ↠ 내 목소리가 떨리는 게 들렸어요.
- ↠ 할 말을 잊어버렸어요.
- ↠ 입이 바싹바싹 타들어갔어요.
- ↠ 목구멍·가슴·몸 전체에 긴장감이 느껴졌죠.
- ↠ 목소리가 계속 갈라졌답니다.

이때 일어난 증상을 생물학과 생리학의 측면에서 살펴보면 자신의 반응을 이해하고 여기에 잘 대처하게 될 것이다(호르몬과 신경계를 설명한 내용을 읽기 싫으면 다음에 이어지는 몇 문단을 빼놓고 일반적 불안 증상으로 넘어가도 좋다). 각종 증상(몸이 스스로 보호하는 방법)을 아주 간략하게 설명한 내용을 읽고 나면 다음에는 프레젠테이션하기 전에 활짝 웃을 수 있을 것이다.

인간의 신경계는 두 가지 주요 요소로 구성돼 있다. 첫째, 수위신경계(voluntary nervous system)는 바닥에 떨어진 책 줄기같이 생각이 필요한 행동을 관리한다. 둘째, 자율신경계(autonomic nervous system)는 호흡 등과 같이 생각이 필요 없는 모든 활동을 관리한다.

수위신경계는 다시 둘로 나뉜다. 이 가운데 교감신경계(sympathetic division)는 투쟁-도피 반응을 통제하는 곳으로, 이 책에서 주로 관심을 갖는 부분이다. 부교감신경계(parasympathetic division)는 정상적 호흡, 소화, 성장 등을 관리한다.

프레젠테이션을 준비하고 실행하면서 겪는 각종 어려움은 교감신경계가 반응하도록 자극한다. 이 반응, 즉 진화를 거치면서 발달된 위험에 대한 반응은 특유한 두 단계로 활성화된다. 이 중에서 SAM(sympathetic-adreno-medullary axis, 교감-아드레노-수질 중추)으로 알려진 첫 단계가 바로 이 책에서 반복해 나오는 투쟁-도피 반응이다.

투쟁-도피 반응

투쟁-도피 반응이 일어나면 순식간에 몸에 변화가 많이 생긴다. 뇌는 척수를 통해서 부신선의 핵심인 수질로 신호를 보낸다. 부신수질은 아드레날린, 코르티솔(cortisol), 알도스테론(aldosterone) 같은 호르몬을 합성해서 혈관으로 분비된다.

아드레날린의 효과는 순식간에 몸에 작용한다. 인식된 비상사태에 대비하려고 혈압과 심장 박동이 극적으로 상승한다. 간은 포도당을 분비하고 축적된 지방을 사용해 에너지를 만든다. 순환계는 몸의 표면과 소화기관 등 당장 불필요한 신체 작용에 사용되는 혈액을 뇌와 근육으로 공급한다. 이런 변화의 결과로 발표자들이 경험하는 각종 증상이 생긴다. 특히 프레젠테이션 직전이나 시작한 뒤 몇 분 동안 이런 증상이 확연히 드러난다.

이렇게 몸이 우리를 '돕는' 과정에서 나타나는 일반적 불안 증상을 설명한다.

▸ **두근거리는 심장** : 투쟁–도피 화학물질이 심장 근육의 수축 속도와 힘을 상승시킨다. 앞으로 일어날 싸움이나 도망가야 할 상황에 대비해 근육에 피를 많이 보내 산소를 더 전달하기 위해서다.

▸ **바싹 마르는 입** : 입이 바싹 마르는 것은 진짜로 필요한 곳에 힘을 사용하려고 불필요한 신체 작용을 중단하기 때문이다. 사실 몸이 "소화 기능은 잠시 후에 활동해도 된다. 당장 대처할 더 큰 문제가 발생했다!"고 말하는 셈이다. 소화 기능이 멈추면 침도 나오지 않는다. 소화 기능이 잠시 멈추면 투쟁–도피 반응에 필요한 근육에 공급할 혈액(과 산소)이 증가된다.

▸ **깊어지고 빨라지는 호흡** : 세기관지(폐에 있는 공기관의 작은 분지)가 확장되고 심장 박동이 증가해 폐와 심장으로 가는 산소 공급량을 늘린다.

▸ **혈압 상승** : 혈관 표면이 축소되면 혈압이 올라간다. 이렇게 되면 일어설 때 어깨 위 혈압이 저하되는 것을 상쇄시킨다. 또 피부

표면 가까이 있는 혈액을 줄여 살에 상처를 입을 경우 혈액 손실을 줄인다.

▸ **몸의 떨림, 전율, '소름'** : 떨림이나 전율은 몸을 덥혀준다. 이는 몸 표면으로 흐르는 피의 양을 줄여서 추위에 민감해지는 것을 막아준다. 또 털이 있는 동물의 털이 곤두서면 적에게 더 크고 강하며 위협적으로 보이게 된다.

▸ **고조된 근육 긴장** : 근육 긴장은 뛰거나 싸우는 등 격렬한 활동에 대비해서 근육을 준비시키는 것이다.

▸ **떨리는 목소리** : 근육의 긴장 고조와 체온 유지를 위한 떨림 때문에 목소리가 떨려서 나온다.

▸ **땀에 젖은 손바닥** : 손바닥이 땀에 젖는 것은 원시시대에서 유래한 또 다른 현상이다. 인간의 땀샘은 많은 포유동물에서 발견되는 체액 생산 외분비선에서 진화한 것으로 보인다. 이 샘은 소금물과 구성이 아주 비슷한 투명한 체액을 만든다. 피부에 얇게 체액이 있으면 견인력이 늘어난다. 이 때문에 책장을 넘기기 전에 손가락에 침을 바르는 것이다. 동물에게 땀은 미끄러짐 방지 역할을 한다. 숲 속에 사는 영장류는 손과 발에 외분비선이 있고, 꼬리를 흔드는 일부 원숭이는 꼬리에도 외분비선이 있다. 고양이와 개 등의 비영장류는 발바닥에만 외분비선이 있다.

다음은 일레인 모건(Elaine Morgan)의 『진화의 흔적(The Scars of Evolution)』에 나온 내용이다.

원숭이 손바닥에 땀이 나는 것은 온도 상승 때문이 아니라 위험을 인식해서 나타나는 반응이다. 원숭이가 한 나뭇가지에서 다른 나뭇가지 사이의 공간으로 뛰어가려고 결정하면, 뇌는 신호를 보내서 심장박동을 빠르게 하고 인지력을 예민하게 하는 동시에 목표로 삼은 가지를 잘 잡도록 손바닥을 축축하게 한다. 인간의 손바닥에 땀이 나는 것도 같은 이유다. 손바닥의 땀은 온도 변화 때문에 생기는 게 아니다. 그 대신 무대에 설 준비를 하거나, 두려워하는 사람에게 소개를 받거나, 당구 마지막 판을 결정지을 공을 치는 등 긴장하거나 걱정되는 상황에서 땀이 나온다.

이런 모든 '증상'은 인간이 위협을 지각했을 때 나타나는 정상적이고 건강한 반응이다. 사회의 변화 속도가 인간 몸의 진화 속도보다 빠른지라 이런 반응은 시대에 뒤떨어졌다고 할 수 있다. 그러나 이 반응은 여전히 발표자 대부분에게 쉽게 예상되는 강력한 영향력을 발휘한다.

이런 반응을 잘 알고 있으면 너무 걱정하지 않고 이 증상을 자연스럽게 받아들이게 된다. 이런 증상이 시작될 때 이해하고 수용하며 마음 자세를 즐겁게 하면 불안이 또 다른 불안을 불러오는 하강 악순환을 막을 수 있다.

그렇다면 왜 머릿속이 멍해지는가?

프레젠테이션이나 공연을 해본 사람들은 대부분 '머릿속이 멍해지는' 두려운 느낌을 경험한다. 이는 내 고객들이 가장 두려워하는 문제다. 이 현상이 일어나면 사람들은 분노부터 창피함이나 완전한 공포에 이르기까지 다양한 감정을 느낀다. 이들은 이렇게 지적인 통제력을 상실하는 것에 항상 짜증스러워하고 혼란을 느낀다. 나는 사람들이 다음과 같이 말하는 것을 듣는다.

- ▸ 어떨 때는 원고를 참고하는 것조차 잊는다니까요!
- ▸ 내가 그 슬라이드를 직접 만들었는데도 어디에 사용할지 모르겠더라고요!
- ▸ 어떻게 그 단어가 생각나지 않았는지 알 수 없어요!
- ▸ 고객 이름을 잊었답니다!
- ▸ 요점 두 가지를 빼먹었어요!

몸은 투쟁-도피 반응의 일환으로 '코르티솔'이라는 호르몬을 분비한다. 스트레스에 반응해 분비되는 코르티솔은 일시적인 기억 상실을 일으키는 데 중요한 역할을 한다. 각종 연구에 따르면 코르티솔은 스트레스로 유발되며, 스트레스를 주는 사건이 일어나는 동안과 직후에 정보를 기억하는 능력을 감소시킨다. 최근 나온 각종 연구 결과에 따르면 뇌에서 코르티솔 수치가 정점에 다다르면 기억을 재생하는 능력과 새 기억을 만드는 능력이 일시적으로 약해진다. 이는 스트레스를 주는 사건이 시작되고 약 30분 뒤에 생긴다. 한 예로 처음 엄마가 된 여성들이 건강한 아이를 낳는 순간 출산의 고통을 잊는 속도를 들 수 있다.

따라서 일반적으로 발표나 프레젠테이션을 하면서 준비했던 발표 내용을 잊어버리는 이유는 스트레스가 발생하면서 코르티솔 수치가 높아졌기 때문이다. 그리고 발표를 마치고 자리로 돌아간 뒤에야 준비했던 내용이 기억나는 이유는 긴장이 풀어지면서 코르티솔 수치가 내려갔기 때문이다.

암기는 해결책이 아니다

발표 내용을 아무리 잘 외우더라도 정작 필요할 때 기억나지 않을 수 있다. 여러분의 늑대가 나름대로 여러분을 도와주려고 하는 것이다. 늑대는 진짜로 위협적인 상황에서 살아남을 최선책이 그냥 서서 가능성을 계산하거나 명료한 논쟁점을 정확하게 전달하는 게 아니라고 여긴다.

여러분의 늑대는 위협에서 살아남을 최선책은 싸우거나 도망가는 것이라고 믿는 것이다. 따라서 감각이 예민해지고 근육이 강해진다. 반면에 현대 사회에서 필요한 정교한 지적 작용은 위기가 닥쳤을 때 작동을 멈춘다.

아는 것이 힘

여러분은 앞에서 불안 증상의 원인을 배웠다. 불안을 최소로 줄이고 통제하는 다음 단계는 이 장에서 설명한 내용인 몸이 여러분을 위해서 하는 작용을 이해하는 것이다. 물론 지금까지 이 증상을 설명한 내용을 모두 기억할 필요는 없다. 그러나 이런 증상이 수천 년 전의 유물로 시대에 뒤떨어졌다고 해도 지극히 정상적이고 자연스러운 것이라는 점만은 꼭 기억해둬야 한다. 다음에 여러분의 늑대가 으르렁거리면 늑대를 보고 활짝 미소를 짓자. 늑대는 예측할 수 없거나 신비한 존재가 아니다. 그저 평범하고 늙은 존재일 뿐이다. 늑대가 존재하는 이유는 이제 모두 알 것이다.

다음에는 불안 증상이 나타날 때 이를 최소로 줄이고 통제할 여러 방법을 알아보고, 프레젠테이션 전과 도중에 사용할 수 있는 각종 활동과 조언을 들려줄 것이다. 여러분이 불안에 대해 새로 익힌 지식에 이 활동과 조언을 결합하면 늑대를 영원히 길들이는 데 효과가 좋을 것이다.

이른 아침 태양이 한 소프트웨어 업체 본사의 둥근 은빛 타워 위로 어슴푸레 반짝였다. 나는 새로운 고객을 만나 아침 8시 30분부터 네 시간이나 교육을 하기로 돼 있어서 미리 도착해 준비할 작정이었다. 우아하고 맵시가 단정한 여성이 나를 맞았다. 그녀는 나를 넓은 회의실로 안내하고 커피를 갖다준 뒤 내 고객이 전화로 8시 30

분까지 도착할 예정이라고 알려왔다고 했다. 나는 카메라를 설치하고 교육 자료를 꺼내 탁자에 정리했다. 고객과 미리 이야기를 나누지 못한 것이 후회됐다. 내가 아는 사항이라고는 그가 그 회사의 부사장이고 34세이며 '전반적 발표기술 향상'을 원한다는 것뿐이었다.

그는 8시 30분 정각에 회의실로 들어왔는데 매우 젊어 보였다. 서로 소개하고 이야기해보니 다정하고 마음이 따뜻하며 매우 정확한데다 패기 있으며, 최근 프로젝트와 해당 부서의 성공에 지대한 관심이 있는 사람임이 금세 분명히 파악됐다. 나는 그에게 탁자 옆에 같이 앉자고 말했다. 나는 몇 분 동안 그의 지위, 그가 지금까지 했던 프레젠테이션 형태, 교육에서 원하는 구체적인 목표를 알고 싶다고 했다.

그는 대번에 아주 심각해졌다. 그는 내 눈을 직시하며 "분비액이 항상 엉뚱한 곳에서 나오는 이유를 알고 싶습니다"라고 말했다.

"분비액이라니요?"

"내분비액 말입니다."

나는 그를 바라보며 눈썹을 들어올렸다. 그는 이번에는 더 힘차게 말했다.

"사람들 앞에 설 때마다 입이 바싹 타고 손이 축축해지는 이유를 알고 싶습니다. 항상 말이에요! 심지어 내 부서원들 앞에서조차 말입니다. 나는 업무를 잘 파악하고 있고 모든 부서원이 나를 좋아하거든요! 그런데도 왜 그러는지… 도무지 이치에 맞지 않아요."

나는 발표 공포가 생긴 역사를 이야기해줬다. 그는 입이 바싹 타들어가고 손이 땀으로 젖는 이유를 알게 됐다.

설명을 마치자 그는 "이치에 맞는 말이군요. 아주 합당한 이야기예요"라고 했다. 이어 그는 활짝 미소 지으며 말했다. "자, 이제 시작해보죠!"

핵심 포인트

투쟁-도피 반응은 동물(인간 포함)이 지각한 위험을 극복하도록 돕기 위해 서서히 진화됐다. 발표할 때 흔히 일어나는 많은 불안 증상은 투쟁-도피 반응에 속한다. 심장 박동 증가, 호흡 변화, 근육 긴장, 떨림, 땀, 입마름은 모두 몸이 싸우거나 도망가도록 준비시키는 것이다.

다른 증상으로 시각과 청각이 아주 예민해지고, 일부 정보를 기억하거나 새 내용을 암기하는 게 일시적으로 불가능해진다. 이런 변화의 결과로 근접한 주변 환경을 더 잘 파악하게 된다. 반면에 고도의 지적 기능은 일시적으로 감소된다. 이런 몸의 변화는 인간이 진화하는 과정에서 생긴 반응이다. 이 변화를 통해 신체는 눈앞에 당면한 위험에 임시로 모든 힘을 집중한다. 예를 들어 거대한 검치호랑이, 하이에나, 낯설고 적대적인 사람들의 무리 등 분명하고 위급한 위험에 직면하면 신체의 안전을 지켜 살아남기 위해 기억 기능과 같이 장기적으로 가치 있는 지적 기능이 일시적으로 사라진다.

수용의 핵심은 이런 변화가 인간의 정상적이고 건강한 특성이라는 점을 이해하는 것이다. 수용하면 일단 짜증이 줄어들며 투쟁-도피 반응의 영향을 최소로 줄이고 통제하는 데 집중할 새 능력이 생긴다.

늘대에게 먹이주기
불안을 최소화하고 통제하기

> 공포를 친구처럼 활용하려면 자신을 재교육하고 다시 만들어야 한다… 새 상황에서 최선을 다하고 정보를 최대한 파악하도록 공포가 존재(힘을 북돋고 인식력을 강화시킴)한다는 말을 설득력 있게 끊임없이 자신에게 들려줘야 한다. **—피터 맥윌리엄스**

  프레젠테이션할 때 일어나는 몸의 자연스러운 반응을 최소로 줄이고 통제하는 방법은 다양하다. 그렇지만 이 방법을 알아보기 전에 불안의 긍정적인 면을 먼저 살펴보자.

먼저 희소식부터

  작가 에드먼드 번(Edmund J. Borune)은 『불안과 공포증 워크북 (The Anxiety and Phobia Workbook)』에서 불안 장애가 있는 사람에게 공통으로 나타나는 특성을 밝히고 있다. 이 특성 가운데 많은 부분이 긍정적이며 훌륭한 프레젠테이션을 준비하고 실행하는 데 아주 큰 도움이 될 수 있다.

불안을 경험한 사람들이 공통으로 보이는 긍정적인 특성 두 가지는 창조성과 감수성이다. 청중의 지성과 감성을 포착하려면 프레젠테이션을 구상하고, 계획을 세우고 준비하는 과정에서 창조성을 발휘해야 한다.

감수성과 직관력, 감정 이입 같은 재능은 다른 사람과 소통할 때 대단히 소중하다. 이런 재능을 사용하면 대화에 참여하여 신뢰감을 형성하고, 생각과 정보를 잘 교환하며 제대로 이해하는 능력이 엄청나게 커진다.

직관력 있고 예민하며 민감하고 감정 이입이 뛰어난 사람들이 프레젠테이션을 어렵게 생각하는 또 다른 이유는 독백의 일방 통행적 특성 때문이다. 대화가 지닌 자연적인 특성과 달리 발표(독백)할 때 청중은 대답하거나 직접 참여할 수 없다. 이 때문에 예민한 발표자들은 '귀를 기울이는' 경향이 적은 사람에 비해 이 분위기를 더 불편해한다.

그리고 나쁜 소식

한편 불안감을 증가시키고 지속시키는 경향이 있는 다른 특성도 있다. 이런 특성은 불안해하기 쉬운 사람들에게서 많이 나타난다. 다음은 이런 특성이다.

▸ 완벽주의

▸ 통제하려는 과도한 욕구

▸ 승인받으려는 과도한 욕구

▸ 스트레스로 발생하는 신체적·심리적 신호를 무시하는 경향

프레젠테이션할 때 필요한 지적·감정적·신체적 요구 때문에 사람들 대부분에게 이런 경향이 생긴다. 특히 중요한 프레젠테이션에서 이런 경향이 더 나타난다. 물론 누구나 프레젠테이션을 완벽하게 하고 싶어 한다. 또 당연히 통제권을 쥐고 싶어 한다. 청중이 인정하기를 바란다. 게다가 몸과 마음이 거부하더라도 사람들 앞에 서서 큰 소리로 발표해야 한다. 스트레스 신호를 무시하고 눈앞에 닥친 프레젠테이션에 집중해야 한다. 이런 딜레마를 어떻게 해결해야 하는가?

불안감이 아주 극심하고 위의 네 가지 특성 가운데 한 가지 이상이 나타나는가? 그렇더라도 도움을 받을 수 있으니 걱정할 것 없다. 불안감을 덜어내는 데 도움이 되는 책과 단체가 많고 대책을 더 자세히 알고 싶으면 의사에게 조언을 구한다.

일반적으로 위의 네 가지 특성을 갖지 않는 사람이라도 일단 프레젠테이션하기로 한 다음에는 이런 특성이 나타날 것이다. 그렇다면 준비와 연습을 아주 잘해놓는 것이 중요하다. 준비와 연습을 해서 거의 완벽하게 프레젠테이션하고, 통제권을 최대한으로 확보하면 필요한 승인을 받을 가능성이 높아지고, 신체적·심리적

인 스트레스를 줄일 수 있다.

또 완전한 완벽함은 존재하지 않음을 기억하는 것도 중요하다. 청중에 따라서 발표자의 태도와 내용에 다른 평가를 내리기 마련이고, 사람들은 신 같은 전지전능함보다 인간적인 특성에 더 공감대를 느끼기 마련이다.

불안을 최소화하고 통제하는 방법

이제 발표 때문에 일어나는 불안이 일반적인데다 건강한 증상임을 알았을 것이다. 그러나 그렇다고 해서 이런 불안을 좋아할 필요는 없다. 불안을 최소로 줄이는 첫 단계는 원인을 파악하는 것이다. 일단 걱정하는 부분을 파악하면 시작점을 알게 될 것이다.

이제부터는 불안을 효과적으로 다루는 방법을 들려준다. 오랜 세월을 거쳐 효과가 입증된 지적이고 감정적인 다양한 전략을 소개한다. 또 불안과 이에 따른 증상을 최소로 유지할 수 있는 신체적 전략도 소개한다. 불안감이 생길 때 이를 줄이고 통제하는 방법도 알려준다. 발표 직전에 미리 해보거나 발표 도중에 적용해볼 여러 활동과 비법도 소개한다. 물론 아는 것이 힘이지만 연습해야 완벽해진다. 이 방법을 연습할수록 실행이 더 쉬워지고 효과가 커질 것이다. 여러 가지 중에서 자신에게 가장 맞는 방법을 선택해보자.

걱정 파악하기

지금까지 각종 불안 증상이 여러 요인 때문에 생긴다는 점을 얘기했다. 지금까지 살펴본 네 가지 주요 요인을 정리해보자. 우선 종이 한 장을 챙겨서 각 요인에 대해 자신의 구체적 걱정거리를 적어보자(걱정은 상황에 따라 달라질 수 있으니 먼저 특정한 프레젠테이션이나 발표를 염두에 두고 적기 바란다). 마지막 요인인 신체적 걱정란에는 땀에 젖은 손바닥이나 빨라지는 말 등 과거 프레젠테이션할 때 경험했던 신체적 변화나 행동을 적으면 된다.

1. 내용걱정
2. 발표걱정
3. 독백걱정
4. 신체적 걱정

일단 내용을 다 적었으면 본격적인 활동에 들어가보자. 이 장 나머지 부분에서는 네 번째 요인인 불안으로 나타나는 신체적 증상을 통제하는 비결을 설명한다. 나머지 세 요인에 대처하는 방법은 다음 내용을 참고하기 바란다.

내용걱정과 발표걱정 대비

지적 두려움 가운데 많은 부분은 준비를 철저히 하면 줄일 수 있으며, 이렇게 되면 감정적 두려움을 상당히 줄일 수 있다고 설명했다. 이 책 2, 3부에서는 발표 내용을 잘 준비하고, 각종 기술을 활용해서 자신 있게 전달하는 데 필요한 정보를 소개한다. 여러 장에서 청중을 분석하고 발표 내용을 조정하며 내용을 강화하는 데 중점을 두어, 내용걱정이 있는 사람들에게 큰 도움이 될 것이다. 특히 언어와 비언어적 전달 기술, 원고의 효율적 사용법, 독백에서 대화로 전환하는 방법을 소개한 각 장이 아주 유익할 것이다.

독백걱정 대비

발표 내용 정리, 원고 사용, 비언어적인 전달 기술, 독백에서 대화로 전환하는 방법을 다룬 여러 장에서 발표 내용과 진행 방법을 최대한 대화와 비슷하게 만드는 데 도움이 될 좋은 제안을 설명한다. 큰 소리로 연습하거나 운전이나 샤워를 하면서 발표 내용을 쭉 말해보면 독백 형식으로도 효과적으로 의사를 전달하는 데 익숙해질 것이다. 대화와 다른 독백의 '느낌'에 익숙해지는 최선책은 프레젠테이션을 여러 번 해보는 것이다.

불안할 때 나타나는 신체 증상 최소화와 조정

이제 여러분도 알았겠지만, 불안감이라는 늑대는 잠들어 있을 뿐 우리 몸에서 완전히 사라지는 게 아니다. 따라서 늑대가 배가 고파 잠에서 깰 때 대처할 방법을 알아둬야 한다. 다음에 나오는 연습과 활동과 비결은 프레젠테이션 전이나 도중에 사용할 수 있다.

늑대가 숲에서 나오지 않게 하려면 지적·신체적 전략을 배워야 한다. 자신에게 맞는 방법을 선택해서 중요한 프레젠테이션 전에 잘 연습해둔다. 이 방법들은 긴장을 풀고 자신감을 갖게 도와주며, 프레젠테이션을 더 자주 하도록 용기를 줄 것이다. 여러분의 늑대를 잘 보살펴보자!

프레젠테이션 며칠 전

준비가 가장 중요함을 명심하고 프레젠테이션 전에 다음 비법을 잘 활용해보자.

휴식을 충분히 취한다

프레젠테이션 전 며칠 동안 밤낮으로 잠을 충분히 자둔다. 적어도 잠자리에 들기 3시간 전에는 자극물(담배, 커피, 차, 카페인이 든 청량음료)을 피한다. 그리고 저녁식사 후에 술을 마시지 않는 게 좋다. 술을 마시면 잠들기는 수월하나, 깊게 자지 못하고 중간에 자꾸 깨며 원기 회복에 도움이 안 된다.

잠자는 동안 신체 자동통제장치가 다시 정립되고 배터리가 충전되며 체액이 다시 만들어진다. 수면이 부족하면 신체가 프레젠테이션에서 오는 일반적 스트레스에 대처하기가 힘들어지고, 사고 과정이 느려지며, 기억 능력이 감퇴된다.

현명하게 먹는다

정제당 섭취를 줄인다. 정제당을 너무 많이 먹으면 에너지 저하, 현기증, 가벼운 두통이 일어난다. 청량음료, 사탕, 아이스크림, 빵, 후식에는 정제당이 많이 들어 있다. 꿀, 옥수수시럽, 당밀, 말린 과일, 과일주스같이 '천연' 음식에도 설탕이 아주 많이 들어 있다. 파스타, 감자칩, 흰빵 같은 단순 전분 음식도 섭취하면 바로 당으로 분해된다. 그러니 단 음식 대신 신선한 과일을 먹고, 단순 전분을 곡물 빵과 야채, 현미 같은 복합 탄수화물로 대체한다.

음식을 현명하게 섭취하면 혈당 수치가 급격하게 변하면서 생기거나 심화되는 극심한 기분 변화를 막을 수 있다. 이런 변화에는 가벼운 두통, 불안, 쇠약, 떨림, 가슴 두근거림도 포함된다. 이는 모두 발표 때문에 생기는 일반적인 스트레스를 더 악화시킨다.

운동

운동을 충분히 한다. 그러나 프레젠테이션 이틀 전부터는 격렬한 운동은 자제하는 것이 좋다. 온몸이 뻣뻣하고 아프거나 기진맥진해지거나 부상을 입을 수 있기 때문이다. 그렇지만 운동을 적당히 하면 불안감을 최소로 줄이는 데 도움이 된다. 특히 체조와 근력과 유연성을 키워주는 운동을 결합해서 하면 좋다.

운동은 골격 근육의 긴장을 풀어주고 몸에 있는 과잉 아드레날린의 대사 수치를 높여준다. 이는 투쟁-도피 반응의 부정적 영향력을 최소화하는 데 도움이 된다. 운동을 하면 뇌에 산소가 많이 전달돼 민첩성과 집중력을 높여준다. 또 운동은 행복감과 자신감을 고조시키는 자연 물질 엔도르핀(endorphin) 생산을 촉진한다.

실험 결과를 보면 젊은 남성이 30분 동안 러닝머신에서 운동한 뒤 측정한 스트레스 지수는 운동 전보다 25퍼센트가 감소하며 침착함을 유지해주는 전두엽 피질의 활동이 증가한다. 운동은 긴장을 풀어주며 자신감을 갖게 도와준다.

마사지를 한두 번 받는다

마사지가 면역 기능을 올려주고, 천식 환자의 폐 기능을 향상시키며, 학생들의 수학 성적까지 높이는 효과가 있음이 입증됐다. 정기적으로 마사지를 받은 조산아는 그렇지 않은 아이보다 몸무게가 훨씬 빠르게 늘며 더 빨리 퇴원한다.

프레젠테이션에서

프레젠테이션하는 날에 다음 방법을 활용해본다.

일찍 도착한다

빨리 도착하도록 계획을 세운다. 발표자 점검표(20장)는 정각에 도착하고, 제대로 통제하며, 관계자들이 준비를 마치도록 모든 사항을 점검할 수 있는 유용한 조언을 많이 담고 있다. 시간 여유를 충분히 두고 도착하면 지각하거나 예상하지 못했던 문제를 해결해야 하는 걱정 때문에 불안이 고조되는 것을 막을 수 있다.

사람들과 어울린다

프레젠테이션 시작 전에 청중과 어울린다. 상황이 허용되면 청중이 도착할 때 직접 맞이하면서 자신을 소개한다. 청중과 간단한 이야기를 나눈다. 참석 이유, 봉착한 어려움, 걱정 등을 들어보며 청중을 파악한다. 여러분의 예측이 맞았는지 확인하고, 몰랐던 사항을 발견한다. 청중의 이름도 알아둔다.

청중과 어울리고 나면 낯선 사람이 아니라 지인, 더 나아가 친구 앞에서 발표하는 느낌이 든다. 청중과 어울리며 알아낸 내용을 기반으로 프레젠테이션 내용과 방법을 조정하고, 이들과 가장 관련 있는 사례와 자료를 활용한다. 이렇게 되면 대화와 동일한 형식과 감정을 쉽게 재연할 수 있다.

지적 · 감정적 전략

지적이고 감정적인 불안함을 줄이는 방법을 이해하고 연습하면 자신 있게 시작하고 빠르게 생각하며 효과적으로 청중에게 초점을 맞출 수 있다. 발표나 프레젠테이션이 시작되기를 기다리는 동안 다음 활동을 해보자.

➼ 머리를 쓰는 단순 활동에 집중한다. 잘 아는 노선을 머릿속으로 운전하면서 각 거리의 이름을 대고 지나온 건물을 시각화해본다. 또는 노래 가사나 시 내용을 정확하게 암기해보거나 프로젝트 비용을 모두 합산해본다.

➼ 좋았던 경험을 회상하거나 자축한다. 성공했던 일을 기억해본다. 그때의 일이 눈앞에서 벌어지는 것처럼 상상해본다. 당시 느낌을 떠올려본다.

➼ 자기 선언문을 활용한다. 긍정적이고 확실한 사실을 스스로에게 말한다.

  - 내 몸은 원래 정해진 대로 반응하고 있어.

  - 불안감은 정상이야. 마음이 불편하지만 잘할 수 있을 거야.

  - 나는 준비를 모두 마쳤어.

  - 내 목표는 이 정보를 필요한 사람들과 공유하는 거야.

  - 깊게 호흡하면 긴장을 푸는 데 도움이 돼.

➼ 간단한 객관화(구체화)를 사용한다. 자신의 감각을 의식적이고 신중하게 외부 상황에 집중한다. 주변 사람들을 관찰하고 마음속으로 묘사해본다. 이들의 신체 특징, 옷의 종류와 색, 천 등에 최대한 세밀하게 주의를 기울인다. 행동도 동일한 방식으로 관찰한다. 이들의 움직임이 빠른가, 느린가? 다양한 얼굴 표정을 어떻게 묘사할까? 목소리 톤은 어떤가 열심히 들어본다. 통풍 장치의 윙윙 소리, 시계의 똑딱거리는 소리, 발소리, 옷이 스치는 소리, 주변에서 들리는 대화 소리, 가까운 강당이나 복도에서 나는

소리 등 최대한 많은 소리에 주의를 기울인다. 또 여러분 옷의 온기나 질감을 느껴본다. 의자나 탁자나 책상의 온도도 느껴본다. 들고 있는 종이의 질감을 느껴본다.

심리적 전략

투쟁-도피 반응으로 일어난 신체적 변화를 해결하는 방법에는 몇 가지가 있다. 심호흡을 하고, 몸을 움직이며, 긴장을 푸는 데 도움이 되는 신체 활동을 의식적으로 하는 것 등은 모두 불안을 최소화하고 조정하는 데 효과적인 방법이다.

긴장을 푸는 가장 좋은 방법은 제대로 호흡하는 것이다. 호흡은 근육을 풀어주고, 몸 전체에 활력을 불어넣으며, 뇌에 산소를 주입해 최고 상태로 작동되게 한다. 일생생활에서 다음 방법을 자주 사용해보자. 그리고 프레젠테이션 직전에 하는 것도 잊지 말자.

횡격막 호흡

횡격막 호흡(불안할 때 하는 호흡보다 더 길고 더 깊게 하는 호흡)은 불안 때문에 생기는 많은 신체 증상을 두 측면에서 줄여준다. 첫째, 길고 깊게 하는 호흡은 투쟁-도피 반응에 대한 두 가지 작용(호흡 횟수 증가, 특히 가슴과 목구멍 같은 상체 근육 긴장)을 전환시킨다.

둘째, 숨을 깊게 쉬면 호흡 항진(숨쉬기의 깊이가 비정상적으로 늘어남-옮긴이) 경향이 줄어든다. 호흡 항진은 투쟁-도피 반응과 아주 비슷한 증상을 일으킨다. 횡격막 훈련은 긴장을 풀어주는 데 도움이 되므로 효과가 빠르게 나타나더라도 중단하지 말고 적어도 몇 분 동안 계속하는 게 좋다.

1단계 : 배 위에 손을 가볍게 댄다. 코로 천천히 숨을 들이마신다. 이 동작은 공기가 폐로 들어가기 전에 온기와 습기가 더해지게 한다. 복부가 천천히 확장되면서 손이 약간 올라가는 게 느껴질 때까지 숨을 들이마신다. 4에서 5까지 센다. 가슴이 약간 움직이는 것은 괜찮지만, 어깨와 목의 힘은 빼야 한다. 편안하게 숨이 '완전히 차오를' 때까지 들이마신다.

2단계 : 고요하게 정지된 상태를 유지하면서 몇 초 동안 숨을 참는다. 산소가 몸 구석구석으로 순환되는 모습을 상상하거나 즐겁고 편한 장면을 머리에 떠올려보는 것도 좋다. 편하게 견딜 수 있을 때까지 숨을 참는다.

3단계 : 폐에서 공기가 완전히 빠져나간다는 기분이 들 때까지 부드럽게 천천히 입이나 코로 숨을 내쉰다. 힘을 주거나 억지로 공기를 내뱉지 않는다. 숨을 내쉴 때 근육의 긴장을 푼다.

4단계 : 평상시 방법으로 두세 번 호흡을 해본다. 몸이 호흡 속도와 깊이와 리듬을 파악하게 한다. 이 호흡 연습을 계속하면서 몸이 스스로 더 편한 호흡법을 느끼게 한다.

5단계 : 몇 분 동안 느린 횡격막 호흡법 한 번과 평상시 호흡을 두세 번 번갈아가면서 계속한다.

횡격막 호흡은 이 호흡법에 익숙해져 편해질 때 가장 큰 효과를 발휘한다. 날마다 연습하면 이 호흡법이 더 편해질 것이다. 숨을 깊게 내쉬는 습관을 들이면 일상적인 스트레스 관리에 도움이 많이 된다.

동작 · 신체 활동

프레젠테이션을 시작하기 전은 물론 중간에 가볍게 운동할 수 있는 방법을 찾아본다. 14장에서 '불꽃(spark)' 기술을 설명하면서 프레젠테이션 중에 몸을 효과적으로 사용할 구체적인 방법을 소개한다. 이 방법을 활용하면 다른 사람에게 더 여유 있고 자신 있게 비춰지고 스스로도 그렇게 느끼게 된다.

프레젠테이션 직전에 불안을 줄이는 다음 신체 활동을 해보자.

➡ **활기차게 걷기** : 단 5분만 산책해도 긴장을 풀고 근육을 느슨하게 하는 데 도움이 돼 긴장감이 줄어든다. 그리고 신체 순환이 촉진돼 체내 산소량이 늘어나고 명료하게 생각하게 된다. 활기차게 걸을 때의 리듬은 꼭 필요한 순간에 긴장을 풀고 진정하는 데 효과가 아주 크다.

➡ **제자리운동** : 걷기가 힘든 상황이라면 그저 스트레칭이나 몸 굽히기나 팔 돌리기나 기타 운동을 해도 같은 효과를 얻을 수 있다.

▸ **근육운동** : 스트레칭이나 몸 굽히기도 하기 힘든 상황이라면(예를 들어 발표 직전에 잠시 무대에 앉아 있을 때 등) 숨을 깊게 천천히 쉬면서 근육을 반복적으로 수축했다가 풀어주는 활동을 해본다. 더 강하게 움직일수록 효과가 높아진다.

▸ **미리 일어나기** : "프레젠테이션을 시작한 직후 몇 분 동안이 최악이에요!"라는 말을 자주 듣는다. 이 경우 이야기를 시작하기 몇 분 전에 일어서 있으면 도움이 많이 된다. 몸을 일으키는 동작을 하면 혈액이 심장과 뇌가 포함된 상체에서 하체로 흘러 내려간다. 이렇게 되면 몸이 혈액 양을 재조정하는 데 몇 분 걸린다. 이 시간에 뇌의 산소량이 줄어 뇌가 최고로 작동하기에 부족하다. 가장 명료하게 생각해야 하는 바로 그 순간(자동차로 따지면 속력을 올리기 위해 연료가 제대로 공급돼야 하는 순간)에 몸은 연료가 부족한 상태로 작동되는 셈이다. 발표 시작 몇 분 전에 일어서 있으면 프레젠테이션하기 전 몸이 바뀐 상태에 맞게 조절할 여유를 주게 된다.

▸ **반복 활동하기** : 천장 타일이나 바닥 타일을 센다. 또는 눈에 보이는 의자 수를 센다. 손가락이나 발을 리듬에 맞춰 가볍게 두드려보는 것도 좋다. 이밖에 종이를 복잡한 모양으로 접거나 푸는 방법도 있다. 불안한 마음을 버리고 다른 사물이나 여러분이 만든 리듬에 집중하면 진정 효과가 있다.

의약품

나는 불안 증상을 최소화하려고 베타 차단제(beta blocker)나 술을 포함한 기타 약물을 사용하는 것에 반대한다. 불안감을 줄이고 통제하는 최선책은 증상의 원인을 이해하고, 받아들이며, 발표를 철저하게 준비해서 청중과 대화 분위기를 만드는 것이다.

그렇지만 불안으로 나타나는 신체 증상을 줄이려고 베타 차단제를 사용하는 사람들이 있다. 발표 전에 이런 약을 조금 복용하면 불안감으로 생기는 아드레날린 분비가 줄어든다.

그러나 베타 차단제는 부정적인 면도 있다. 일부 사용자는 힘이 없어진다고 한다. 현기증, 가벼운 두통, 알레르기 반응 등의 부작용이 일어나기도 한다. 꼭 이 약을 사용해야겠으면 의사와 상담하기 바란다. 또 부작용이 일어나지 않게 프레젠테이션 하루 전에 시험 복용을 해봐도 되는지 의사에게 물어본다.

스트레스의 이점

사실 적당한 스트레스는 기술을 습득하고 변화시키고 발전시키며 일상적인 난관을 더 효과적으로 극복하는 데 도움이 된다. 스트레스를 받으면 부신수질호르몬(norepinephrine)이 나온다. 기분을 고조시키는 이 신경 전달 물질은 문제를 도전으로 받아들이게 하고 창조적 생각을 북돋는다.

좋은 일(중요한 프로젝트 완료 또는 열렬한 사랑에 빠지는 등)을 예상하거나 경험할 때 생기는 스트레스인 유스트레스(eustress)는 몸에 유익한 반응을 일으킨다. 약간의 스트레스는 우리 몸에 마치 '총연습' 같은 역할을 한다. 강한 상태를 유지하거나, 변하고 성장하며 생존할 준비를 하도록 도와준다.

버클리 캘리포니아대학의 파올라 티미라스(Paola S. Timiras) 교수는 가벼운 스트레스가 DNA 복원에 효과적이며, 면역 체계를

핵심
포인트

발표 때문에 흔히 생기는 자연스러운 불안 반응은 몇 가지 형태로 나타난다. 지적 불안은 발표 내용을 걱정하는 것이다. 신체적 불안에는 투쟁-도피 반응의 모든 증상이 포함된다. 이런 증상이 생기는 이유는 지적 불안이나 관심이 집중(주목받는 대상)되는 데 대한 진화 반응 때문인데, 두 요인이 모두 작용하기도 한다. 감정적 불안은 흔히 지적 불안과 신체적 불안의 결과로 일어난다. 감정적 불안의 중심은 청중이 자신을 어떻게 생각할지 걱정하는 것이다.
일부 성격적 특성은 불안을 키우고 지속시키는 경향이 있다. 이런 특성에는 완벽주의, 통제하려는 과도한 욕구, 승인받으려는 과도한 욕구, 스트레스의 신체적이고 심리적인 신호를 무시하는 경향이 있다.
편하고 자신 있는 발표자가 되는 첫 단계는 불안의 속성, 스트레스가 가져오는 긍정적인 결과, 부정적 스트레스를 최소화하고 통제하는 방법을 이해하는 것이다.

강화하고 암이나 전염병에 의한 사망률을 줄이기 때문에 수명을 연장한다고 주장한다. 역시 이 대학 교수 버나드 그리고(Bernard Griego)도 일부 스트레스가 유익하다고 강조한다. 그는 스트레스 덕분에 사람들이 '심리적으로 단련' 되며 스트레스의 다양한 수위에 잘 대응하게 된다고 한다.

발표 때문에 긴장된다면 발표 덕에 펼쳐질 멋진 일을 생각해보자. 새 기술을 익힐 기회가 되고, 다른 사람을 설득하고 자극하는 능력이 향상되며, 존재감을 느끼고, 보상받을 기회가 커지는 것은 물론, 심리적으로 단련되고 신체적으로 건강해지는 것이다. 이보다 좋은 기회가 어디 있겠는가?

II부

프레젠테이션 준비

청중이 중요하다
먼저 청중에게, 그다음 목표에

사람은 두 종류가 있다. 방에 들어서면서 '나 왔어요!' 하는 사람과
'여기들 계시는군요!' 하는 사람이다.

—프레더릭 콜린스

프레젠테이션 날짜가 잡혔다고 하자. 여러분은 여기에 전념할
것이다. 준비의 중요성을 알기 때문에 늑장을 부리지 않을 것이다.
이렇게 빨리 시작하는 것은 불안감이 쌓이는 것을 막는 훌륭한 방
법이다. 빠른 시작보다 안도감을 높여주는 것은 없다.

그렇지만 다음 의문이 생길 것이다. 어디에서부터 시작해야 하
지? 어떻게 시작해야 하나? 처음에 뭘 해야 한담? 자신이 원하는
게 뭔지 생각해보자.

프레젠테이션으로 어떤 성과를 올리고 싶은가? 아주 많은 책에
서 목표의 중요성을 다루기 때문에 이 책에서는 이 점을 따로 설명
하지 않겠다. 그저 "목적지를 모르면 같은 장소에 머무르게 된다"
라는 오랜 격언을 상기시키는 정도로 마무리하겠다.

프레젠테이션의 목표는 다양하다. 개인적 목표도 있고 일과 관련된 목표도 있을 것이다. 목표는 의욕을 고취한다. 그렇지만 이보다 더 중요한 점은 자신의 모든 목표를 인식하는 게 프레젠테이션을 잘 계획하고 전달하는 데 핵심이라는 것이다. 이런 목표를 달성하는 데 도움이 될 방법이 이 책에 있다. 시작해보자.

다음 목록을 읽어본다. 이 목표 가운데 여러분에게 해당하는 것은 몇 개인가?

▸▸ 교류와 신뢰감 형성

▸▸ 청중에게 정보 제공

▸▸ 청중 교육

▸▸ 청중 설득

▸▸ 청중에게 즐거움 전달

▸▸ 새 관계 형성

▸▸ 관계 확장

▸▸ 관계 향상

▸▸ 관계 보존

▸▸ 위기 관리

▸▸ 피해 억제

▸▸ 지식 설명

▸▸ 청중에게 배우기

▸▸ 청중의 생각 전환

▸ 청중이 서로 합의하도록 도움

▸ 자신의 존재감 향상

▸ 제품 또는 서비스 판매

▸ 화술 연습

▸ 즐거운 취미

▸ 서비스

대부분 이 가운데 여러 목표를 동시에 가지고 있을 것이다. 그 목표들은 서로 연관돼 있을 것이다. 예를 들어 신뢰감이 형성되지 않은 상태에서 관계를 확장하거나 청중의 생각을 전환시킬 수 있는가? 또 청중을 교육하지 않으면서 그들을 설득하거나 생각을 전환시킬 수 있는가? 목표를 달성하려면 청중에게 맞게 발표 내용과 전달 방식을 찾을 수 있도록 그들을 잘 파악해야 한다.

청중이 누구인가?

청중을 평가할 때 고려할 세 가지 기본 요소는 신뢰, 사이코그래픽스(psychographics, 행동 양식이나 가치관 등을 심리학적으로 측정-옮긴이), 인구 통계다.

▸ **신뢰** : 청중이 여러분을 얼마나 신뢰하는가? 청중이 여러분을 얼

마나 잘 아는가? 청중이 여러분의 능력, 성격, 자신감, 의도를 얼마나 파악하고 있는가? 청중은 서로 어떻게 생각하는가?

▶▶ **사이코그래픽스** : 여러분은 사고방식, 가치관, 믿음 체계, 이데올로기 면에서 청중과 어떻게 관련돼 있는가? 청중은 서로 어떻게 관련돼 있는가? 청중의 가치 평가 기준은 무엇인가? 여러분은 이 가치관을 공유하는가? 어느 점에서 청중과 차이가 있는가? 이 차이점이 얼마나 중요한가? 이 차이점을 극복하려고 노력해야 하는가, 아니면 인정해야 하는가? 이 중 한쪽을 실천할 수 있는가?

▶▶ **인구 통계** : 연령, 성별, 종교, 가족 구성, 교육 수준, 사회경제적 계층 면에서 청중을 어떻게 분석할 것인가? 어떤 문화적 차이 또는 언어의 차이를 염두에 두어야 하는가? 청중 사이에서 이런 차이점은 어느 정도나 되는가?

청중에 대해 더 구체적인 사항을 생각해보자. 다음 질문에 답하면 청중을 상세하게 파악하고 설명할 수 있다. 여기에서 나온 정보와 이해를 바탕으로 자신이 전달할 정보를 청중의 수준에 맞게 조정한다. 이렇게 되면 내용걱정이 줄고, 친밀감이 생기며, 신뢰도가 올라가고, 설득력을 최대한 발휘할 수 있다. 아는 것이 힘이고, 힘은 자신감을 키워준다.

▶▶ 참석자가 누구인가? 이름이 무엇인가? 직위가 무엇인가? 업무가

무엇인가?

▸ 연령이 어느 정도인가? 성별은 무엇인가? 교육 수준은 어느 정도인가? 문화적 배경은 어떤가?

▸ 참가자들은 자신에게 무엇이 필요하다고 생각하는가? 이들이 봉착한 어려움은 무엇인가?

▸ 해결해야 할 문제가 무엇인가? 이들의 한계는 무엇인가?

▸ 여러분이 발표하려는 주제에 대해 참가자들이 어떻게 생각하는가? 여러분의 조직은 어떻게 생각하는가? 여러분은 어떻게 생각하는가?

▸ 참가자들이 무엇을 아는가? 여러분이 발표할 내용을 얼마나 아는가? 이들은 전문적인 내용을 얼마나 이해하고 있는가? 여러분은 어떤 개념을 설명해야 하는가? 사용하거나 정의하거나 피해야 할 용어가 무엇인가?

▸ 여러분이 발표할 화제가 청중에게 얼마나 중요한가? 이들은 이 화제에 얼마나 신경 쓰는가? 이들은 해당 화제나 논점에 어떤 감정을 가지고 있는가? 왜 이들은 그렇게 느끼는가?

▸ 참가자들은 발표회에 참석하려고 돈, 시간, 노력, 위험 면에서 어떤 대가를 치르는가? 이들이 이런 대가를 치를 여력이 있는가? 이 대가를 기꺼이 감수하는가?

▸ 특별히 고려해야 할 점이 무엇인가? 청중에게 유달리 필요한 사항이 있는가? 청중의 전력을 고려해야 하는가? 피해야 할 화제가 있는가?

➡ 누가 결정하는가? 청중은 어떤 식의 의사결정권을 가졌는가?

➡ 결정에 누가 영향을 주는가? 이들은 어떤 영향력이 있는가?

경험에 근거한 추측

일단 '알아두어야 할' 정보를 파악했으면 자신이 생각하는 답을 써내려간다. 때로 구체적인 정보가 확보된 경우도 있다. 또는 경험에 근거해서 추측해야 하는 경우도 있다. 여러분의 답은 다양한 출처에서 나올 것이다. 이런 출처로는 과거에 해당 청중과 만났던 경험, 여러분이 실시한 조사, 과거 경험, 해당 산업계에 대한 지식 등이 있다. 자신이 아는 내용이 상당히 많다는 데 놀랄 것이다. 결국 여러분에게 발표 의뢰가 들어온 데는 다 이유가 있는 법이다.

빈칸 채우기

참가가 확정된 청중에 관한 정보를 파악하는 방법은 여러 가지다. 업계 협의회나 사용자 협의회에서 발표할 예정이라면 참석 예약 정보를 확인한다. 대체로 이를 통해서 참가자가 속한 단체, 직위, 지리적 정보 등 다양한 내용을 알아낼 수 있다.

또는 여러분이 기술 전문가로서 판매 확대 모색을 주제로 발표한다면 경리부장이나 주최자에게 현재 상황과 고객 정보를 최대한 알아낸다. 발표 내용과 청중의 특성에 따라서 다음 가운데 한 방법 또는 여러 방법으로 가장 효과적으로 발표하는 데 필요한 사항을 파악할 수 있을 것이다.

- ▸ 참석 예정자를 알아본다(직접 또는 전화나 이메일).
- ▸ 발표할 조직의 웹사이트를 방문한다.
- ▸ 발표할 회사의 기업 보고를 읽어본다.
- ▸ 해당 업계의 간행물을 읽어본다.
- ▸ 인터넷을 검색해 언론에 보도된 내용을 찾아본다.
- ▸ 참석 예정자들에게 이메일을 보내 조사한다.
- ▸ 참석 등록을 할 때 설문조사를 한다.
- ▸ 프레젠테이션에 참석할 청중이 도착하면 이야기를 나눈다.
- ▸ 프레젠테이션 초반이나 도중에 '거수'로 조사한다.

사업계 청중의 기본 유형

앞서 제시한 질문에 답을 했고 경험에 근거한 추측을 덧붙인 뒤 필요한 조사도 마치고 나면 청중을 여러 집단(경영진, 전문가, 기술자, 고객, 공급업자, 실수요자) 중 하나로 분류할 수 있다. 각 유형의 역할과 관심사항과 필요사항을 이해하면 발표 내용과 상세한 사항 전달 방법을 대상에 맞게 조정하는 데 아주 유용하다. 청중을 다음 집단 가운데 하나 또는 여러 개로 분류할 수 있겠는가?

경영진

경영진은 사업, 재정, 법, 행정, 운영, 정치 분야에서 결정을 내린다. 이들은 주주 이익 증대와 시장점유율을 중요하게 생각한다. 신제품이나 새 프로그램 승인, 자금 투입, 개발, 판매 여부를 결정한다. 또 진행 중인 사업을 지속할지, 확장할지, 축소할지도 결정한다. 이들은 전체적 전략과 장기적 목표와 결과를 생각한다.

전문가

전문가는 회사와 해당 업계의 제품과 서비스를 환히 꿰뚫고 있다. 바로 이들이 제품이나 서비스(또는 비슷한 제품이나 서비스)를 만들고 시험한 당사자들이다. 이들은 해당 제품이나 서비스의 역사, 강점, 약점, 개선 가능성을 알고 있다. 또 제품이나 서비스와 관련된 이론과 논쟁점도 알고 있다. 이들은 대체로 석·박사 학위가 있으며, 연구 개발이나 비즈니스 이론, 경영 이론 분야에 종사한다. 특히 설계의 정밀함을 간파하는 안목이 있다. 대체로 전문가는 다른 전문가, 기술자, 경영진에게 정보를 제공한다.

기술자

전문가가 이론을 세워서 제품을 설계하거나 변경하고 개선하면, 기술자는 이 제품을 만들고 관리하며, 유지하고 수리한다. 기술자에게는 상세한 지식과 풍부한 경험이 있다. 이들의 지식은 대체로 전문가의 지식보다 더 실제적이며 현장에 바로 적용할 수 있다.

고객

고객은 제품과(또는) 서비스를 구입하거나 이를 권유받는 사람이다. 고객에는 경영진이나 전문가, 기술자나 실수요자가 포함되며, 때로 공급업자도 여기에 속한다. 대규모 기업의 고객은 대체로 다른 기업의 경영진이나 전문가다.

공급업자

공급업자는 제품이나 서비스를 다른 기업에 제공한다. 이런 제품이나 서비스는 다른 기업의 소비자와 직원의 요구를 충족시키는 데 도움이 된다. 경영진, 전문가, 기술자, 마케팅 및 영업 담당자가 공급업자에 해당한다.

실수요자

제품, 서비스, 아이디어의 실수요자는 일반적으로 비전문가다. 실수요자의 관심은 대체로 아주 실제적이다. 실수요자는 자신의 일을 처리하려고 해당 제품, 서비스, 아이디어를 사용한다. 실수요자는 제품이나 서비스 등을 즉시 필요로 하며, 단기적인 관점으로 생각한다. 이들에게는 전문 지식이 거의 없다. 비전문가는 전문가와 기술자가 하는 말을 잘 이해하지 못한다. 이런 비전문가에게는 실연하거나 전시물을 직접 보고 만지는 시간을 마련하는 게 효과적이다.

청중의 요구와 기대치가 모두 비슷하면 청중이 원하는 바를 몰라서 생기는 내용걱정에서 벗어날 수 있다. 그렇지만 대체로 청중마다 각각 다른 요구사항, 필요사항, 지식수준, 의견을 가지기 마련이다. 청중의 요구사항과 필요사항이 각기 다른 경우에는 어떻게 할까?

청중의 요구가 각각 다른 경우의 대비책

오늘날 배경과 관심이 서로 같은 청중을 대상으로 발표할 가능성은 아주 드물다. 청중은 대부분 교육 배경, 직업 훈련, 경험, 특성, 전문 분야가 가지각색인 사람들로 구성돼 있다. 청중이 참석한 이유나 전문 정보를 이해하는 능력도 저마다 차이가 심할 것이다. 이는 오늘날 아주 일반적인 특성이다.

늘 모든 청중을 만족시키기는 불가능하다. 내용의 명확성이나 상세도나 어조 면에서 모두 완전히 만족시킬 수 없다. 그러나 다행히 청중은 대부분 청중 사이에 이런 다양성이 존재한다는 점을 이해하고 예상한다. 다음 조언을 따르면 청중이 발표자가 겪는 어려움을 이해(그리고 발표자가 이를 인식하고 있음을 인정)할 것이다.

상황 인정

발표를 시작하면서 청중의 배경과 관심 사항이 다르다는 점을 안다고 말한다. "여러분 가운데 일부는 출시 이후로 이 소프트웨어를 계속 사용했으며, 특히 신제품에 관심이 있을 것입니다. 반면에 이 시스템을 처음 도입할 예정이며, 현재 제공하는 제품의 기능과 이점을 전반적으로 알고 싶어 하는 분도 있을 겁니다"라고 말하면 된다.

다양성을 인정하면 두 가지 목적을 달성한다. 첫째, 발표자가 청중을 이해하고 이들의 목표를 파악하고 있으며 가치 있는 내용을 전하고 싶어 한다는 점을 보여주게 된다. 둘째, 청중마다 다른 목표가 있음을 이들에게 이해시킬 수 있다. 이는 청중이 발표자를 신뢰하는 데 효과가 크다. 청중은 발표자가 진행할 다음 단계를 이해하고 받아들이게 된다.

프레젠테이션 방법 공유

발표자의 진행 방법을 알려준다. 대체로 전문성이 가장 부족한 청중을 기준으로 상세도를 맞추는 게 좋다. 아니면 발표 도중에 전문적이거나 상세한 정보의 양에 변화를 주는 방법도 있다. 어떤 방법을 사용하든지 이를 미리 청중에게 알려놓는다.

다양하게 섞인 청중을 대상으로 발표할 때 사용할 방법 몇 가지를 더 자세히 살펴보자.

상세한 내용을 간단히 설명하거나 축소

정보를 간략하게 소개할 계획이라면 청중에게 미리 알려둔다. 그다음에 청중이 원하면 더 심층적이고 전문적인 내용을 전달할 것이라는 점과 방법을 공지한다. 발표 내용보다 세부적이며 전문적인 정보를 전달할 시기와 방법은 다음과 같다.

- ▶ 질의응답 시간
- ▶ 프레젠테이션 후
- ▶ 유인물 또는 보조 자료
- ▶ 전화 또는 이메일
- ▶ 발표자의 웹사이트
- ▶ 고객 서비스 담당자
- ▶ 기술 지원 담당자

전문적인 정보의 양 변화

또 다른 방법으로 프레젠테이션 동안에 전달하는 전문적인 정보의 양에 변화를 줄 계획이라고 알려놓는 경우도 있다. 이렇게 할 경우 내용을 이해하고 받아들일 수 있는지를 청중에게 물어본다. 일반적인 정보에서 더 전문적인 정보로 옮겨가기 직전에 이를 청중에게 알리고 대략적인 소요 시간을 말한다. 전문성이 덜한 청중은 프레젠테이션 각 단계의 소요시간을 알려주면 무척 반가워할 것이다. "자, 이제 연구의 상세 내용과 사용된 통계 도구를 알아봅시다. 3분쯤 설명할 것입니다. 그다음에 곧바로 연구 결과를 설명하고 조언으로 들어가겠습니다."

일반 청중이 이해할 수 있는 말 사용

전문어를 사용하는 데는 몇 가지 목적이 있다. 전문어는 의미를 명확히 전달한다. 반면에 청중을 통합시킬 수도, 분리시킬 수도 있는 강력한 도구다. 특히 청중의 배경이 다양할 때 이런 특성이 더 나타난다.

청중 전체가 전문어를 이해하면 단결감이 형성된다. '우리 모두 발표자가 말하는 의미를 이해할 만큼 공통점이 있다'는 점을 무언으로 깨닫기 때문이다. 한편 전문어는 청중을 어리둥절하게 만들거나 소외감을 느끼게 할 수도 있다. 변호사는 자신들의 활동을 은폐하려고 필요도 없는 복잡한 용어를 남발하는 것으로 유명하다. 이 때문에 변호사와 고객 관계가 분리된다.

이런 분위기는 법률이 절대적인 전문 영역이라는 분위기를 만들고 유지시킨다. 변호사들은 스스로 전문가로 설정해놓기 때문에 고객에게 방해를 덜 받고 마음대로 활동할 수 있다. 게다가 전문적 분야라는 이유를 내세워 수임료를 높게 요구한다.

전문어를 효과적으로 사용하는 비결은 먼저 전문어가 청중을 통합하거나 분리할 수 있음을 이해하는 것이다. 청중이 발표자가 사용하는 전문어나 두문자어(ASAP)나 통용어를 모르면 의미가 제대로 전달되지 않는다. 이해하지 못한 청중은 이해하는 청중에게서 지적·감정적으로 즉시 분리된다.

발표자가 자신이 사용하는 전문어 때문에 청중이 자신에게서 분리되는 것을 모르면 각종 부작용이 생긴다. 발표자는 청중의 지성과 감성에 연계되려고 노력해야 하지만, 전문어를 지나치게 사용하면 청중과의 사이에 넘기 힘든 벽이 생긴다. 따라서 두문자어나 전문어 사용을 줄이려고 주의해야 한다. 예를 들면 "응급조치 담당의는 돌보던 대상이 건강 면에서 결정적이고 영구적이며 되돌릴 수 없는 부정적 결과를 맞았다고 관계자에게 통고했다"라고 하지 말고, "의사는 환자가 사망했다고 전했다"고 이야기하자.

전문어를 사용할 때 일반 청중을 최대한 이해시키려고 노력한다. 꼭 약어를 써야겠다면 의미를 설명한다. 발표 중에 적어도 한 번은 이 의미를 다시 상기시켜야 한다.

사례, 유추, 일화, 이야기 활용

사례, 유추, 일화, 이야기를 활용해 청중의 이해도를 높인다. 그러나 현명하게 선택하도록 주의해야 한다. 청중이 전문가인 경우 간단한 사례는 필요 없는 반면, 청중이 비전문가인 사용자 집단인 경우 너무 전문적인 내용으로는 다가설 수 없다. 유추는 새롭거나 복잡한 정보를 청중이 이미 들어서 알고 있는 정보와 비교할 때 유용하다.

적절한 일화나 이야기를 사용하면 청중이 들은 정보를 쉽게 기억하고 나중에 다른 사람들에게 전달할 수 있다(이를 잘 사용하는 방법을 알고 싶은 독자는 11장에 나온 일화와 이야기의 개발과 사용 부분을 참고하기 바란다). 이런 방법은 청중 가운데 전문성이 덜한 사람들이 프레젠테이션에 참여하는 자세를 아주 많이 바꿔놓을 것이다.

청중이 프레젠테이션 중 질문하게 독려

배경이 다양한 청중을 잘 다루는 또 다른 방법은 짧은 질의응답 시간을 자주 갖는 것이다. 시간과 식순에 여유가 있으면 청중에게 수시로 질문을 받는다. 청중에게 질문이 있다는 표시를 하는 방법(손들기)을 알려주거나, 주요 내용의 설명을 끝낼 때마다 잠시 중지하고 "지금까지 설명한 내용 가운데 질문이 있나요?"라고 물어본다.

발표자는 청중이 던지는 질문을 들으며 자신이 전달한 정보를 이들이 얼마나 이해했는지 파악하고 이들의 흥미와 관심사를 알 수 있다. 또 전문성이 덜한 청중은 발표자의 답변을 통해서 논점을 더 잘 이해할 수 있으며 다음 내용을 들을 채비를 갖추게 된다. 질문에 답변하는 것은 독백 형식을 벗어나는 아주 좋은 방법이다. 많은 발표자가 프레젠테이션 전반에 간단하게 질의응답하면 협력 분위기가 조성되고 발표자의 긴장을 푸는 데 엄청나게 도움이 된다고 말한다.

프레젠테이션을 준비할 때 중요한 첫 단계는 청중을 철저히 조사하고 분석하는 것이다. 이 과정에 시간이 너무 든다는 생각이 드는가? 그러면 다음 내용을 명심하기 바란다. 프레젠테이션은 거실에 페인트칠을 하는 것이나 마찬가지다. 총소요 시간과 노력 중 대부분(90퍼센트)이 사전 작업에 들어간다. 참가할 청중을 분석하는 것은 페인트칠을 하기 전에 벽을 닦고, 애벌칠을 하고, 번지지 않게 테이프를 붙이고, 바닥에 천을 깔아놓는 작업 같다고 보면 된다. 페인트칠 전에 하는 사전작업에는 시간이 많이 걸린다.

그러나 이를 통해서 칠할 표면을 확실히 파악하고, 페인트가 잘 칠해질지 확인하며, 바닥이 지저분해져서 나중에 다시 번거롭게 청소할 필요가 없게 대비하게 된다. 이처럼 발표하기 전에 미리 준비하면 전달할 정보의 범위와 내용이 명확해지고, 잘 이해되고 기억되는 방식으로 정보를 전달할 수 있으며, 청중이 내용을 오해

핵심 포인트

프레젠테이션 목표를 명확하게 말할 수 있으면 목표를 달성하는 과정에서 중요한 첫 단계에 도달한 셈이다. 결정적으로 중요한 다음 단계는 청중의 필요사항과 목표 파악이다. 청중 파악은 프레젠테이션에서 핵심적 부분이다. 이를 통해 알맞은 정보를 모으고 적절히 정리해서 가장 효과적인 방법으로 전달할 수 있기 때문이다. 여기에서 고려해야 할 세 가지 중요한 점은 청중에게 받는 신용, 사이코그래픽스, 인구 통계다.

청중의 필요사항과 목표를 알아내려면 참석 예정자를 대상으로 조사하면 된다. 프레젠테이션 며칠 전에 개인적으로 만나거나 전화하거나 준비한 설문조사를 하면 된다. 또 관련 웹사이트를 방문하여 해당 업체의 사업 보고나 제품, 서비스 브로슈어나 업계 간행물 등의 자료를 검토해보는 방법도 있다.

청중이 다양하게 구성됐다면, 전달할 정보를 이들에게 맞게 조정하는 데 특별히 신경 써야 한다. 다양하게 구성된 청중에게 정보를 전달할 발표진행 계획을 세우고, 이 계획을 청중에게 알려준다. 사용할 용어, 활용할 사례나 이야기, 유머를 생각해보고, 청중이 질문하도록 유도한 뒤 어떻게 답할지도 생각해놓는다.

할 여지를 없애준다. 특히 프레젠테이션을 해본 경험이 별로 없으면 꼭 이 조언을 따라야 한다. 이는 다음 단계에서 도움이 많이 되기 때문이다. '빨리 움직이기 위해 천천히 시작한다'는 격언을 명심하자.

일단 준비 작업이 마무리되면 원고에 담을 정보를 모으고 정리할 준비가 된 셈이다. 내용을 잘 정리하고 좋은 원고를 쓰는 능력은 절대적으로 중요하다. 다음 장에서 이를 습득하는 방법을 소개한다.

앞으로 배울 방법은 실생활에서 효과가 있을 것이다. 이상적으로야 준비할 시간이 충분하겠지만 현실은 이와 다르다. 현실에서는 최적 계획을 세우더라도 어긋나는 일이 잦다. 때로 진짜 서둘러 준비해야 할 경우도 있다. 따라서 쉽고 빠르게 훌륭한 원고를 준비하는 방법을 배워보자. 불안이라는 늑대는 훌륭한 원고를 갖춘 발표자를 보면 아주 조용해진다.

정리하기
내용 준비

즉흥적으로 말하기야말로 훌륭한 발표의 정수다. 준비된 내용을 조금씩 풀어내는 발표자는 지루할 뿐이다. **-맥스 비어봄**

즉흥적인 말을 너무 많이 하면 마음이 어리석도록 공허해진다.
-빅토르 위고

준비를 얼마나 해야 하는가? 이는 상황에 따라 다르다. 또 발표자가 해당 주제를 얼마나 넓고 깊게 알고 있느냐에 달려 있다. 행사 형식도 영향을 준다. 청중의 유형에도 달려 있다. 프레젠테이션 시간 또한 중요하다.

이밖에 발표자가 체계가 잘 잡힌 세부적 원고 작성 능력이 있는지, 아니면 즉흥적으로 말하기를 선호하는지도 고려해야 한다. 따라서 자신이 선호하는 체계와 방법을 파악하고 여기에 맞춰서 준비하는 게 아주 중요하다.

준비도

　내용을 준비하는 기본 3단계는 준비를 전혀 안 하는 경우, 약간 하는 경우, 모두 하는 경우로 나뉜다. 첫째, 원고가 준비되지 않은 상황에서 갑작스럽게 프레젠테이션이나 발표를 하는 것을 '즉흥발표(impromptu)'라 한다. 둘째, 원고나 개요를 준비하되 암기하지 않고 발표하는 것을 '즉석발표(extemporaneous)'이라 한다. 셋째, 단어 하나까지 미리 정해서 발표하는 경우로, 내용을 완전히 암기하거나 원고를 보면서 진행한다.

　물론 상황에 따라 즉흥발표나 암기 또는 원고를 보는 발표이 필요할 때도 있지만, 오늘날의 프레젠테이션은 대부분 즉석발표 형태다. 즉석발표에서는 프레젠테이션의 장점에 대화처럼 자연스럽고 융통성 있게 진행하는 특성을 결합할 수 있다.

　앞서 소개한 비어봄과 위고의 말을 빌리면, 즉석발표할 때는 '마음이 공허해질' 걱정 없이 즉흥발표의 이점을 활용할 수 있다. 즉석에서 정보를 전달할 때는 발표 원고의 준비와 활용이 아주 중요하다. 이때는 위의 세 방법 중 즉석발표를 선택해야 하고 슬라이드 외에 따로 준비한 원고를 활용해야 하는 이유를 소개한다.

　첫째, 일반적으로 발표자로 초빙될 가능성이 있을 때 최선책은 '준비'다. 준비 없이 프레젠테이션하면 준비했을 때처럼 잘 짜인 내용을 철저하고 명료하게 전달할 수 없다. 또 준비를 확실히 마쳐야 프레젠테이션하면서 경험할 불안을 최소로 줄일 수 있다.

둘째, 슬라이드에 말할 내용을 전부(또는 대부분) 담으면 실패작이 된다. 슬라이드를 만드는 데 시간이 너무 오래 걸리며, 청중이 읽고 이해하고 기억하기가 어려워진다.

셋째, 원고에 쓴 단어 하나하나까지 그대로 읽으면 발표가 형식적으로 느껴진다. 이런 방법을 쓰면 발표자가 청중과 시선을 맞출 여력이 없기 때문에 자신감이 없고 솔직하지 않아 보일 가능성이 있다. 또 청중의 반응을 읽을 수 있는 얼굴 표정과 동작 변화를 감지하지 못한다. 그리고 청중과 소통하기가 훨씬 어려워진다. 청중이 혼란스런 표정을 지으면 바로 적절한 예를 들어준다거나 청중을 주목하게 할 내용을 더 심도 깊게 다루는 등 즉각적인 변화를 줄 수 없다(하긴 발표자가 기회를 놓치고 있다는 점을 아예 모르고 지나간다는 장점은 있다! 그러나 때로는 차라리 모르는 게 속이 편하다지만 이는 단기적 효과만 있을 뿐이다).

넷째, 암기한 원고를 기억해서 발표하면 세 번째에서 말한 원고를 그대로 읽을 때와 동일한 문제가 생긴다. 더구나 스트레스를 받는 상황에서 기억력은 믿을 만한 게 못되는지라, 발표자가 암기 내용을 잊어버릴 확률이 아주 높다. 암기 외에 선택의 여지가 없지 않는 한 암기는 시간을 허비하는 일일 뿐이다.

일단 원고 내용을 준비하고 정리를 끝냈다는 말은 전달할 정보를 철저히 생각해봤다는 뜻이다. 이런 원고는 발표자에게 자신감을 많이 준다. 발표하면서 내용이나 진행방식을 융통성 있게 바꿀 수 있기 때문에 상황에 따라 청중이 필요한 사항을 최고로 충족시킬 방법을 도입할 수 있다. 발표 내용을 달달 외운 뒤 이 내용을 다시 기억해내야 한다는 부가적 압력이 없는 것만으로도 스트레스가 한결 줄어든다. 다시 말하면 프레젠테이션에 자신 있으면 긴장을 풀고 청중과 발표 내용과 자신의 목표에만 집중하기가 아주 수월해진다.

내용을 준비할 때 다음 요점을 꼭 염두에 두기 바란다.

- ▶▶ 청중에게 '판매' 한다. 설사 발표자가 영업 분야에 종사하지 않거나 제품 또는 서비스를 판매하지 않더라도, 발표는 생각이나 선택권을 '판매' 하는 행위다. 발표자는 청중이 주의 깊게 들도록 설득해야 한다. 또 청중이 발표자와 발표자의 생각을 신용할 수 있게 만들어야 한다. 제일 먼저 발표자의 생각이나 선택, 제품이나 서비스가 가치 있다는 믿음을 심어줘야 한다. 닷컴 회사들이 일으켰던 첫 돌풍이 대부분 실패로 돌아간 사례는 카탈로그(온라인 카탈로그라도) 하나만으로 판매하는 것은 최선책이 아님을 다시 한 번 증명해줬다. 이처럼 제품, 서비스, 생각이 담긴 카탈로그만을 열거하는 것은 좋은 프레젠테이션이 아니다.
- ▶▶ 이야기를 한다. 최고의 프레젠테이션에는 참석한 청중에게 맞는 흥미로운 이야기가 포함되기 마련이다. 이런 이야기는 프레젠테이션에서 전달하는 생각, 신념, 제품 및 서비스를 통해서 청중의 인생이 어떻게 풍성해질지를 보여준다.
- ▶▶ 자신의 목표를 파악한다. 앞에서 살펴봤듯이, 대체로 프레젠테

이션 하나에 목표를 여러 개 갖게 된다. 대체로 이런 목표를 달성하려면 다른 목표도 역시 달성해야 한다. 예를 들어 발표자가 지식을 선보이지 않고는 청중에게 정보를 전달하거나 이들을 교육할 수 없다. 또 교류를 하고 신뢰감을 얻지 않은 상태에서 관계를 유지하거나 위기를 관리할 수 없다. 제품이나 서비스를 판매할 때 필요한 모든 활동을 생각해보면 이해될 것이다. 이 때문에 원고를 체계적으로 작성하고 시간을 잘 투자하는 것이 아주 중요하다.

‣ 청중에게 필요한 사항을 염두에 둔다. 앞 장에서 청중을 잘 이해하는 방법을 살펴봤다. 청중에게 필요한 사항을 항상 염두에 두는 게 매우 중요함을 잊지 말자. 발표자의 목표를 파악된 청중의 필요사항과 결합한다. 발표자의 필요사항과 청중의 필요사항을 충족시키도록 발표 내용을 전개하고 정리하면, 발표를 성공적으로 마치게 될 것이다.

시작하기

일반적으로 말하는 프레젠테이션 규칙은 다음 세 가지다.

‣ 발표 내용의 개요를 청중에게 말한다.
‣ 발표한다.

➤➤ 발표 내용을 정리해서 말한다.

　맞는 규칙이지만, 도움이 되기에는 별로 구체적이지 못하다. 이 규칙은 프레젠테이션 구조를 세 부분(서론, 본론, 결론)으로 나누라고 조언하지만, 이 세 부분을 정확히 어떻게 전개하고 진행할지를 분명히 보여주지 않기 때문이다. 따라서 프레젠테이션을 세 단계로 나누는 방법을 설명한다. 여기에서는 기존 규칙을 따르되, 세 부분을 모두 제대로 실행하는 데 필요한 구체적인 설명을 첨부한다. 일단 체계적이고 유용한 원고를 작성하는 데 초점을 맞춰보자.

원고 작성하기

　다음에 소개할 단계별 과정은 간단하다. 먼저 두 가지 과정을 익힌 뒤에 자신에게 적합한 방법을 하나 고르면 된다. 이 방법을 사용하면 발표 내용을 빠르게 정리할 수 있을 것이다. 기본 내용을 정리했으면 청중의 필요에 따라서 상세하게 '조정'하면 된다. 그러고 나면 중요한 사항을 잊을까봐 두려워지는 마음을 버릴 수 있는 원고가 탄생한다. 이런 원고가 있으면 발표를 강하게 시작하고 끝맺을 수 있다. 또 청중이 발표자의 설명을 잘 따라가도록 신중하게 선택한 명료한 체계로 발표할 수 있다. 마지막으로, 발표하면서 상황에 따라 요점의 설명 순서를 바꿨다가 다시 원래 계획으로 돌아와서 진행하는 융통성도 갖게 된다.

본론을 염두에 두고 시작한다

프레젠테이션의 본론부터 준비한다. 일단 본론 내용을 정해서 정리하고 나면 '전체상'이 아주 분명하게 그려진다. 이렇게 내용을 충분히 파악한 상태에서 서론과 결론에 할 말을 정하면 된다. 서론과 결론의 내용(발표내용과 방법)은 더 자세히 기술된 본론의 정보를 강화하는 역할을 해야 한다. 모자와 신발이 의상을 더 빛나게 해주는 것처럼 서론과 결론은 이미 선택한 본론을 보완해야 한다.

단계별 과정

프레젠테이션 본론의 내용을 정할 때 다음 네 단계를 따른다.

- ▶ 정보를 수집한다.
- ▶ 정보를 분류한다.
- ▶ 정보를 구성한다.
- ▶ 정보를 냉정하게 수정한다.

앞의 두 단계(정보 수집, 정보 분류)는 상황에 따라 순서를 서로 바꿔도 된다. 이 점을 감안하면 단계별 과정은 다시 두 순서(수집-분류-구성-수정, 또는 분류-수집-구성-수정)로 나뉜다. 어떤 순서를 선택할지는 발표 내용을 정리하기 전에 자신이 이 내용을 얼마나 파악하고 있느냐에 따라 달라진다. 이 '분류 후 수집' 방법과 '수집 후 분류' 방법을 소개한다.

분류 후 수집 방법

분류 후 수집 방법은 발표자가 전달할 요점과 발표 내용을 아주 분명히 알고 있을 때 사용한다.

먼저 분류

발표할 요점부터 시작한다. 이를 위해 주요 요점을 각각 다른 종이에 하나씩 쓰는 방법이 유용하다. 예를 들어 프로젝트의 진행 상황을 프레젠테이션하는 경우 요점(각 페이지의 제목)은 다음을 들 수 있다.

- ▸ 프로젝트의 대략적 목표, 계획, 일정 개관
- ▸ 현재까지 경과 검토
- ▸ 일정 변화 이유 설명
- ▸ 변경 사항 처리 방법 요약
- ▸ 변경된 완료 일정 검토
- ▸ 질문에 답변

그리고 수집

일단 요점을 파악해서 종이에 썼으면 각 항목에 들어갈 정보를 수집해서 덧붙일 준비가 된 셈이다. 이제 요점을 적은 각 종이를 읽어본다. 한 번에 하나씩 각 요점을 뒷받침할 정보를 정리한다. 가장 쉬운 방법은 잘 붙는 작은 메모지에 주장을 뒷받침하는 사실이나 요점, 아이디어를 적는 것이다. 관련된 요점을 적은 종이에 이 메모지를 붙여놓는다.

이때 유연한 자세를 유지하자. 일단 시작하고 나면, 머리에 각종 아이디어와 정보가 넘쳐날 것이다. 그러나 아직은 이 내용에 손댈 필요가 없다. 이 정보가 해당 사항과 거의 관계없거나 다른 사항에 관련된 것이라도 일단 떠오르는 정보를 모두 포착하는 게 중요함을 명심하자. 이 단계에서 목표는 최대한 많은 정보를 적어놓는 것이다.

각 요점을 뒷받침하는 정보를 정리했다면 일단 중지한다. 적어놓은 각 정보 가운데 해당 요점과 관계없는 내용이 있는지 점검한다. 적어놓은 정보가 실제로 그 요점에 속하는 내용인가? 정보를 적은 메모지가 적당한 종이에 붙어 있는가? 그렇지 않으면 다른 부분으로 옮겨놓는다. 메모지에 적은 내용이 해당 요점과 전혀 관계가 없으면 다른 곳에 따로 보관한다.

다음 단계는 요점을 논리적이고 효과적인 순서로 배열하는 것이다. 가장 논리적이고 좋은 구성은 다들 쉽게 알 것이다. 앞서 예로 든 프로젝트 진행사항의 프레젠테이션에서 나온 요점을 논리적으로 구성하는 것은 간단한 축에 속한다. 그러나 이와 달리 발표 주제에 따라 최고로 구성하기 어려운 경우가 많다. 이런 경우는 다음 내용에 나오는 '구성 선택'을 참고하면 된다.

수집 후 분류 방법

수집 후 분류 방법은 요점을 확실히 잡지 못했을 때 유용하다. 예를 들어 프레젠테이션에 대비해서 따로 조사하거나, 다른 사람의 의견을 들어야 하거나, 주제가 창조적이고 해석이 필요한 경우가 여기에 속한다.

먼저 수집

프레젠테이션에 필요한 정보 수집은 빨리 시작할수록 좋다. 프레젠테이션 일정이 잡히자마자 서류철(종이 또는 컴퓨터 폴더)을 하나 만들어서 각종 메모를 모아둔다. 이제 예정된 프레젠테이션에 관한 모든 정보를 담아둘 집이 생긴 셈이다.

정보를 얻거나 발표할 내용이 떠오르거나 답변해야 할 질문이 생각날 때마다 간단히 메모해서 이 서류철에 보관한다. 프레젠테이션에 대비해서 연구조사를 따로 실시해야 하면 연구조사 결과도 서류철에 넣어둔다. 이렇게 자료를 모아두면 발표 내용을 정리해 완성하는 단계에서 작업을 시작하기가 한결 수월할 것이다.

내용을 정리하기 전에 머릿속에 있는 정보를 서류철에 있는 정보에 덧붙여야 한다. 여기에는 여러 방법이 있으며, 특히 효과가 좋은 한 가지 방법을 소개한다.

발표할 요점을 결정하기 전에 아이디어와 생각을 적어 내려간다. 최대한 많은 아이디어와 생각을 포착해서 메모지에 적는다. 이 때는 아이디어나 주안점을 각기 다른 메모지에 적는다. 물론 이 과정을 한 번에 마무리해도 좋지만 시간 간격을 두고 두세 차례에 나눠서 하면 아이디어가 더 풍성해진다. 생각나는 대로 적어뒀다가 시간이 지난 다음에 다시 작업하면 새로운 시각을 갖게 되고 더 다양하고 많은 정보가 나온다(여러 차례 나눠서 작업하면 메모지가 분실될 수 있으므로 안전하게 서류철에 넣어둔다).

그리고 분류

필요한 정보를 다 확보했다고 판단되면 정보를 적어둔 메모지를 공통적이거나 관련된 내용으로 분류한다. 처음부터 분류 체계로 고민할 필요는 없다. 그저 메모지를 쭉 훑어보고 나서 시작한다. 인간의 뇌는 원래 정보 분류 기능이 있다. 따라서 누구나 메모지를 쉽게 분류할 수 있을 것이다. 그러고 나면 각 그룹에 이름을 붙인다. 각 그룹의 이름이 바로 프레젠테이션의 요점 또는 토픽이다.

들리는 말에 에이브러햄 링컨(Abraham Lincoln)도 이 방법을 사용했다고 한다. 이 이야기에 따르면 1858년 여름과 가을에 링컨이 스티븐 더글러스(Stephen A. Douglas)와 유명한 논쟁에 일곱 차례 휘말렸을 때, 그는 더글러스가 발표하는 동안 메모해서 모자에 '보관'했다가 그날 밤에 방바닥에 늘어놓고 자신의 답변과 반론을 정리했다고 한다. 이 이야기는 진위를 떠나 이 방법이 효과적인 접근법임을 보여주는 것이다.

구성 선택

이제 프레젠테이션 본론에 필요한 요점과 이를 뒷받침할 내용이 확보됐으니 구성 방법을 선택할 때가 됐다. 발표 내용, 청중, 발표자의 목표 파악 정도에 따라 가장 적합하고 논리적인 구성 방법도 달라진다.

내용 구성

아래 제시한 각종 구성 가운데 원하는 방법을 선택하면 된다. 물론 상황에 따라 다르게 구성하거나 조합해야 한다.

일반적인 내용에서 구체적인 내용으로

일반적인 내용에서 구체적인 내용으로 이동하는 구성은 전체 개관 또는 일반적 개념 설명으로 시작한다. 이 과정이 끝나면 청중과 직접 관계있는 구체적인 내용을 말한다. 예를 들어 먼저 주 정부 예산이 위기를 맞았다고 알린다. 이어서 내년에 이 주에 있는 모든 공립학교의 재정이 줄 것이며, 해당 지역에 대한 주 정부의 자금 지원이 12퍼센트까지 삭감된다고 설명한다. 그러고 나서 이 지역 내 특수 교육 프로그램을 돕기 위한 기금 조성 방안을 제시한다.

구체적인 내용에서 일반적인 내용으로

구체적인 내용에서 일반적인 내용으로 이동하는 구성은 핵심 내용이나 상세한 설명에서 시작해 전체상이나 결론으로 옮겨간다. 예를 들어 먼저 여러분 회사 각 부서에서 작년 한 해 동안 진행한 주요 사업, 성공, 수익을 보고한다. 그다음에 회사 전체 수익을 보고하는 식이다.

중요도 순서

중요도 순서대로 진행하는 구성에는 두 가지 방법이 있다. 첫째, 가장 중요한 정보로 시작한다. 둘째, 결론에서 시작해 가장 중요한 정보에 도달한다. 가장 중요한 정보를 먼저 제시하는 방법은 '요점을 바로 전달' 하기를 바라는 청중을 만족시킬 것이다. 그렇지만 긴장감이 형성되지 않아 이후로 청중의 주의가 흐트러질 가능성이 있다.

가장 중요한 정보를 결론에 말하는 방법은 기대감과 흥미를 유발한다. 그렇지만 '요점을 바로 전달' 하기를 바라는 청중을 짜증스럽게 할 것이다. 결정적 정보를 전달한 뒤에도 청중이 계속 발표에 귀를 기울일까? 청중에 대한 지식과 발표자의 목적을 염두에 두고 두 방법 가운데 하나를 선택하면 된다.

시급한 순서

중요도 순서와 마찬가지로 시급한 순서로 구성하는 방법도 두 가지다. 첫째, 가장 시급한 정보(일반적으로 대처 방법 등)로 시작해서 덜 시급한 내용으로 옮겨간다. 둘째, 가장 덜 시급한 내용으로 시

작해서 가장 시급한 내용으로 옮겨간다. 시급한 순서로 구성하는
방법은 중요도 순서로 구성하는 경우와 장단점이 같다. 또 가장 중
요한 대책을 먼저 말할 때의 결과도 고려해야 한다. 처음에 말한
중요한 내용을 청중이 끝까지 기억할까? 청중이 끝까지 기억하게
하려면 결론 부분에서 앞서 말한 내용을 다시 언급해야 한다.

시간 순서

시간 순으로 구성하는 방법은 시간을 따라가되 중요성이나 시
급성을 강하게 언급하지 않는다. 이 방법은 일어난 일의 순서대로
설명한다. 따라서 역사적인 개요나 일어난 순서대로 약술할 때 유
용하다. 예를 들어 20세기 초반의 미 해군 제복을 설명한다고 해보
자. 필리핀-미국 전쟁(1899~1902) 때 입은 제복으로 시작해서, 의
화단 사건(Boxer Rebellion, 1901~1902) 때의 제복을 살펴본 뒤 남미
전투(1906~1933)와 제1차 세계대전(1917~1918)을 지나, 양쯔강 복무
(1926~1927, 1930~1932) 순으로 진행하면 된다. 시간에 따른 구성은
다음에 나오는 지역별 구성과 원인과 결과 구성의 한 요소로 사용
되기도 하다.

지역별

지역별 구성은 지리에 따라 내용을 설명한다. 환태평양 지역에
서 제품 판매 시장을 새로 개척하는 내용으로 프레젠테이션한다면
먼저 해당 지역을 간략하게 살펴야 한다. 시계방향으로 움직인다

면 아시아의 북태평양 지역과 러시아 동부 지역에서 시작해서, 북 아메리카의 태평양 지역과 중미 지역, 남미 지역을 지나 태평양 지 역 섬나라와 뉴질랜드, 호주와 아시아 남부를 지나서 동남아시아 순으로 진행하면 된다.

원인과 결과

원인과 결과 구성은 사안의 원인을 열거하거나 설명한 뒤 결과 를 보여준다. 예를 들면 다음과 같다. "우주선 컬럼비아호가 발사 되는 과정에서 단열 타일 일부가 떨어져 나갔다. 이후 우주에서 임 무를 마치고 지구 대기권으로 재진입할 때 강렬한 열이 발생했다. 발사될 때 떨어졌던 타일 때문에 우주선이 열에 약한 상태가 됐다. 이 열에 취약한 상태 때문에 구조적인 결함이 생겼다. 결국 우주선 은 착륙 직전에 폭발했다."

경과 또는 과정

경과 또는 과정에 따른 구성은 여러 단계의 논리적 순서를 열 거하거나 설명한다. 대체로 해당 순서에 따라 단계를 완료해야 하 는 이유를 설명할 때 사용된다. 예를 들어 서재에 수족관을 놓고 싶다면 먼저 여러 수족관을 알아보고 자신에게 가장 적절한 종류 를 결정해야 한다. 염수를 쓸까 아니면 담수를 쓸까? 수족관 크기 는 어느 정도가 적당할까? 관리에 어느 정도로 시간과 정성을 투자 할 작정인가? 비용을 얼마나 쓸 작정인가?

다음 단계로 수족관과 각종 물품을 구입한다. 그 수족관을 설치한다. 물을 채운다. 적절한 수중 환경을 만드는 데 필요한 약품 처리를 한다. 적절한 시간 동안 기다린다. 물고기가 살 수 있는지 확인하는 검사를 거친다. 선택한 물고기를 수족관에 넣는다.

비교와 대조

비교-대조 구성은 두 개(또는 그 이상)의 개념이나 대상을 한 가지(또는 그 이상) 방법으로 비교한다. 예를 들어 구입자 입장에서 총 경비가 가장 덜 드는 제품을 하나 고르기 위해 여러 제품을 품질과 견고성과 사용 편의와 가격 면으로 비교한다. 여러 와인을 단맛 대 쌉쌀한 맛, 설탕 대 산의 균형, 색, 숙성 가능성을 기준으로 비교하는 것도 여기에 속한다.

찬반양론

찬반 구성은 비교와 대조 구성과 비슷하다. 그러나 이와 달리 한 개념이나 대상을 검토하거나, 제안된 변경을 할 경우와 현재 상태를 유지할 경우를 비교하기도 한다. 여기에서는 가치판단을 내려야 한다. 예를 들어 한 회사가 다른 주로 공장을 이전하는 문제로 고민하는 경우가 여기에 속한다. 이전하면 세금이 낮아지고 원자재를 해당 지역에서 확보할 수 있는 장점이 있는 반면 직원 이직과 재배치 비용이 드는 단점이 있다.

특별한 단계별 구성 세 가지

이제 특별한 세 가지 구성을 살펴보자. 각 구성에는 명확한 단계가 포함돼 있다. 이 세 구성은 제품 또는 서비스 영업, 부정적인 면 전달하기, 문제 대 해결책이다.

제품 또는 서비스 영업

영업 프레젠테이션에서 다음 5단계를 따르면 유용하다.

1. 필요성을 보여준다. 발표자가 제공하는 제품 또는 서비스가 청중에게 필요한 이유와 필요한 정도를 이야기한다. 발표자는 청중이 필요로 하는 사항을 이해하고 있음을 보여줘야 한다. 또 청중의 상황, 어려움, 목표를 파악해야 한다. 발표자가 제공하는 제품으로 어떤 문제점을 해결하거나 막을 수 있는가? 발표자가 제공하는 제품을 사용하지 않으면 청중은 어떤 기회를 놓치게 될까? 청중에게 전체상을 보여주거나 필요한 사항을 심도 깊게 이해할 수 있도록 도와주는 방법도 있다. 예를 들어 현재의 필요성이 발전 경향이나 예상 변화에 따라서 증대되거나 변화될 것인가?

2. 관심과 감정을 증대시킨다. 문제점이나 잃어버린 기회를 이야기한다. 문제점이 더 심각해지면 어떻게 할까? 청중에게 실제로 필요하고 시급하다면 이를 충족시키는 데 흥미를 가질 것이다. 필요성이 짜증스럽거나 고통스럽거나 두렵다면 해결책을 열정과

안도와 감사하는 마음으로 받아들일 것이다. 오랫동안 기억하게 하려면 감정 자극이 가장 중요함을 명심한다. 이 단계에서는 논리적이고 전문적인 자세를 유지하려고 신경 쓰지 않아도 된다. 여기에서는 약간 극적인 요소를 첨가하는 것이 아주 중요하다.

3. 제품이나 서비스가 청중의 욕구를 어떻게 충족시킬지 보여준다. 발표자의 제품 또는 서비스를 구입하는 것이 청중의 욕구를 충족시키는 데 최선책인 이유를 보여준다. 해당 제품 또는 서비스가 다른 해결책보다 얼마나 더 우수하고, 기능이 좋고, 믿을 만하며, 강력하고, 효율적이며, 가치가 높은가? 청중의 욕구가 충족되면 어떤 결과가 생기는가? 이 단계에서는 각종 증거, 사례, 실연, 시각교재가 큰 도움이 된다.

4. 청중이 해당 제품 또는 서비스를 사용해서 이익을 얻는 모습을 상상하게 유도한다. 설득 심리학에 따르면 행동하고 나면 믿음이 생기게 돼 있다. 즉 일정한 행동을 한 사람은 그 행동이 좋고 논리적이며 최선의 선택이라고 믿게 된다. 청중은 발표자가 제공하는 제품 또는 서비스를 사용해 이득을 얻을 것이라고 상상하면 스스로 설득하게 된다. 그러니 그림을 그려본다. 청중이 저렴한 비용으로 더 편하고 효율적이며 확실히 일할 수 있다고 상상하도록 돕는다. 남는 시간이나 에너지, 돈을 어떻게 활용할 것인가? 청중은 문제를 해결했다는 칭찬을 듣게 될 것이다. 보상도 받을 것이다. 이렇게 되면 어떤 기분이 들지를 상기시킨다.

5. 행동이나 승인을 요청한다. 결론을 지어야 함을 명심한다. 쑥스

러워할 것 없다. 청중에게 요구할 다음 단계의 행동을 확실히 밝힌다. 여러분이 원하는 것을 분명히 말한다. 그러고 나서 말을 멈추고 답을 기다린다.

부정적인 면 전달하기

부정적인 면을 전할 때 다음 5단계를 활용하면 그나마 최대한 효과를 볼 수 있다. 부정적인 면을 긍정적인 면 사이에 끼워넣는 것이 적절한 방법이다.

1. 부정적인 면을 긍정적인 면의 중간에 끼워넣거나 함께 늘어놓는다. 긍정적인 면으로 청중이 부정적인 면을 들을 준비를 갖추게 유도한다. 솔직하고 현실적인 자세를 취한다. 자신에 찬 어조와 태도를 보이되 지나치게 낙관적이거나 감상적인 자세를 자제한다.
2. 부정적인 면으로 확실히 전환한다. 여기에서 부정적인 판단을 내리면 안 된다. 청중은 소식을 듣고서 스스로 결론을 내릴 것이다.
3. 부정적인 면을 전달한다. 부정적인 면을 명확히 말한다. 모호한 태도나 말로 완화하려 하면 안 된다. 아는 사실을 그대로 전달한다. 나쁜 결과가 일어났거나 일어날 이유를 설명한다. 앞으로 더 생길 문제가 있으면 그 점도 이야기한다.
4. 대안을 제시한다. 대안은 충격을 경감해준다. 청중에게 대안을 제시하면 통제력을 되찾는 데 도움이 된다. 새 정보가 생겨서 이 대안이 변경될 가능성이 있다면 그 점도 청중에게 알린다.

5. 신뢰를 재구축한다. 긍정적인 점을 강화하고, 질문에 답하며, 다른 제안을 듣는다.

문제 대 해결책

다음 6단계는 문제와 해결책을 이야기할 때 유용한 기본 사항이다.

1. 문제를 파악하고 한계를 명확하게 짓는다. 문제를 확실히 파악하려면 문제의 시작과 끝을 포함시켜야 한다.
2. 해결책에 필요한 모든 조건을 열거한다. 이 조건을 열거하면 실행 불가능하거나 현실적이지 않은 해결책에 시간과 노력을 낭비하지 않게 된다.
3. 가능한 해결책을 파악한다. 가능한 여러 해결책을 각각 간략하게 설명한다. 여러 해결책을 제시하는 순서를 생각해본다. 최선책에서 최악의 해결책 또는 그 반대 순서로 이야기하는 게 좋다.
4. 조건에 비추어 각 해결책을 평가한다. 해결책을 평가할 때 앞에서 설명한 여러 구성 방법 가운데 하나를 활용하면 좋다. 예를 들어 찬반양론 구성을 사용하면 효과적이다.
5. 최선의 해결책을 선택한다. 지금까지 가장 효과적이고 실제적인 해결책을 선택할 기초를 쌓아왔기 때문에 청중은 여러분의 선택을 받아들이고 지지할 것이다.
6. 선택한 해결책을 실행할 방법을 설명한다. 해결책 실행에 구체적

인 사항을 포함시킨다. 예를 들어 실천 단계를 쭉 나열한다. 가능하면 의무 사항과 각 단계의 예상 완료일까지 포함시킨다.

이 구조는 각 문제 상황에 따라서 적절하게 바꾸는 것이 좋다. 문제 해결 구조를 변화시킬지 결정할 때는 다음 질문을 고려해봐야 한다.

▸ 청중이 해당 문제를 얼마나 파악하고 있는가? 청중이 문제를 거의 또는 전혀 모른다면 문제 자체에 대한 정보가 더 필요하다. 원인과 결과 구조를 활용해서 문제를 설명한다. 청중이 해당 문제를 이미 잘 알고 있다면 해결방안을 제안하는 데 시간을 더 투자한다. 위에서 설명한 문제 해결의 6단계 구조를 사용하면 유용할 것이다. 특히 3, 4, 5단계에 중점을 맞춘다.

▸ 이미 적용됐던 해결책을 설명하고 있는가, 아니면 여러분이 제안한 해결책을 받아들이도록 설득하려 하는가? 과거에 문제를 해결했던 방법을 제시한 경우라면 해당 해결책을 선택해야 할 이유를 덜 설명해도 된다. 반면에 새로 제시한 해결책을 받아들이게 설득해야 한다면 문제 해결의 6단계 구조가 도움이 될 것이다. 이 구조는 발표자가 제안한 해결책을 선택한 이유를 설명하는 데 유용하다. 해결책이 시행될(또는 시행됐던) 방법을 설명하는 과정에서 6단계 구조를 활용할지 여부는 상황에 따라서 발표자가 판단하면 된다.

잘 판단해서 최선의 구조를 선택한다

청중에 대해 아는 점, 발표자의 목적, 발표 내용을 고려해서 최선의 구조를 선택해야 한다. 지금까지 설명한 여러 구조 중에 굳이 하나만을 적용할 필요는 없다. 상황에 따라 여러 구조를 결합하는 게 적절할 수도 있다. 또는 발표자의 필요에 따라 제안한 구조를 수정할 수도 있다. 어쨌든 프레젠테이션 준비를 마치기 전에 분명한 구조를 정립해야 한다. 분명한 구조가 없으면 프레젠테이션이 일관성이 없고 효과가 떨어진다.

일정한 구조로 정보 전달하기

요점과 뒷받침할 내용을 분명하고 논리적인 구조로 정리했으면 그다음으로 각 요점과 아이디어를 전개해야 한다. 청중에게 어느 정도까지 상세하게 전달해야 하는가? 청중은 얼마나 상세하게 알고 싶어 하는가? 청중이 어느 정도까지 받아들일 수 있는가?

이 단계에서 다음 사항을 검토해보는 게 좋다. 프레젠테이션의 주요 구조에서 정보를 제시하는 여러 방법을 배우게 될 것이다. 정보를 제시하는 여러 방법을 파악하면 추가적인 아이디어가 떠오를 것이다. 또 청중에게 약속한 내용을 전달하는 데도 도움이 된다. 즉 상세히 설명할 작정이라면 청중에게 개요를 전달할 계획이라고 말하면 안 된다. 또 설명할 계획이라면 요점을 입증할 것이라고 말하면 안 된다.

일정한 구조로 정보를 정리할 때 다음 방법을 사용해본다.

- **분석** : 핵심적인 부분으로 나눠서 각 부분을 검증하거나 설명한다.

- **비교** : 두 가지 또는 그 이상을 검토하며, 유사점과 차이점을 파악한다.

- **결론** : 요약, 결과, 추정, 결의 등을 포함한 결말이나 종결이다.

- **대조** : 대립시켜서 차이점을 보여준다.

- **비평** : 장점과 단점을 판단한다. 비평은 흔히 분석을 수반한다.

- **정의** : 의미를 설명하고, 핵심적 특색이나 본질을 설명하며, 범위를 확실하게 규정한다.

- **묘사** : 외양이나 특성을 보여주고, 전말을 밝히며, 요소와 특색과 특징을 열거하는 단어를 사용해서 이미지나 인상을 전달한다.

- **토론** : 논점을 검토하고, 찬반양론을 참고해서 논쟁하며, 대립되는 의견에 대해 설명한다. 대체로 토론에는 분석, 비평, 비교가 포함된다.

- **열거** : 아이디어, 관점, 사건, 특색, 이유 등을 열거한다. 각각 따로 이야기한다.

- **설명** : 분명하고 이해하기 쉽게 만든다. 원인이나 이유를 명백하게 밝힌다. 뜻이나 해석을 알려준다.

- **상세한 설명** : 체계적이고 상세하며 학구적으로 설명한다.

- **예증** : 사례나 비교를 통해 설명한다.

- **해석** : 구체적 방식으로 설명하거나 추론하거나 이해시킨다. 알기 쉽게 바꿔 말하며 뜻을 설명한다.

- ▸ **개요** : 전체적으로 설명하거나 주요 요점 또는 특징만 포함시켜 이야기한다.
- ▸ **입증** : 증거나 논의의 사실성이나 진실성을 전개한다.
- ▸ **평가** : 특성이나 가치를 평가하거나, 분류하거나, 비교 가치를 정한다.
- ▸ **요약** : 요점을 간단하고 명확하게 말하거나 다시 말한다. 불필요한 세부 내용을 말하지 않는다. 결론을 포함시킨다.
- ▸ **추적** : 과정, 발달, 역사를 확인한다. 사건의 순서 또는 주제나 사건의 진행 과정을 보여준다.

이렇게 해서 프레젠테이션 본론을 다 구성했으면, 이제 서론과 결론을 준비할 차례다.

프레젠테이션 서론

프레젠테이션 서론에서 관심과 감동을 증대시켜야 한다. 여기에서 발표자의 목표는 청중의 주의를 빠르게 포착하는 것이다.

발표자 평가
발표를 시작하면 청중의 주목을 받는다. 나는 이 초기 주목을 '발표자 평가반응(check-you-out response)'이라고 한다. 발표자가 연단에 올라서서 발표를 시작하면 청중은 인간의 천성적인 궁금증 때문에 발표자를 바라보며 그가 하는 말을 듣는다. 아주 잠깐 동안 발표자는 '행동의 중심점'이 된다. 1부에서 설명했듯이 발표자는 주목의 대상(관심의 중심)이 된다. 청중은 호기심을 갖게 되고, 행동이 시작되기를 기다리며, 정보에 목이 마른 상태가 된다. 인간의 이런 천성적인 궁금증 덕분에 발표자가 청중의 주목을 받으려고 특별한 방법을 쓰지 않아도 된다.

그러나 청중의 주목이 발표 내내 지속될 것이라고 생각하면 안 된다. 사람은 이유가 있어야 계속 주목한다. 조용히 앉아 있는 것과 집중해서 듣는 것은 다르다. 발표자는 주목하는 게 현명하겠다는 생각을 재빨리 청중에게 심어줘야 한다. 청중이 '발표자 평가 반응' 단계를 지나서도 계속 주목하게 하려면 청중의 관심을 고조시키고 이들의 감정을 자극해야 한다.

발표에 관심을 집중시켜야 한다

발표하는 것은 청중의 주목을 받으려고 경쟁하는 것이나 마찬가지다. 발표자는 외부 방해 요소와 신체적 욕구나 청중이 느낄 불편함은 물론, 청중의 머릿속에서 펼쳐지는 각종 생각과도 계속 경쟁한다. 청중이 계속 주목하게 만드는 가장 효과적인 방법은 청중이 원하는 사항을 제공하는 것이다.

청중은 무엇을 원하는가? 청중은 발표자가 다음 네 가지 질문에 답해주기를 바란다. 발표자가 이에 답하면, 서론 부분에서 청중이 원하는 바를 대부분 충족시키게 될 것이다.

 ▸ 무엇을 다루는가? 대체로 청중은 프레젠테이션의 주제를 잘 파
   악하고 있을 것이다. 대개 프레젠테이션 주제나 목적을 파악하
   고 참석하기 때문이다. 이 첫 번째 질문에 답하면 프레젠테이션
   의 토픽을 단순히 소개하는 데 그치지 않고, 명확히 밝히고 범위
   를 한정하게 될 것이다. 프레젠테이션 주제(논쟁점, 상황, 필요 사
   항, 문제, 가능성)를 확실하게 밝힌다. 그다음에 발표 범위를 명확
   히 알린다. 어느 정도까지 상세하게 설명할 것인가?

 ▸ 청중이 왜 관심을 가져야 하는가? 발표자는 발표 주제를 어떻게
   생각하는가? 해당 주제가 왜 문제가 되는가? 관련된 사항이 무
   엇인가? 얼마나 중요한가? 얼마나 시급한가? 어떤 의미가 있는
   가? 청중에게 어떤 영향을 미칠 것인가?

 ▸ 청중은 어떻게 해야 하는가? 발표자는 프레젠테이션 도중에 청
   중이 어떻게 하기를 바라는가? 발표자는 발표가 끝난 다음에 청
   중이 무엇을 믿고 어떻게 하기를 바라는가? 어떤 행동을 취해야
   하는가? 발표자에게 어떤 형태의 승인과 지원이 필요한가? 얼마
   나 필요한가? 언제 필요한가?

 ▸ 청중이 왜 그렇게 해야 하는가? 청중이 해당 행동을 하면 어떤
   이익이 있을 것인가? 청중의 어떤 욕구가 충족될 것인가? 프레
   젠테이션에 투자한 시간과 노력의 대가가 무엇인가?

발표자는 위의 네 질문에 최대한 명확하고 간결한 답을 찾아야 한다. 이 네 질문은 발표의 서론을 구성하는 핵심 사항이다. 예를 들어보자.

안녕하십니까. 지속적으로 성공하려면 시장에 신제품을 출시하는 데 드는 소요시간을 줄이는 게 가장 중요합니다. CX-FAB을 활용하면 신제품을 개발하고 시험하는 시간을 평균 40퍼센트까지 줄일 수 있다고 확신합니다. CX-FAB을 활용해서 이렇게 시간을 줄일 수 있는 방법을 설명할 테니 잘 보고 듣기 바랍니다. 이 발표를 들으면서 여러분의 소비자가 어떤 반응을 보일지를 상상해보기 바랍니다. 또 여러분의 수익에 어떤 영향을 줄지를 상상해보기 바랍니다. CX-FAB을 사용하면, 제품 설계와 시험 과정이 간단해짐을 확인하게 될 것입니다. CX-FAB은 제품을 시장에 출시하는 시간을 줄여주고, 시장점유율과 수익을 올려주며, 업계에서 우위 자리를 고수하도록 도와줄 것입니다.

그럼 네 가지 기본이 위의 답변에 어떻게 들어가 있는지 살펴보자.

1. 무엇을 다루는가? 청중은 신제품을 시장에 출시하는 데 드는 소요시간을 줄여야 한다. 여기에 성공 여부가 달려 있다.
2. 청중이 왜 관심을 가져야 하는가? 시장에 신제품을 출시하는 시

간이 40퍼센트까지 줄어들 것이다.

3. 청중은 어떻게 해야 하는가? 소비자가 어떤 반응을 보일지를 상
   상해봐야 한다. 또 수익에 어떤 영향을 줄지를 상상해봐야 한다.
   CX-FAB을 사용해야 한다.

4. 청중이 왜 그렇게 해야 하는가? CX-FAB은 제품 설계와 시험
   과정을 간단하게 만들어주고, 제품을 시장에 출시하는 시간을 줄
   여주며, 시장점유율과 수익을 올려주고, 업계에서 우위 자리를
   고수하도록 도와주기 때문이다.

서론이 (거의) 마무리됐다!

일단 기본적인 네 질문에 답하고 이를 명확하고 간략하게 전달
할 수 있다면 서론의 내용을 거의 잡은 셈이다. 다음에 서론에 포
함해도(또는 포함하지 않아도) 좋은 다른 요소를 소개한다. 다음 요소
를 포함시킬 작정이라면 가능한 한 간략하게 하기 바란다. 서론을
준비할 때는 '적을수록 낫다'는 말을 항상 염두에 두기 바란다. 청
중의 주목을 유지하는 최선책은 중요한 정보를 빠르게 전달하는
것이다.

소개

항상 내가 놀랍게 생각하는 점이 있다. 그것은 발표에서 다른
사람에게 소개받게 되는지, 아니면 직접 자신을 소개해야 하는지
모르는 발표자가 너무 많다는 사실이다. 마지막 순간까지 이 점을

명확히 모르면 좋은 기회를 놓치게 된다. 게다가 혼란과 어색함을 조장하게 된다. 자신을 소개해줄 사람을 정하거나 알아봐야 한다. 그러고 나서 이에 따라 준비한다.

대체로 다른 사람이 발표자를 소개하는 것이 좋다. 일단 스스로를 소개하기가 어렵기 때문이다. 자신을 소개할 말이나 포함시킬 선에 확신을 갖기가 힘들다. 이유는 다음과 같다. 인간은 사회화 과정에서 공적을 내놓고 이야기하지 않도록 배운다. 스스로 공적을 선전하면 자만심이 많은 사람으로 보이기 십상이다. 자신의 공적을 이야기하면 청중에게 신뢰를 쌓을 수 있지만, 반면에 이는 발표자의 마음을 불편하게 만들어 자신의 공적을 축소하려 하거나 갑자기 긴장이 밀려들 수 있다.

이에 비해 다른 사람이 발표자나 발표자의 공적을 칭찬하는 것은 훨씬 부담이 덜하다. 다른 사람은 발표자가 청중에게 제공할 내용에 존경과 온정과 자부심을 담아서 소개할 수 있다.

스스로 자신을 소개할 작정이라면 내용을 미리 계획해놓는다. 간단하게 말하되 청중의 신뢰를 얻을 정보를 모두 언급해야 한다. 여기에 청중과 감정적으로 연계되는 데 도움이 될 내용을 포함한다. 개인적인 경험이나 공통 관심사를 조금 이야기하면 효과가 있다. 이미 소개를 받았다면 아주 간략하게 소개하는 게 좋다.

예를 들어 행사 초반에 여러 발표자 중 한 사람으로 소개된 경우가 여기에 속한다. 이때는 소개 내용이 중복되지 않도록 조심해야 한다. 같은 내용을 되풀이해서 말하면 효과가 없다. "첫 번째 슬라이드와 프로그램에 게재돼 있고 방금 리빙스턴 박사가 소개한 대로, 내 이름은 엔들리스 리 리피티드(Endless Lee Repeated, 장황하게 반복한다는 뜻을 우회적으로 표현—옮긴이)입니다"라고 말하는 대신에 중요한 요점으로 시작하는 게 좋다.

다른 사람이 발표자를 소개하는 경우라면 알리고 싶은 정보를 소개자에게 미리 건네준다. 이렇게 하면 발표를 안정적으로 시작하는 데 도움이 된다. 발표하기 전에 주최자나 고위 인사, 동료를 소개하거나 이들에게 감사의 뜻을 전할 작정이라면 미리 준비해야 한다. 이들의 이름과 직위 등을 정확하게 알아둔다. 이름의 정확한 발음을 확인해둔다. 지위를 고려한 올바른 소개 순서 등 의례적인 부분도 물어둔다.

'참석해주셔서 감사합니다'

청중에게 참석해줘서 감사하다는 말을 할 계획이라면 진심을 담아서 한다. 감사하다는 말이 청중에게 진정으로 다가와야 한다. 서론 단계에서 발표자는 청중에게 신뢰를 받아야 한다. 따라서 성의 없이 말하는 느낌을 주는 실수를 저지르면 안 된다.

진심이 담겨 있다는 생각을 갖게 할 목소리 톤을 구사한다. "일정이 바쁘실 텐데도 시간을 내주셔서 감사합니다"(바쁜 사람 입장에서는 감사하다는 말을 듣는 것 자체가 시간을 뺏기는 일일 수도 있다)와 같이 식상한 말을 하지 않는다. 그 대신 더 독특하고 청중에게 맞는 방식으로 감사를 전한다.

예를 들어 청중이 바쁜 이유를 거론하고 이 상황에도 참석한 이유는 이들이 발표 주제에 진짜 관심이 있거나 책임감을 느끼기 때문임을 강조하는 방법이 있다. 또는 중요한 요점으로 바로 시작하는 방법도 있다. 결국 청중이 투자한 시간과 관심에 진짜로 감사한다는 점을 보여주려면 발표자에게 할애된 시간에 최대한 가치있는 정보를 전달해야 하기 때문이다. 이렇게 해서 발표를 약간만 빨리 끝내도 청중은 덕분에 얻게 된 시간에 감사하게 될 것이다.

서론에서 고려할 기타 사항

서론 부분을 계획할 때 다음 사항을 고려해본다. 이를 통해 간결하게 말하고 프레젠테이션에 맞는 어조를 정할 수 있다.

▸ 상투적인 말로 시작하지 않는다. "~를 이야기하려고 오늘 이 자리에 섰습니다"는 너무 상투적이다. 발표자가 오늘, 그 자리에서서, 이야기를 하는 것은 굳이 말하지 않아도 누구나 아는 분명한 사실이다. 따라서 이런 말보다 토픽을 소개할 더 새로운 방법을 찾아본다. 청중이 토픽을 이미 알고 있다면(대체로 그렇다) 해당 토픽을 가지고 발표하는 이유를 말한다. 청중에게 해당 토픽이 중요한 이유를 설명한다. 이밖에 발표 범위를 분명히 정해서 알려주는 것도 좋은 방법이다. 전문적인 주제를 놓고 발표할 계획이라면 발표자가 판단하는 청중의 지식수준을 알리는 게 좋다(이는 청중이 다양하게 섞여 있는 경우에 특히 유용하다. 그리고 나서

이 다양성에 어떻게 대처할지도 언급한다. 예를 들면 전문성이 덜한 청중이 전문 정보를 이해하도록 돕기 위해 너무 전문적인 설명을 자제하겠다고 이야기해두는 것도 좋다).

▸ 자신이 첫 번째 발표자인 경우에만 환영한다는 인사말을 한다. 청중이 이미 앞서서 발표한 발표자 다섯 명에게 환영 인사를 받은 뒤라면 다음 발표자는 바로 본론으로 들어가길 바랄 것이다. 행사 진행상 꼭 환영 인사를 다시 해야 한다면 진심으로 하는 말처럼 들리도록 노력해야 한다. 장황하거나 형식적인 환영의 말로 프레젠테이션을 시작하면 안 된다. 이렇게 되면 서두부터 힘을 잃는다. 발표자가 중요한 이야기를 하기도 전에 청중은 혼수상태에 빠진다.

▸ 여러분이 발표자로 나선 것이나, 지식수준, 준비 정도를 놓고 사과하지 않는다. 이런 내용으로 사과하면 자신감이 부족하다는 인상을 주며 신뢰가 가지 않는다. 다음과 같은 말을 하면 절대 안 된다. "골드 박사가 발표할 것이라고 기대했을 텐데 내가 나와서 무척 실망했을 겁니다. 골드 박사가 개인적으로 급한 일을 처리해야 해서 내가 대신하게 됐습니다. 나도 이 사실을 두세 시간 전에야 알게 됐답니다. 그러니 부디 내 발표를 참아주기 바랍니다. 내가 보기에 여러분 가운데 많은 분이 나보다 이 분야를 더 잘 아는 것 같습니다."

▸ 참석자가 많다고(또는 적다고) 해서 놀라움을 드러내면 안 된다. 놀라움을 표시하면 발표자가 제대로 준비하지 않았거나 행사 진

행상황을 파악하지 못한 것처럼 보인다. 그저 참석자 수가 만족스럽거나 마음에 든다는 의사를 표현하는 게 적당하다. 그다음에 사무적인 어조로 시간이나 청중 수용력에 변동이 있어서 이런 결과(청중의 수가 많거나 적은)가 나왔다는 정보를 전달한다.

▸ 발표자는 공중전화나 화장실의 위치 같은 부대사항을 알려줄 필요가 없다. 중요한 프레젠테이션을 이런 부대사항으로 시작하면 서두를 강력하게 여는 효과가 반감된다. 이런 정보는 사전에 다른 사람이 전달하도록 해둔다. 다른 사람에게 맡기는 게 불가능한 상황이라면 최대한 간략하게 설명한다. 그다음에 적어도 몇 초 동안 중지했다가 프레젠테이션을 시작한다.

▸ 참석자들이 제대로 찾아왔는지 확인한다. 프레젠테이션을 시작한 뒤 발표장을 잘못 찾아온 청중이 밖으로 나가는 일이 발생하면 여러모로 방해가 된다. 같은 시간대에 여러 연사가 발표하는 행사라면 간략하고 명확하게 '참석자 확인'을 한다. 발표장을 잘못 찾은 사람들이 자리에서 일어나 밖으로 나갈 때까지(또는 적어도 대부분이 복도로 나갈 때까지) 기다린다. '참석자 확인'은 "이 발표장에서는 생태학적으로 유지가 가능한 다년생 곡식을 주제로 발표합니다. 쥐의 말단 소립 복제에 관한 프레젠테이션은 옆 발표장인 사이프레스 볼룸(Cypress Ballroom)에서 열립니다"(잠시 중지)는 식으로 하면 된다.

상황에 따라 서두에 이 여섯 요소 중 일부 또는 전부를 포함시킨다. 이 요소들을 적절하게 사용하면 청중이 발표자에게 신뢰감을 갖게 되며 편한 마음으로 발표를 들을 준비가 될 것이다. 청중은 가치 있는 내용을 들으려고 참석했으며, '시작' 하면서 너무 시간을 소비하면 처음에 기울였던 관심이 금방 식어버린다는 점을 꼭 명심하자. 앞서 말한 여섯 요소를 포함시키기 전에 여러분의 발표에 진짜로 필요한 부분인지를 꼭 생각해봐야 한다.

여섯 요소를 다 전달하려면 시간이 상당히 많이 소요된다. 프레젠테이션에 따라서 일부 요소는 필요가 없을 것이다. 앞서 발표한 다른 발표자가 이미 했거나 프레젠테이션 외의 시간에 전달할 수도 있다. 이 요소를 포함할 필요가 있는지 여부에 의문이 들면 답을 미리 찾고 이에 따라 계획을 세운다.

의욕이 없는 청중을 대상으로 한 프레젠테이션 서론

청중은 대부분 발표자에게 주목하는 경향이 있지만 가끔(진짜 가끔이길 바란다) 그렇지 않은 경우도 있다. '강제로' 참가하게 됐거나, 앞서서 여러 발표자가 발표했거나, 발표장이 덥고 어둡거나, 청중 가운데 일부가 시차 때문에 피로에 시달리거나, 지난밤 늦게까지 술을 마셨다면 발표를 제대로 하기가 힘들 것이다.

청중을 주목시켜야겠다면 새로운 방법을 사용해야 한다. 흔히 프레젠테이션 서론으로 사용하는 많은 방법이 이미 청중을 집중시키는 힘을 상실했다. 이런 방법에는 놀랍거나 신선한 요소가 빠져 있다. 나는 별로 효과가 없는 농담을 해놓고 난처한 상황에 빠지거나 주제의 사전적 정의를 낭독하는 것으로 시작하는 발표자가 더는 없기를 바란다.

빠르게 청중의 주의를 잡아끄는 최선책은 청중과 대화를 나누는 느낌을 조성하는 방법과 동일하다. 이 방법은 16장에서 심도 깊게 다룬다. 그러나 일단 프레젠테이션 서두로 효과가 좋은 몇 가지를 소개한다.

> ▸ 반문적인 질문을 던진다. 그러고 나서 잠시 말을 멈추고 청중이 생각하게 한다.
> ▸ 질문을 던진 뒤 청중에게 손을 올려서 답을 하게 한다.
> ▸ 최신 소식을 전한다.
> ▸ 놀라운 사실이나 통계를 이야기한다.
> ▸ 간단한 이야기를 들려주거나, 일화를 말한다.
> ▸ 강력한 시각 장치를 활용한다.
> ▸ 생각을 자극하는 인용문을 전한다.

적대적인 청중을 대상으로 한 프레젠테이션 서론

적대적인 청중을 대상으로 발표해야 할 때 성공적으로 시작하는 데 도움을 주는 3단계를 소개한다.

1. 청중에게 진심으로 감사한다. 발표할 기회를 갖게 돼서 감사하다는 간단하지만 진심이 담긴 말은 협조적이고 존중이 담긴 느낌을

준다. 설교하고 싶은 유혹을 버린다. "모두 언론의 자유가 중요하다는 점을 알고 있으리라고 봅니다. 편견을 버리세요. 여러분 중에 나를 방해하는 사람이 없을 것이라고 확신합니다" 같은 말을 하지 말자.

2. 공통점을 만든다. 발표자가 동의하는 부분을 간략하게 강조한다. 예를 들어 "우리 모두 이 사안에 강한 의견을 가지고 있습니다" 또는 "우리 모두 최대한 많은 정보를 얻고 싶어 합니다. 이런 일이 다시 생기지 않도록 가능한 한 많은 내용을 알아둬야 합니다"라는 식으로 말하면 좋다.

3. 적당한 비언어적인 전달 기술을 활용한다. 자신이 보내는 비언어적인 신호에 각별한 주의를 기울인다. 이런 상황에서는 초연하거나 거만하거나 저자세로 행동하고 말하면 안 된다. 14장에 나오는 비언어적인 의사전달 부분을 참고하자. 방어적이거나 공격적으로 보일 행동을 하지 않는다.

앞에서 소개한 네 가지 기본 질문에 답을 한 뒤 행사 식순과 신뢰감 형성, 세부사항을 포함시키고 나면 프레젠테이션 서두를 잘 열 준비가 된 셈이다.

프레젠테이션 결론

어찌됐든 "그럼, 결론으로"라는 말이야말로 청중에게 가장 생기를 불어넣어준다. 이런 말로 결집된 주의를 여러분에게 유리하게 사용한다. 프레젠테이션 결론 부분은 설명한 개념을 종합하고, 중요한 정보를 강조하며, 청중이 실천에 옮기게 하고, 청중이 발표자가 제안한 내용에서 얻을 이익을 생각하게 유도할 수 있는 좋은 기회다. 중요한 정보를 반복하는 것을 망설일 필요가 없다. 반복하면 친숙해지고, 친숙함은 장기적으로 기억하는 데 핵심적인 요소이니(11장에서 더 자세히 다룬다), 중요한 요점을 반복할 계획을 세운다. 청중이 발표자가 반복한 내용을 머릿속에 담고 행사장을 나가게 만들어야 한다. 발표를 마무리하면서 꼭 포함해야 할 두 요소는 실행하도록 요구하고 이렇게 실행했을 때 얻을 이익을 강조하는 것이다.

청중이 실행하도록 요구

실행하도록 요구하는 것은 프레젠테이션 전체에서 가장 중요한 부분이다. 여러분은 이제 청중이 어떻게 하기를 원하는가? 실천하도록 요구하는 몇 가지 예를 소개한다.

▸ 즉시 시작해서 대출 결정을 내릴 때마다 이 기준을 적용하세요.
▸ 12월 1일까지 여러분이 선택한 내용을 나한테 제출하세요.

▸ 오늘 오후에 우리 부스에 들러 실연하는 것을 보세요. 그다음에 우리 회사에 전화해서 전 직원을 대상으로 한 현장 실연 일정을 잡으세요.

▸ 오늘 당장 이 프로젝트를 승인할 겁니까?

이익 강조

사람들은 저마다 사리사욕에 따라 행동한다. 여러분이 제안한 대로 실행하면 생길 이익을 상기시킨다. 이익을 강조할 예를 소개한다.

▸ 이 대출 기준을 활용하면 대부 손실액이 15퍼센트가량 줄 것입니다. 이렇게 되면 회사의 이익을 유지하는 데 큰 도움이 됩니다. 새로 개척한 시장에서 빠르게 성장할 수 있겠지요. 결국 모두 빠르게 승진하고 계획보다 빨리 퇴직할 수 있는 새로운 기회가 열리는 겁니다.

▸ 여러분이 선택한 내용을 기반으로 주문할 것입니다. 여러분에게 필요한 장비로 새해를 시작하는 것입니다.

▸ 현장 실연은 우리가 정보 처리 과정에 어떤 도움을 줄 수 있는지 귀사의 관리팀이 직접 확인할 수 있는 좋은 기회입니다. 컴퓨터 비사용 시간을 줄이고 즉시 정보에 접근해, 목표를 확실히 정해놓고 마케팅을 할 수 있습니다. 여러분이 진짜 영웅이 되는 것입니다.

▸ 오늘 당장 프로젝트를 승인하면 다음 주부터 시작할 수 있습니다. 그러니 제때에 공사를 완료해서 10월 이전에 이전할 수 있습니다. 그러면 건설비용을 올 예산에 넣을 수 있습니다.

필요한 경우 다른 정보 포함

마무리하면서 세부 계획을 전달하거나 감사하다고 말하거나 질의응답 시간을 진행해야 하는 경우도 있다. 어찌 됐든지 간에 마무리가 필요 이상으로 길어지면 안 됨을 명심한다. 짧고 요점에서 벗어나지 않게 마무리하는 것이 길게 늘어지는 것보다 훨씬 효과적이다. 마무리에 포함시켜도 좋은 기타 요소를 소개한다.

▸ 주요 요점 요약

▸ 조언하기

▸ 청중이 생각하게 만드는 반문적인 질문 던지기

▸ 전달 내용을 강화하는 인용문 사용

▸ 발표에 대한 평가 듣기

▸ 질문 받기

▸ 청중이나 주최 측에 감사하기

마무리에 가장 적합한 구성 방법을 결정하고 전달할 정보를 정리하고 나면, 이제 가장 중요한 순서가 돌아온다. 발표자의 상세한 지식과 내용에 대한 욕심 때문에 전달할 내용이 아주 많아질 것이다. 청중을 중심에 둬야 한다는 점을 이 시점에서 다시 상기해야 한다. 이 점을 염두에 두고 지금까지 나온 내용을 수정해보자.

냉정하게 수정한다

발표자가 전달하려는 상세한 내용은 정작 청중보다 발표자 스스로에게 더 중요한 경우가 많다. 대체로 업무 관련 프레젠테이션은 냉정하게 수정해야만 향상될 수 있다. 다음 조언을 따라 본론 부분을 줄이고 군더더기 없이 다듬는다.

▸ 시간을 잰다. 생각보다 발표 시간이 길어질 것이다. 얼마나 더 길어지는지 확인해본다. 다음 방법을 활용해서 이 문제를 바로잡는다.

▸ 자신과 자신의 조직에 관한 정보를 제한한다. 배경, 철학, 과거에 거둔 성공, 현재 진행하는 프로젝트, 포부와 꿈 등은 '모두 발표자에 관한' 내용이다. 이런 내용이 아니라 청중에 관한 정보를 전달한다.

▸ 프레젠테이션 준비 과정을 소개할 필요가 없다. 준비 과정은 과거사다. 청중에게 현재 필요한 것은 발표할 내용을 듣는 것이다. 특히 여러분이 컨설턴트이고 수임료의 타당성을 주장하고 싶으면 접근법과 연구 내용 설명을 일정한 수준 이하로 제한한다. 모

든 결과를 보고하거나 조언하기 전에 청중이 알아야 하는 연구 방법만 간단히 설명할 수 있겠는가?

▸ 짧은 문장을 사용한다. 길고 복잡한 문장은 다시 길고 복잡한 다른 문장으로 설명하거나 명료하게 만들어야 한다.

▸ 부사와 형용사를 제한한다. 명사와 동사를 사용한다. 필요 없는 부사와 형용사를 다 삭제한다. '필요'한 부분을 결정할 때 냉정한 자세를 유지한다.

▸ 중복된 부분을 삭제한다. 말을 중복하게 되면 "우리는 기초적 기본 사항을 파악하고 다른 대안을 찾아 새로운 돌파구로 이끌어줄 자격을 갖춘 전문가가 필요합니다"처럼 같은 말을 장황하게 반복하게 된다. 또 같은 요점을 두 번 강조하는 것도 중복이다. 이유 없이 들어가는 사례, 유추, 일화, 농담도 쓸 데 없는 말이다.

▸ 교묘한 전환을 삭제한다. 교묘함에는 진심이 담겨 있지 않다. 프레젠테이션이 너무 부드럽게 흘러가면 청중은 잠에 빠진다. 필요하다면 아이디어를 연계하도록 전환한다. 잠시 말을 중지해서 발표의 각 부분을 분리하거나 중요한 점을 강조한다.

▸ 모호한 말을 삭제한다. 말을 모호하게 하면 자신감이 없어 보인다. 또 발표자가 전달하는 정보의 중요도를 경감시킨다. "혹시 그리 멀지 않은 미래에 여러분에게 시간이 생긴다면 부디 이미 계약한 제안을 생각해볼지 고려해주기를 바랍니다"라는 식의 말은 전혀 효과가 없다.

▸ 미리 발표를 녹음해본다. '잡음'이 들어가는지 들어본다. '아',

'음', '에', '좋아요' 등을 반복해서 말하는가? 필요도 없는데 '실제로', '기본적으로', '간단히' 라는 말을 하는가? 이런 말을 하는 대신에 차라리 잠시 말을 중지하는 게 낫다.

핵심 포인트

발표 내용을 준비하고 정리하는 방법은 상황에 따라 달라진다. 그러나 꼭 준비해야 할 사항도 있다. 다음 내용을 참고해 발표 내용을 정리하면 필수적인 사항을 다 포함시킬 수 있다.

▶▶ 명료하고 강력한 서론과 결론 : 서론은 청중의 주의를 집중시키고 더 들어야 하는 이유를 제공한다는 것을 명심한다. 결론에는 발표자가 요구한 사항을 청중이 실행하도록 이를 따랐을 때 얻을 이익을 강조하는 내용이 포함돼야 한다.

▶▶ 명백한 구조 : 구조는 내용의 특징을 잘 뒷받침해야 한다. 또 청중이 발표자의 사고 전개 과정이나 토론 내용을 따르기 쉬워야 한다. 프레젠테이션 내용이 길고 복잡하면 화제가 바뀔 때(전환)마다 분명히 알리는 게 좋다.

▶▶ 적당한 상세도 : 청중이 상세한 내용을 어느 정도나 필요로 하고 원하며 받아들일 수 있고 기억할 수 있는지 생각해본다. 그러고 나서 정보를 전달하고 토론을 전개할 최선책을 결정한다. 할당된 시간을 염두에 두고 돌발 상황에 대비해 여분의 시간을 배정한다.

▶▶ 행사 진행 내용 파악과 대처법 계획 : 여러분을 누가 소개할지 알아본다. 어떤 내용으로 소개할 것인가? 적당한 사람이 제대로 된 정보를 가지고 있는가? 청중에게 시간표, 부대시설, 휴식, 계획 변동 등을 알릴 담당자가 정해져 있는가?

질문에 대응할 계획을 세운다. 청중의 질문에 언제 어떻게 답할지 정하고, 발표를 시작하면서 이를 분명히 알려둔다. 중간에 계속 질의응답 시간을 넣는 방법은 프레젠테이션 시간이 길어야 효과가 높음을 명심한다.

▶ 판에 박힌 문구가 있는지 들어보고 삭제한다. '허가해주다(give the green light)', '엄밀한 검사(the acid test)', '일촉즉발(touch and go)', '말할 나위도 없이(needless to say)', '결국(at the end of the day)' 같은 진부한 표현을 다 뺀다.

다시 발표 소요시간을 재본다. 필요할 때까지 이 과정을 반복한다.

10장

효과적인 말
단어 선택 방법과 이유

명료한 말의 큰 적은 위선이다. 진짜 목표와 말하는 목표가 다르면 먹물을 내뿜는 오징어처럼 무의식적으로 긴 단어와 지루한 숙어를 남발하게 된다. **-조지 오웰**

청중은 대부분 진실되고 자연스럽게 말하는 발표자를 선호한다. 적절한 단어를 선택하면 진심이 담긴 대화체로 발표할 수 있다. 그러나 일부 발표자는 잘난 체하거나 거드름을 피우는 느낌이 드는 단어를 사용하는 버릇을 버리지 못한다. 브래드 마셜(Brad Marshall)의 경우를 참고해보자.

브래드 마셜, 수요일, 오전 9:40 음성 메시지에 남김

존, 안녕하십니까. 컴퍼니 비(Company Bee)의 브래드 마셜입니다. 약속한 대로 최신 정보를 알려드립니다. 희소식이에요! WA 2 GO 판매량이 목표치를 넘었습니다. 지난번에 수정한 수치마저 앞질렀답니다! 가능하면 빨리 존과 존의 부서원을 만나 아시아에서 자재를 보급하는 문제를 논의했으면 좋겠어요. 여러분의 도움이 필요합니다. 빠를수록 좋아요. 가능성이 엄청납니다! 시장 점유율에 쐐기를 박으려면 당장 조치를 취해야 합니다. 함께 엄청난 성과를 거둘 기가 막힌 기회입니다.

존, 전화해줘요. 메시지를 남겨줘요. 앞으로 두서너 시간 동안은 꼼짝 못하겠지만, 판매되는 물품의 구체적인 사항을 알리고 파이프라인에 대해 이야기하고 싶어요. 지난 1/4분기에 거둔 성과보다 훨씬 큰 수확을 올릴 기회가 몇 가지 있어요. 존의 부서는 그동안 뛰어난 기량을 발휘했잖아요. 우리가 협동하면 성공할 것이라고 완전히 확신합니다. 올 레디 데어(all-Ready There)사와 온 더 웨이(On the Way)사 사람들은 무슨 일이 벌어지고 있는지 상상도 못할 겁니다!

브래드 마셜, 수요일, 오전 10:40 프레젠테이션 진행

안녕하십니까. 어… 일정이 바쁜데도 오늘 이 자리에 참석해주셔서 감사합니다. 지난 분기에 WA 2 GO의 판매량을 확실히 올리겠다고 약속을 드렸습니다. 우리 회사가 시장 목표치를 넘어섰고 판매량으로 정한 목표는 물론, 가장 최근에 재평가를 해서 정립한 목표마저 넘어섰음을 알려드리게 돼서 기쁩니다. 사실 마진 목표 역시 넘겼으며, 이는 어… 대단히 만족스러운 결과입니다.

현재 우리는 생산 핵심 요소에 대해서 다른 부수적인 공급처를 찾는 것이 필수적이라고 생각합니다. 대단히 만족스러운 결과가 예상되기 때문에 투자 수익을 올릴 기회를, 어… 간과하면 안 됩니다.

우리는 여러분 회사 직원의 능력과 경험을 매우 높게 사며, 잘 조율된, 어… 공동 노력을 통해서 이 전략을 성공적으로 실행할 수 있다고 확신한다는 점을 다시 말씀드리고 싶습니다. 우리가 경쟁사에 효율적이고 전략적으로 대응해서 시장을 점유할 수 있다고 믿습니다. 이쯤에서 여러분의 질문과 평을 환영하겠습니다.

전화 메시지를 잘 남겼던 브래드 마셜이 발표장에서는 왜 이런 식으로 말한 것일까? 그는 많은 어휘를 사용할수록 깊은 인상을 줄 것이라는 속설의 희생양으로 전락했다. 브래드에게는 안타까운 일이지만 이는 사실이 아니다.

간단할수록 좋다

프레젠테이션 내용을 전달할 구체적인 아이디어와 개념을 설명할 때 타당한 이유가 있는 경우를 제외하고 가능하면 간결하고 중복이 덜 되는 문구를 골라서 사용해야 한다. 다시 말하면 위 사례의 마지막 문장처럼 길게 말하지 말고, '간단히 말하기' 바란다.

늘 간단한 말이 가장 좋은 말이다. 간단하고 직설적이고 대화체의 말을 선택하는 것이 최선책이다. 정확하거나 정밀하게 전달하기 위해 길고 추상적인 단어나 구가 꼭 필요하다면 사용해도 좋다. 그렇지만 대신할 짧은 단어나 구가 있으면 이를 사용한다. 다

표 10.1 적을수록 낫다

긴 형태	짧은 형태
일부 경우를 제외하고	보통
아주 여러 번	흔히/자주
짧은 시간 동안	잠시 동안
결론을 이끌어내다	결론짓다
주의를 돌리다	보다
~을 조건으로 하는	좌우되다
이 위치에서	여기
저 위치에서	저기
~한 사실 때문에	때문에
기회를 제공하다	허용하다/허락하다
~한 이유 때문에	때문에
~와 함께	~와
~이 없어서	~없이
~의 경우에	~하면
~이 발생하는 경우에	일어나면
흔히 ~의 경우이다	흔히
결론을 내리다	결정하다
만일 그렇다면/실제로 그런 경우라면	만일
~한 사실에도 불구하고	~이지만
~한 경우에	~하면
현재 시기에	지금
가까운 미래에	곧
~의 방향으로	~를 향해
~한 사실 때문에	때문에
작은 숫자의	조금
큰 숫자의	많은
~퍼센트의	약간
높은 퍼센트의	대부분
많은 경우에	대체로
대다수의 경우에	보통
~의 다음으로	후에
~에 앞서서	전에
신청을 제출하다	신청하다

표 10.2 화려함 또는 힘

화려한 말	힘이 있는 말
유기하다	끝나다, 떠나다
폐지하다	끝나다, 멈추다
유익한	좋은, 도움이 되는
상서로운	해롭지 않은
특징적인	대표적인
인식하고 있는	아는
공동으로 일하다	협력하다
착수하다	시작하다
요소	부분
보수	봉급
비밀로 하다	숨기다
~을 조건으로 하는	좌우되다
실제로 해보이다	보여주다
일탈시키다	바꾸다, 변경하다
불리한	나쁜, 해가 되는
중지하다	끝나다
솔직하지 않은	거짓의
명료하게 하다	설명하다
우연히 마주치다	만나다
시도하다	노력하다
마음에 그리다	생각하다
촉진시키다	능률적으로 하다
제작하다	만들다
변동하다	변경되다, 바꾸다
실행에 옮기다	시작하다
솔직 담백한	성실한
지적인	영리한
사려분별이 있는	현명한
구체화하다	나타나다
최대의	가장 많은
최소의	가장 적은
~에 앞서서	~전에
~에 준해서	~에 이어
~의 다음으로	후에
소용되게 하다	이용하다

음에 이어지는 몇 장에 나오는 내용은 발표자가 어휘를 선택하면서 일반적으로 저지르는 실수를 방지하는 데 도움이 될 것이다. 물론 다음 목록들이 종합적이지는 않지만, 더 자연스럽고 대화체를 사용하며 청중의 마음을 끄는 발표자가 될 수 있도록 '청각을 조율' 하는 데 도움이 될 것이다.

적을수록 낫다

간단한 말을 선택하는 것이 가장 좋은 방법이다. 말을 많이 한다고 해서 생각이 분명히 전달되지는 않는다. 긴 관용구라도 미묘한 의미 차이를 담고 있어 내용 전달에 꼭 필요하다면 사용해도 좋다. 그러나 그렇지 않다면 명료하고 간결한 짧은 말을 선택한다.

화려함 또는 힘?

'화려한' 단어라도 꼭 필요하고 미묘한 의미 차이를 담고 있다면 사용해도 좋다. 그러나 그저 감동을 주려고 이런 말을 사용하면 형식적이거나 거드름을 피우는 사람처럼 들리거나 오히려 악영향을 미칠 수도 있다는 점을 명심하기 바란다. 더 간단하고 힘이 있는 단어를 사용하는 것이 낫다.

중복

중복된 단어나 문구에는 단어가 필요 이상으로 많이 쓰인다. 중복은 강조나 보충에 효과적이긴 하다. 그러나 장황한 중복은 발표자가 미처 의식 못한 상태에서 새어나온다. 이렇게 되면 전달하려는 내용에 힘을 부여하기는커녕 각종 잡것을 섞어 더 약하게 만든다.

물론 미묘한 의미 차이를 덧붙이려고 일부러 중복해서 사용하기도 한다. 예를 들어 '근대 역사'와 '고대 역사'라는 말에는 구체성이 첨부돼 이해를 높여준다. '완전한 반대'와 '정반대'는 중복된 말이지만, 큰 차이라는 점을 강조하는 데 쓰이기도 한다. 그렇지만 '과거 역사'라는 말은 분명히 중복된 표현이다. 어차피 모든 역사는 과거의 일이기 때문이다. 따라서 늘 조심하기 바란다. '적을수록 낫다'는 말을 꼭 기억하자. 또 중복된 표현을 삼가고 필요할 때만 의도적으로 사용해야 한다.

판에 박힌 문구

클리셰(cliché)은 원래 효과적이고 생동감이 넘치는 문구였으나, 과다하게 사용해 진부하고 평범하게 돼버렸다. 판에 박힌 문구를 사용하는 버릇에 빠져들기가 쉽지만, 이를 과도하게 사용하면 프레젠테이션에서 신선함과 독창성과 활력이 사라진다. 판에 박힌 문구로 약한 논점을 보강하거나 나쁜 행동을 변명하려 들면, 교묘하게 들리거나 솔직하지 않게 들린다.

"떨어져 있으면 그리움이 더 커진다"는 말은 소중한 사람에게 신경을 쓰지 않는 경우에 적합한 변명이 아니다. '눈에서 멀어지면 마음에서 멀어진다'는 말은 상대를 잔인하게 괴롭히는 합당한 이유가 아니다.

판에 박힌 문구를 삼가고 전달하려는 화제에 정확히 들어맞을 때만 사용한다. 판에 박힌 문구 자체에 관심이 집중되면 안 된다.

판에 박힌 문구가 전달하려는 의미를 뒷받침하기도 한다. "정치는 낯선 사람도 동료로 만든다"와 오스카 와일드의 "진실은 절대 순수하지 않으며, 간단한 경우도 극히 드물다"는 말을 생각해보자. 때로 판에 박힌 문구를 약간만 바꾸어도 해학적인 암시가 나온다. 프레드 알렌이 한 "모방은 텔레비전의 가장 진정한 형태"라는 말은 약간 변화를 줘 재미있는 표현이 된 예다. 그러나 자신이 판에 박힌 문구를 아주 효과적으로 사용한다고 확신하더라도 다시 한 번 생각해보는 게 좋다.

수동태와 능동태

중학교 영어 선생님이 문장을 쓸 때마다 '나는(I)'을 너무 남발한다고 지적한 적이 있는가? 그런 경험이 있고 아직도 '나는'을 사용할지를 놓고 고민할 때마다 그 선생님의 목소리가 들리는가? 이런 사람들에게 다음 내용이 도움이 될 것이다.

업무 관련 프레젠테이션이나 전문적인 내용을 논의하는 자리에서 1인칭 대명사를 쓰는 게 적합하지 않다고 생각하는 사람이 있으나 그렇지 않다. 꼭 수동태를 사용해야 하는 경우가 아니라면 항상 능동태를 써야 한다. 어색하거나 상극인 문장을 말하는 것보다 1인칭 대명사를 쓰는 게 훨씬 더 효과적이다.

예를 들어, "나는 …를 발견했습니다"는 능동태다. "…가 밝혀졌

표 10.3 중복된 문구

중복된 문구	중복되지 않은 문구	중복된 문구	중복되지 않은 문구
완전히 완전한	완전한	공동 협력	협력
앞으로 나아가다	나아가다	새로운 돌파구	돌파구
무엇이든 모두	모두	새 혁신	혁신
대략적인 견적	견적	하나같이 동일한	동일한
질문을 물어보다	묻다	하나의 특정한 경우	한 경우
함께 모으다	모으다	하나의 특정한 예	한 예
기본적인 기초사항	기본사항, 기초사항	하나의 특정한 이유	한 이유
기본적인 근본사항	기본사항, 근본사항	유일한 단 한 개	유일한, 단 한 개
가까운 근접	가까운	중요 부분	부분
함께 합하다	합하다	부분적인 부문	부문
완전히 끝난	끝난	과거 경험	경험
완전히 반대	반대	과거 역사	역사
요소 부분	요소, 부분	시간의 기간	기간
함께 연결하다	연결하다, 결합하다	개인적인 친구	친구
의견의 일치	일치, 동의	개인적인 의견	의견
남은 상태를 지속하다	남다	앞서서 계획하다	계획하다
기여하는 요인	요인	미래에 대비해 계획하다	계획하다
함께 협력하다	협력하다	미리 계획하다	계획하다
완전한 반대	반대	다음까지 연기하다	연기하다
다른 대안	대안	자격이 있는 전문가	전문가
각자가 모두	각자, 모두	왜인 이유	이유
초반에 일찍	일찍	다시 되돌아가다	되돌아가다
마지막 결과	결과	과거를 돌아보다	돌아보다
전적으로 끝난	끝난	다시 반복하다	반족하다
정확히 똑같은	똑같은	뒤로 후퇴하다	후퇴하다
노련한 전문가	전문가	결과적인 영향	결과, 영향
수가 적은	적은	똑같이 정확한	같은
마지막 결론	결론	똑같이 동일한	같은
마지막 종결	종결	~인 것 같이 보이다	~처럼 보이다, ~인 것 같다
뒤를 따르다	따르다	다르고 별개의	다른, 별개의
빈틈없이 차다	가득하다	유일한 하나	유일, 하나
함께 결합하다	결합하다	작은 크기의	작은
공동 제휴	제휴	여전히 남다	남다
큰 크기의	큰	갑작스러운 놀라움	갑작스러움, 놀라움
그중 마지막	마지막 전체를 통해	시종일관 처음부터 끝까지	처음부터 끝까지
주요 본질	본질	진짜 사실	사실
아마도 ~할지 모른다	~할지 모른다	대답 없는 질문	질문
함께 섞다	섞다	해결되지 않은 문제	문제
더 선호하는	선호하는	아주 독특한	독특한

삼가야 할 판에 박힌 문구

내 돈 한 푼이 남의 돈 천 냥보다 값지다	수고가 없으면 이득도 없다
쓸데없이 참견하다	분별이 없는
현명한 사람에게는 한마디로 족하다	하찮은 것
엄격한 시련	호랑이가 굴에 들어가야 호랑이를 잡는다
완전히 무장한	아주 오래된
황홀한	위력이 있는 말을 하다
지문처럼 독특한	책임을 전가하다
고통을 꾹 참다	차근차근 진행하다
실패하다	위험한 짓을 하다
구두로	시적 감흥을 발휘
조심하다	연줄을 이용하다
미리 결정된	미루어놓다
철두철미한	성능 시험
결정적인 약점	진짜 역량 있는 사람을 가려내다
전철을 밟다	만날 기약이 없다
허가를 주다	서명 날인해 교부 필
직감이 생기다	소액, 하찮은 것
엄중한	철저히 고수하다
헛된 꿈을 품고	무모한 짓을 하다
좀더 생각하다	비밀로 하다
긁어 부스럼 내지 마라	전혀 다른 것 이야기하기
가능성을 열어두다	빙산의 일각
행운을 빌다	이것저것 모두
일석이조	모든 문제에는 양면이 있다
가장 쉬운 방법	늙으면 고집만 세진다
전부	일촉즉발
지루하고 고된 일	역행하다
요약해서 말하다	경망스럽게 굴다
말할 나위도 없이	호랑이가 없는 골에서는 토끼가 대장이다
미연에 방지하다	핵심이 무엇인가?
선행에는 대가가 따른다	노인에게는 새 방법을 못 가르친다
무소식이 희소식	모두 다 이길 수는 없다

습니다"고 말하는 것은 수동태다. 수동태는 행동하는 사람이나 사물보다 행동 자체가 더 중요할 때 사용하는 것이 좋다. 예를 들면 '합의에 다다랐다', '주요 변동이 발표됐다', '상이 수여됐다', '승진이 발표됐다', '경영혁신 전략이 시작됐다', '사업이 시작됐다' 등이다.

전문적이고 학구적인 발표자는 수동태를 남용하는 경향이 있다. 이들은 과학적 방법을 사용해 정밀하게 실험하다 보니 '사실 자체를 명백하게 보여주는 것'을 중요하게 생각한다. 당연히 이런 경우에는 개인 의견보다 자료와 논리와 정확성이 더 중요하다. 그러나 일반 청중 또는 사업계 청중은 연사가 수동태를 사용하면 자신감이나 확신이 부족하다고 받아들인다. 발표하면서 수동태를 남용하면 뜻이 모호해지며 책임을 받아들이거나 할당하기를 주저하게 된다. 사실 '수동적인'이라는 단어부터 중립 또는 확신 부족을 의미한다.

능동태나 수동태 가운데 적절한 형태를 고르는 일반적인 조언을 소개한다.

- ↠ 습관적으로 능동태를 사용하고, 필요할 때만 의도적으로 수동태를 선택한다.
- ↠ 1인칭 대명사(나, 우리, 우리를)를 사용하지 않으려고 수동태를 쓰면 안 된다.
- ↠ 행동을 한 사람보다 행동 자체가 더 중요할 때는 수동태를 쓰는 게 좋다.
- ↠ 책임져야 하는 상황을 피하려면 수동태를 쓰는 게 좋다.

표 10.4 능동태와 수동태

수동태	능동태
…가 잘 알려져 있다	나는 …를 안다, 우리는 …를 안다
…라고 보고돼 왔다	보고에 따르면
폭넓게 믿음을 받고 있다	많은 사람이 믿는다
고려될 가치가 있을 것이다	고려해보자
이 규칙은 12장에서 간략하게 다뤄진다	12장에서 이 규칙을 간략하게 다룬다
3단계에서 이 변화가 관찰되기 시작했다	이 변화는 3단계에서 시작됐다
1단계에 특별한 관심이 기울여져야 한다	1단계에 특별한 관심을 기울이자

표 10.4에 나오는 문구 사이의 차이점을 잘 살펴보자. 오른쪽
에 나온 문구가 더 힘이 있게 들린다는 점에 주목한다. 또 더 짧다
는 점에도 주의를 기울인다.

긍정문과 부정문

긍정문을 사용하는 버릇을 기른다. 긍정문은 자신감을 전달하
고 의욕을 고취한다.

불가능한 일이 아니라고 할 수 있는 일을 이야기한다. "그 상황
을 논할 수 없습니다"와 "그 상황에 대해 할 수 있는 말은 이것뿐입
니다"의 차이점을 잘 생각해보자.

긍정적인 단어를 사용한다. 어려운 사안을 '문제'라고 하는 대
신 '도전'이라고 표현하자.

부정문은 상황의 중대함, 위험도, 손실 가능성을 강조하고 싶을 때만 의도적으로 선택한다. "안전을 위해 좌석벨트를 매세요"와 "좌석벨트를 매지 않으면 비극을 피할 수 없습니다"의 차이점을 생각해본다.

감각을 결합한다

오감에 관여된 단어를 사용하면 청중의 참여도가 높아진다. 표 10.5에서 왼쪽에 나온 단어와 오른쪽에 나온 단어를 읽을 때 기분이 각각 어떻게 달라지는지를 잘 생각해본다.

표 10.5 감각 결합

고려	천둥번개
대안	사포
학회	낄낄거리는 웃음
효율성	라즈베리
운영	폭발
가능성	다이아몬드
자원	땀
평가	별빛
패러다임	초콜릿
능력	아장아장 걷는 아이
전략	횃불
단점	벨벳
조직	에스프레소
중요성	상

표 10.6 감정 자극

개념화하다	기다리다
대안	조심하다
인내하다	위험에서 급히 도망가다
소용되게 하다	고르다
이행하다	정지
우선순위를 매기다	위험
개선하다	끝까지 싸우다
전략을 짜다	알려주다
숙고하다	서두르다
강하게 하다	뛰어오르다
발달시키다	받아들이다
악화시키다	염려하지 마
경쟁적인	빨리 가다
예증하다	나쁜

이제 표 10.6의 왼쪽에 나온 단어와 오른쪽에 나온 단어에서 전해지는 감정이나 긴박감을 비교해서 생각해보자.

포괄 용어

포괄(차별이 없고 배타적이지 않은 말) 용어는 사람을 성, 결혼 여부, 인종, 장애, 연령에 따라 선입관을 가지고 잘못 평가하는 실수를 없애준다.

영어로 말하거나 글을 쓸 때 성이 포함된 언어를 사용하면 인간을 뜻하는 'man'이라는 단어를 사용하는 전통(그리고 일반적으로 받아들여지는 관습) 때문에 문제가 발생할 가능성이 있다. 이런 전통 때문에 불특정한 성을 거론하면서도 대체로 'he', 'him', 'his'를 사용한다. 또 'fireman(소방관)', 'mailman(집배원)', 'chair-man(의장)' 처럼 전통적으로 남성의 직업을 표현하는 데 사용된 용어 때문에 문제가 되기도 한다.

영어에서 늘 성별이 완전히 배제된 단어를 사용하기는 어렵다. 영어는 전통적으로 특정한 성별을 거론하지 않을 때 'he'를 사용했는데, 이는 부정확하게 남성만을 암시하는 결과가 나온다. 발표자가 'he'와 'she'를 번갈아가면서 사용하는 것을 좋아하는 청중도 있겠지만, 자칫하면 이는 너무 의도적이고 정치 성향을 띤 것으로 받아들여질 수 있다. 어쨌든 'he'나 'she'를 반복해서 사용하는 것은 어색하다. 그러니 다른 방법을 몇 가지 감안해보자. 다음 문장을 예로 사용한다.

> 각 조합원은 매달 말일까지 그/그녀의 회수금액을 결정해야 합니다 (Each associate must elect his or her withdrawal amount by the end of the month).

위 예에 나온 어색한 대명사(그/그녀의)를 사용하지 않을 방법을 소개한다.

▶▶ 대명사 대신에 관사(a withdrawal money)를 사용한다(각 조합원은 매달 말일까지 회수금액을 결정해야 합니다).

▸ 단수 명사(Each associate)를 복수 명사(All associates)로 바꾼다.

▸ 3인칭 대신(Each associate)에 2인칭(You)을 사용한다(여러분은 매 달 말일까지 회수금액을 결정해야 합니다).

때로 'man'을 'person'으로 바꾸기만 해도 효과가 있지만, 이 방법이 항상 적용되지는 않는다. 'personkind(원래 mankind, 인류−옮긴이)'나 'personhunt(원래 manhunt, 범인 수색−옮긴이)'라는 말은 어색하다. 'personpower(원래 manpower, 인력−옮긴이)'라는 말은 우스꽝스럽게 들린다. 여러분이라면 이런 단어를 사용하고 싶겠는가? 'personhole cover(원래 manhole cover, 맨홀 뚜껑−옮긴이)'는 어떤가? 또는, 'person handle(원래 manhandle, 인력으로 움직이다−옮긴이)'이라는 말은 어떤가? 최근에 성 중립적인 용어가 많이 나와 남성에 국한된 단어를 대체하고 있다. 흔한 예로 'fireman' 대신에 'fire fighter', 'mailman' 대신에 'mail carrier', 'stewardess'나 'steward' 대신에 'flight attendant', 'newsman' 대신에 'reporter'를 쓴다.

전 사회적으로 중립적인 용어를 사용하는 분위기가 확산되는 상황에서 최근 몇 년 동안 과도기적 현상으로 두 표현이 함께 쓰이고 있다. 따라서 발표자가 성 중립적인 용어를 정확히 구사하지 않더라도 청중 대부분이 이를 받아들일 것이다. 그러나 일반적으로 많은 사람이 민감하게 받아들이는 단어들은 주의해서 사용해야 한다. 표 10.7은 남성에 국한된 단어를 성 중립적인 용어로 바꿔서 사용하는 방법을 몇 가지 보여준다.

표 10.7 성 중립적인 단어

남성 중심	성 중립
businessman(사업가)	business person, manager, entre-preneur, executive
chairman(회장)	chairperson, chair
foreman(주임)	supervisor, team leader
man-hours(노동 시간)	staff hours
repairman(수리공)	service technician
salesman, saleslady(영업사원)	salesperson
spokesman(대변인)	spokesperson
waiter, waitress(웨이터, 웨이트리스)	food server
watchman(경비원)	security guard
workman(노동자)	worker

설득력이 있는 말

몇 년 전 예일대학이 실시한 연구 결과 영어에서 가장 설득력이 있는 단어로 다음 10개가 선정됐다(가장 설득력 있는 순으로 게재).

▶▶ save(절약하다)

▶▶ safety(안전)

▶▶ new(새로운)

▶▶ love(사랑)

▶▶ results(결과)

▶▶ discovery(발견)

▸ easy(쉬운)

▸ proven(증명된)

▸ health(건강)

▸ guarantee(보증)

　종류를 막론하고 거의 모든 광고에 이런 단어들이 포함돼 있다. 세탁용 세제 상자에는 이 단어들이 거의 다 들어 있다. 여러분 생각은 어떤가? 어떤 단어가 여러분에게 가장 설득력이 있게 들리는가? 건강에 특별히 신경 쓰는 사람에게는 '건강', '안전'이 가장 효과적인 단어일 것이다. 제품 또는 서비스가 자신에게 잘 맞는다는 확실한 증거를 보고 싶은 사람에게 '보증', '증명된'이 가장 편하게 느껴지는 반면에, '결과', '절약하다'는 단어는 피상적으로 들릴 것이다. 한편 위에 나온 단어는 너무 자주 사용돼서 본래의 힘을 상실하고 있다. 따라서 이 단어들이 성공을 보장하지 못하며, 더 중요한 것은 논쟁이나 주장을 탄탄한 증거로 뒷받침하는 잘 정리된 메시지라는 점을 명심하기 바란다.

은어와 전문어

　모든 분야와 업계와 직업에는 자체 은어가 있다. 이는 해당 전문 분야 종사자들이 이해하는 말이다. 은어와 전문어(특정 전문 분야에 속하지 않은 사람에게는 아무 의미도 없는 말)는 관련자들의 의욕을 고취한다. 은어와 전문어는 조직 내 의사소통을 능률적으로 만든다. 모든 조직원이 이 은어와 전문어를 이해하면 신뢰감이 형성되고 단결심이 고양된다.

지식이 계속 증가하면서 더 많은 전문 분야가 등장하며 이에 따라 은어와 전문어도 늘어나고 있다. 이 가운데 관련 분야(와 회사)의 전문가들 사이에 공동 작업이 늘어나면서, 은어와 전문어 때문에 의사소통이 제대로 되지 않아서 각종 위험이 발생하고 있다. 또 은어와 전문어가 효과가 있어서라기보다 그저 깊은 인상을 주려고 사용하는 경우도 있다.

은어를 사용하면 의미를 모르는 사람에게 혼동을 주게 된다. 은어가 정보의 흐름을 촉진하는 게 아니라 막는 결과가 초래되는 것이다. 은어는 청중 사이를 분리하고, 혼란과 짜증을 유발할 가능성이 있다. 따라서 청중이 평소에 해당 은어를 사용한다는 확신이 들지 않거든 아예 안 쓰는 게 좋다. 꼭 사용해야 하는 경우라면 의미를 분명히 알린다.

청중에게 낯선 전문 용어를 사용할 계획이라면 정의를 내릴 방법을 미리 생각해놓는다. 정의 자체에 청중이 모를 용어가 들어간다면 문제를 악화시키는 셈이다. 용어의 뜻을 설명하거나 사용하는 게 효과가 있을지 확실하지 않으면 프레젠테이션 전에 청중 한두 명에게 시험해본다. 용어의 뜻을 아무리 명확히 설명하더라도 여전히 혼동하는 사람이 있음에 유념한다.

이는 전 미국 국방부장관 도널드 럼스펠드가 중동 지역 상황을 놓고 언론사를 대상으로 브리핑한 사례에서 명확히 드러난다. 그는 "이 점은 알려진 사항이 없다는 것을 보여줍니다. 즉 우리가 알고 있다는 사실을 아는 사항이 있습니다. 또 알려지지 않은 점이 알려진 것도 있습니다. 즉 현재 우리가 모른다는 것을 아는 사항이 있다는 말입니다. 그러나 알려지지 않은 것조차 알려지지 않은 사항도 있습니다. 즉 우리가 모르는 사항이 있음을 모르는 사항이 있다는 말입니다. 그리고 매년 우리는 알려지지 않았다는 사실조차 알려지지 않은 사항 중 몇 가지를 발견합니다"라고 모호하게 말해서 사람들의 혼란을 가중시켰다.

마지막으로, 용어의 뜻을 설명할 때 목소리 톤에 신경 쓴다. 청중에게 실제적인 어조로 설명하면 오만한 느낌이 들지 않는다. 그 대신에 발표자의 목표가 청중에게 좋은 인상을 주거나 사실을 은폐하려는 게 아니라 진정으로 이해시키는 것임을 보여준다. 이는 청중이 발표자를 신뢰하게 만든다.

정확한 단어 선택

잘못된 단어를 사용하는 것은 창피한 일이다. 발표자에게 "이런 의미였나요? 아니면 그런 의미였나요?"라는 질문을 받는 것은 더 창피한 일이다. 그러나 정작 더 큰 문제는 잘못된 말을 사용했는데도 청중석에서 반론이 제기되지 않거나, 발표자가 전하려는 뜻이 제대로 이해되지 않거나, 청중이 발표자가 뜻하는 바를 이해하지 못하고(또는 발표자의 의도를 오해한 상태에서) 자리를 뜨면서 시작된다.

핵심 포인트

명확하게 전달하지 않으면 청중이 가장 중요한 메시지를 놓치거나 오해할 수 있다. 발표를 잘하려면 적절한 시기에 적절한 단어를 선택하는 것이 결정적으로 중요하다. 따라서 다음 규칙을 지키면 유용할 것이다.

간단히 말한다. 짧고 힘이 있는 단어와 구와 문장이 늘 최고의 효과를 발휘한다. 메시지를 짧고 힘 있게 만들려면 중복을 피한다.

판에 박힌 문구 사용을 삼가고, 화제에 정확히 들어맞을 때만 쓴다.

수동태보다 능동태를 쓰는 버릇을 들인다. 수동태는 의도적으로 선택했을 때만 사용한다. 수동태를 남용하면 뜻이 모호해지며 청중이 책임을 받아들이거나 할당하기를 주저하게 된다.

부정문보다 긍정문을 사용하는 습관을 들인다. 긍정문을 쓰면 자신 있게 전달할 수 있으며 의욕을 북돋아준다. 부정문은 상황의 중대함, 위험도, 손실 가능성을 강조하고 싶을 때만 의도적으로 선택한다.

오감에 관여된 단어를 사용하면 청중의 참여도가 높아진다. 짧고 힘찬 동사를 사용하면 긴급감이 생긴다.

성, 혼인, 인종, 장애, 연령에 따라 선입관을 가지고 사람을 평가한다는 인상을 주지 않으려면 포괄 언어를 사용한다.

청중이 쉽게 이해할 수 있는 단어와 구와 약어와 업계 용어를 사용한다. 전문어를 사용해야 한다면 꼭 뜻을 명확히 설명해야 한다. 청중의 구성이 다양할 때 특히 이 점을 염두에 둬야 하다.

잡담 수준을 뛰어넘어
의미 있고 인상적으로

인간 정신에 관한 내 이론은 다음과 같다. 뇌는 컴퓨터와 아주 비슷하다. 수많은 정보를 저장하다가 과부화가 걸려 결국 폭발할 것이다.
― 에마 봄베크

지난 주말을 회상해보자. 시간대별로 한 일을 구체적으로 떠올리자면 많은 노력이 필요할 것이다. 시간대별로 다른 사람과 나눈 대화(이야기를 한 모든 사람과 정확한 내용)가 모두 바로 기억나는가? 그렇지 않을 것이다. 이번에는 주말 동안 접했던 상업 광고를 떠올려보자. 텔레비전 광고, 라디오 광고, 전광판, 식품이나 미용 제품 포장지에 쓰인 글 가운데 기억나는 게 있는가? 보통 사람이라면 거의 기억하지 못할 것이다. 여러분이 의도하지 않더라도 인간의 정신은 신경계가 전달하는 정보 대부분을 걸러내게 돼 있다.

여기에는 긍정적인 면과 부정적인 면이 있다. 긍정적인 면은 이 여과작업이 일반적이고 건강한 과정이라는 점이다. 부정적인 면은 여러분의 말을 듣는 상대방에게도 이런 여과장치가 있다는 점이다. 청중은 듣고 본 정보를 대부분 걸러낸다. 이들은 여러분이 전달한 정보에도 역시 동일한 과정을 적용할 것이다.

다른 사람과 대화해야 하는 직업이라면 이 점을 꼭 이해해야 한다. 팀장이나 관리자나 영업사원이나 교사나 조언가, 다시 말해 말을 하는 직업인 사람의 성공 여부는 순전히 다른 사람과 의사소통하는 능력에 달려 있다. 그리고 상대방(외부 정보를 걸러내는 여과 장치가 있는)이 여러분의 아이디어를 듣고 이해하며 기억하게 하는 방식으로 의사소통해야 한다.

여과장치 덕에 집중하게 된다

그렇다면 사람은 왜 정보를 걸러내는가? 우리가 정보를 걸러내는 이유는 진짜로 중요한 부분에 집중하기 위해서다. 이렇게 걸러내는 과정을 거치지 않으면 수없이 밀려드는 정보와 감각에 압도당할 것이다. 배경 소음, 옆 사람들의 대화, 빛, 색, 심지어 옷 때문에 피부에 느껴지는 압박감에 이르기까지 수많은 외부 자극으로 끊임없이 방해받을 것이다. 설사 평범한 사항을 모두 무시하고 오직 사실과 통계와 '지적 자료'만을 마음속에 간직할 수 있더라도 역시 어려움이 남을 것이다.

초인적인 기억력을 지녀 방대한 양의 내용과 통계 자료를 외워서 기억해내는 사람들이 있는데, 이들은 대체로 추상적인 사고를 못한다. 정보를 구별하고 진짜 중요한 내용에 집중하는 능력이 없는 사람은 주변 상황을 이해하지 못한다. 또 이들은 목표를 설정하거나 달성하는 데 정보를 사용하지도 못한다.

여러분이 말을 한다고 해서 모든 청중이 이를 듣거나 집중하지는 않는다. 설사 여러분의 말을 듣고 집중하더라도 완전히 이해하지 못하며, 들은 내용 중 대부분을 기억하지 못한다. 사람들은 여러분이 말한 내용 중 대부분을 잠깐 생각하다가 곧 잊어버린다.

여과장치 통과하기

이제 발표를 듣는 청중은 여러분이 전달하는 정보를 계속 걸러낼 것임을 알게 됐을 것이다. 이런 정보가 여과장치를 통과할 수 있게 하려면 어떻게 해야 하는가? 정보가 청중의 의식 속으로 들어가게 하려면 어떻게 해야 하는가? 잠깐 생각했다가 잊어버리는 것이 아니라 진짜 '마음으로 받아들이게' 하려면 정보에 어떤 특성을 담아야 하는가? 장기적으로 기억되는 정보는 대체로 두 가지 특성 중 하나(또는 둘 다)를 지닌다. 첫째로 친숙해야 하고, 둘째로 감정을 자극해야 한다.

친숙한 정보
인간의 뇌는 연계를 통해서 작동한다. 즉 주기억장치와 보조 기억장치에 정보가 겹쳐서 저장되는 것이다. 청중은 친숙한 정보가 나오면 이미 알고 있는 내용과 연계하여 인식한다. 쉽게 이해하기 위해 각 정보의 조각이 사람이라고 치자. 인간이 다른 사람과 맺는 관계는 아주 다양하다. 우리는 핵가족(부모, 자녀, 형제자매)의 구성원이다. 또 가까운 친척(조부모, 손자, 숙모, 삼촌, 사촌)이 있다. 먼 사촌도 있다. 이밖에 친구, 동료, 고용인, 고용주도 있다. 조금 아는 사람도 있고 아예 모르는 사람도 있다.

뇌는 들어오는 정보를 평가한 뒤 알맞은 '저장 장소'를 찾는다. 뇌는 이 새 정보를 완전히 상관 없는 장소가 아니라, 이의 '친척과 친구'가 저장된 곳에 함께 배치해둔다. 우리는 '~와 아주 비슷하다'라거나 '~를 상기시킨다'라는 말을 자주 한다. 이는 인간의 정신이 유사성과 연계성을 찾는 경향이 있다는 점을 보여준다. 시인 로버트 프로스트가 말했듯이 '모든 생각은 연상의 결과'로 일어난다.

감정을 자극하는 정보

감정을 자극하는 정보라고 해서 꼭 극적인 내용일 필요는 없다. 그러나 천성적으로 인간은 기쁨을 느끼고 고통을 피할 기회를 추구한다. 인간은 본래 보상받을 기회를 최대로 늘리고 마음이 불편해질 확률을 최소로 줄이도록 돼 있다. 이 때문에 인간은 특정한 주파수(감각적인 것, 극적인 것, 다른 사람에 의한 감정 표출)에 귀를 기울이게 된다.

여러 사람 앞에서 발표할 때 친숙함과 감정의 힘을 이용하는 방법을 소개한다. 이 방법을 사용하면 여러분의 정보가 청중의 마음과 정신에 깊이 박히게 할 수 있다. 또 사람의 마음을 끄는 발표자가 될 것이며, 전달한 정보를 이해하고 기억하는 청중의 능력을 높여줄 수 있다. 청중은 더 즐겁게 프레젠테이션에 참여하게 될 것이다. 여러분도 발표하면서 더 많은 재미를 느끼게 될 것이다.

반복

반복은 장기적으로 기억하게 하는 두 요소 가운데 하나인 '친숙함'의 힘을 이용하는 데 가장 수월한 방법이다. 반복은 정보를 강화하고 발표자가 말한 내용을 청중이 기억할 가능성을 높이는 데 효과가 아주 큰 방법이다.

새로운 내용을 처음 들을 때는 낯설기 마련이다. 그러나 두 번째에는 '친숙하게 들릴' 것이다. 세 번째로 들을 때는 만족스럽게 '그래, 아는 내용이야'라고 생각하며 이를 환영하게 된다. 네 번째로 들으면 '다시 말하는 걸 보니 중요한 내용인가봐' 같은 반응이 나온다.

그럼 이 점을 생각해보자. 모든 사람이 순간마다 주의를 기울여 듣지는 않는다. 몇몇 사람은 정보 가운데 일부를 놓칠 가능성이 높다. 어쩌면 두 번째도 듣지 못하고 지나갈 것이다. 한편 많은 발표자가 정보를 반복하거나 재검토하는 것을 꺼리는 이유는 청중이 지루해 하거나 조급해 할까봐 걱정되기 때문이다. 또 시간이 걸리기 때문에 반복이나 재검토를 안 하려는 발표자도 있을 것이다.

반복이나 재검토를 안 하면, 이 시간에 더 많은 정보나 상세한 내용을 전달할 수 있다. 그러나 발표가 끝난 뒤 청중이 가장 중요한 요점을 기억한 채 돌아가게 만들고 싶으면 상세 정보를 줄이고 차라리 요점을 적어도 세 번 이상 반복하는 게 낫다.

어떤 방법으로 세 번 반복할 것인가? 전형적인 방법은 서론이나 내용을 예고하는 시간에 요점을 전달하고, 프레젠테이션 본론에서 다시 설명한 뒤, 재검토 또는 결론에서 한 번 더 이야기하는 것이다. 그러나 이밖에도 친숙한 내용을 기억하는 인간의 경향을 이용해 반복하는 방법이 많이 있다. 같은 내용을 다양한 방식으로 이야기하는 것도 메시지를 강화하는 훌륭한 방법이다.

전환 단계

전환은 프레젠테이션의 한 부분에서 다음 부분으로 넘어가는 것을 말한다. 대체로 발표자는 전환 단계가 유용하고 중요함을 알고 있지만 그 이유를 확실히 모른다. 전환 단계가 중요한 이유와 효과적인 활용 방법을 자세히 살펴보자.

장거리 여행에서 만나는 이정표와 마찬가지로 전환 단계는 발표자의 여정을 확인해준다. 이정표는 얼마나 왔고 앞으로 얼마나 가야 하는지 보여준다. 그리고 운전자가 아는 내용을 공유하게 해준다. 또 자동차 뒷자리에 앉은 어린이가 던지는 "여기가 어디예요? 왜 이 길로 가는 거예요? 도착하려면 얼마나 더 가야 해요?"

표 11.1 전환

전환 내용	예
지금까지 설명한 내용 이를 설명한 이유	"자, 이제 흙을 준비하는 방법을 알았을 겁니다." "다시 말하지만 흙을 잘 준비하는 게 중요합니다. 식물을 튼튼하고 건강하게 해주니까요."
다음에 다룰 내용	"지금부터 묘목을 준비한 흙에 옮겨 심는 방법을 알아봅시다.
이를 다루는 이유	"제대로 옮겨 심으려면 다음에 설명할 세 방법을 따라야 합니다. 이렇게 하면 묘목이 아주 무성하게 자랄 겁니다."
설명한 두 요점의 연관성	"다시 강조하지만 항상 이 점을 염두에 두세요. 묘목의 종류에 따라서 흙을 준비하는 방법이 달라집니다."
두 요점과 전체 내용의 연관성	"정원 관리의 모든 면에서 그렇듯이 이 단계에서 핵심은 인내심을 갖는 것입니다. 계획, 준비, 식물, 인내를 명심하세요. 나머지는 자연의 섭리에 맡기면 됩니다."

등의 질문에 답을 준다.

표 11.1은 전환 단계를 통해서 청중에게 정보를 알려주는 여섯 가지 방법을 담고 있다. 정원관리를 주제로 한 프레젠테이션을 예로 들었다.

전환 단계는 발표의 여러 요소의 연관성을 강조한다. 이는 여러 요소가 결합되어 '전체상'을 만드는 과정을 청중이 쉽게 이해하도록 돕는다. 전환할 때 앞에서 설명한 내용을 간략하게 요약함으로써 처음에 약속했던 내용을 다 전달했음을 보여준다.

한편 전환 횟수를 제한하는 게 좋다. 전환 단계를 너무 많이 거치면 장황하거나 아는 척하는 것처럼 여겨진다. 그리고 청중에게 맞는 전환 형태를 활용한다. 전환 시점을 결정하는 데 도움이 될 조언을 소개한다.

전환은 긴 프레젠테이션에서 효과적이다

나는 로스앤젤레스에서 샌프란시스코까지 비행기를 타고 가는 50분 동안에는 언제쯤 샌루이스오비스포(San Luis Obispo)를 지나는지가 전혀 궁금하지 않을 것이다. 그러나 로스앤젤레스에서 뉴욕까지 다섯 시간 동안 비행했을 때 기장이 캔자스 주의 가든 시티(Garden City) 상공이라고 방송하자 기내지에서 항공지도를 펼쳐 위치를 확인했다. 당시 비행기의 위치와 목적지까지 남은 거리를 정확하게 확인하고 싶었던 것이다.

긴 중지도 좋은 전환법이다

그저 침묵을 막으려는 용도로 전환을 사용하면 안 된다. 휴지기(말을 중지)가 없는 프레젠테이션은 구두점(쉼표, 마침표 등)이 하나도 없는 문단이나 마찬가지다. 구두점이 없는 문단을 읽기가 힘든 것처럼, 휴지기가 없는 프레젠테이션을 듣기는 어렵다. 청중이 내용을 이해하거나, 중요도를 배분하거나, 지적 또는 감정적으로 반응하기가 힘들어진다. 따라서 말을 중지하는 것도 훌륭한 전환 방법이다.

전환 시점에 짧게 질의응답 시간을 둔다

일정한 시간 간격을 두고 질의응답 시간을 되풀이하면 정보를 덧붙이거나 명료하게 설명할 수 있다. 이는 청중이 정보를 더 잘 이해하도록 도우며, 특히 기술과 학문과 교육 분야 프레젠테이션에서 유용하다. 분석적인 경향이 아주 강한 청중은 일부 내용이 명료하지 않은 상태에서 발표자가 화제를 바꾸면 여기에 계속 신경이 쓰여서 집중하지 못한다.

간헐적으로 질의응답 시간을 두면 이런 청중이 신경 쓰이는 내용을 명료하게 정리할 기회가 된다. 또 발표자는 들어온 질문을 분석해서 청중의 관심사를 더 잘 파악할 수 있다. 따라서 전달할 정보를 청중의 요구나 수준에 맞춰서 조정할 수 있다. 마지막으로 질의응답 시간은 기분 전환에도 좋다.

비교

비교는 청중이 각종 수치와 통계 자료를 이해하고 평가하는 데 큰 도움이 된다. 비교는 수치와 통계 자료에 현실감을 부여한다. 알래스카 인구의 통계 자료를 전달하는 두 가지 방법 가운데 어느 쪽이 더 와닿는지 생각해보자.

1. 알래스카의 면적은 57만 제곱마일에 달한다. 주민은 약 62만 5,000명이다.
2. 알래스카의 면적은 57만 제곱마일에 달한다. 이는 미시시피 강

동쪽의 26개 주를 합한 것과 같은 크기다. 알래스카 주민은 단지 약 62만 5,000명으로, 위스콘신 주 밀워키 인구와 거의 같다.

유추와 은유

우리가 흔히 사용하는 '~와 아주 비슷하다' 나 '~를 상기시킨다' 는 말은 인간의 정신이 유사성과 연계성을 찾는 경향이 있음을 보여준다. 인간의 이런 경향을 유추와 은유를 통해서 이용할 수 있다. 유추와 은유는 알려진 내용을 이용해서 이해력을 높이며 따라서 정보를 기억하기가 더 쉬워진다. 또 유추와 은유를 잘 선택해서 사용하면 청중이 발표의 요점을 제3자에게 설명하기가 쉬워진다.

유추와 은유의 차이점

유추는 두 사물 사이의 유사점을 한(또는 여러) 방법으로 보여주는 비교법이다. 예를 들어 뇌를 컴퓨터에, 심장을 펌프에 비교할 수 있으며, 이 경우 유추는 두 사물이 여러 면에서 서로 유사함을 보여준다. 한편 유추는 두 사물에 한 가지 공통점이 있으면 다른 면에도 유사점이 있다고 추론하는 식으로도 사용된다.

은유는 사실상 다른 두 사물 사이의 유사점을 보여주는 수사적 표현이다. 은유법의 예로 '인생은 여행이다' 와 '사랑은 투쟁의 장이다' 를 들 수 있다(직유법도 유사점을 보여주지만, 은유법보다 더 직접적으로 표현한다. 대체로 직유법에는 '~처럼(like)' 이나 '~와 같이(as)' 가 쓰인다. 예: '사랑에 빠지는 것은 전쟁터에 나가는 것과 같다').

비교, 유추, 은유, 직유 사이에는 겹치는 부분이 있다. 어쨌든 핵심은 이런 기법을 사용하면 발표 내용을 이해하기 쉽고 잘 기억하게 만들 수 있다는 점이다.

형태, 기능, 감정

대체로 유추, 은유, 직유는 형태나 기능이나 감정의 유사점을 강조한다. 각 유사점의 예를 아주 간단하게 소개한다.

- ▸ **형태** : 공급망
- ▸ **기능** : 기업 정보 누설자
- ▸ **감정** : 발표장의 분위기를 깨뜨릴 발언

유추, 은유, 직유는 복잡한 내용 설명에 유용

유추, 은유, 직유를 사용하면 전문적이거나 이론적인 복잡한 정보를 청중이 이해하기 쉽게 전달하는 데 아주 효과적이다. 이 중에서 유추가 특히 효과적이다. 청중의 현재 지식이나 이해력을 이용하려면 개념을 설명하거나 예증할 때 유추를 사용해보자. 유추는 개념을 빠르고 심도 깊게 이해하도록 돕는다. 유추는 사람들에게 친숙한 내용으로 시작하기 때문에 청중이 새 정보를 편하게 받아들이게 만든다.

기술업체들이 흔히 사용하는 '첫 번째 쥐-두 번째 쥐(first mouse-second mouse)' 유추를 예로 들어보자. '첫 번째 쥐'는 치즈를 잡으려다가 머리가 쥐덫에 걸린다. '두 번째 쥐'는 쥐덫이 작동하자 멈췄다가 나중에 치즈를 차지한다. 이 유추에서 말하려는 점은 기업에서 새로운 기술을 발명한 직원(열심히 일하며 아이디어를 현실로 만드는 사람)은 정작 가장 큰 보상을 받지 못한다는 것이다. 이 발명가는 '첫 번째 쥐'와 비교된다. 반면에 엔지니어링 팀과 마케팅 팀은 발명가의 실수를 참고해서 발명품을 개선하여 시장에 출시해 성공한다. 이들이 바로 '두 번째 쥐'다.

새로운 유추, 은유, 직유가 가장 효과적이다

상투적인 문구를 사용하지 말자. 형태와 기능과 감정 면에서 서로 다른 두 사물 사이에서 예상치 못했던 유사성을 발견해 새로운 표현을 만들어보자. 새로운 유추나 직유가 효과를 발휘하려면 그렇게 비교한 이유를 간략히 설명해야 한다. 발표자가 두 사물이 비슷하다고 믿게 된 이유와 경위를 청중에게 알려주는 것이다. 엘리자베스 퀴블러로스(Elizabeth Kubler-Ross)가 만들어서 사용한 직유법을 살펴보자. "사람은 스테인드글라스 같다. 해가 비칠 때는 반짝이고 빛이 나지만 어둠이 내려앉으면 사라진다. 이들의 진정한 아름다움은 밖에서 빛이 비춰져야만 드러난다."

퀴블러로스는 몇 가지 기법을 사용하고 있다. 일단 '사람은 스테인드글라스 같다'에 직유법을 썼다. 이밖에 '어둠'으로 역경과 낙담을, '빛'으로 인내와 낙관주의와 같은 품성의 힘을 의미하고 있다. 청중이 이런 점을 이해해야 한다. 그리고 퀴블러로스가 결정적인 내용을 유추로 설명해놨기 때문에, 문장에 직접 표현되지 않은 비교를 통해 전체 내용을 파악하는 것은 청중 개인의 몫이다.

천체 물리학자이자 퓰리처상을 받은 작가 칼 세이건(Carl Sagon)은 과학적·전문적인 정보를 일반인이 쉽게 이해하도록 설명하는 데 전문가였다. 그는 '수십억만(billions and billions)'이라는 개념이 감을 잡기 힘들다는 점을 알았기에 이를 쉽게 설명할 방법을 찾았다. 다음은 그가 무한한 시간을 설명하고 예증한 내용이다.

"150만 년 동안 이어진 우주의 생애를… 단 1년이라는 기간으로 압축해서 상상해보세요… 이 우주의 시간으로 따지면 성간물질(interstellar matter, 별과 별 사이에 존재하는 모든 물질—옮긴이)이 응축돼 지구가 탄생한 시기는 놀랍게도 9월 초 이후였답니다. 그리고 공룡은 크리스마스이브에 나타납니다. 꽃은 12월 28일에 피어나지요. 인간은 새해 전야 10시 30분에 등장합니다. 중세의 쇠퇴기부터 현대까지의 시간을 따지면 1초를 약간 넘을 뿐입니다."

오루크(P. J. O'Rourke)는 〈월간 애틀랜틱(Atlantic Monthly)〉에 기고한 글에서, 이스라엘의 크기와 전경을 대서양 중부의 일부 국가에 비교해서 설명한다.

"이스라엘은 미국 뉴저지 주보다 약간 작다. 모세는 이스라엘의 여러 부족을 콜롬비아 지구 밖으로 인도했다. 이들은 미국으로 따지면 아나폴리스 근처의 체사피크 만에서 헤어져 40년 동안 델라웨어에서 방랑 생활을 했다…. 하나님은 모세에게 가나안 땅(Canaan, 신이 유대인에게 약속한 땅—옮긴이)을 모두 보여주었다. 새 가나안은 미국으로 따지면 코네티컷에 있다. 그리고 느보 산(Mt. Nebo)은 펜실베이니아에 있다고 보면 된다. 물론 약속된 땅, 즉 미국이라고 치면 뉴저지 주의 파라머스가 아니라 서스키하나(Susquehanna)를 내려다보고 있지만 말이다. 여호수아는 전쟁을 이끌었고 파라머스는 결국 몰락했다.”

유추는 전문적이고 복잡한 정보를 이해시키는 데 효과적이다

『정보화 시대 길잡이(User's Guide to the Information Age)』에서 발췌한 두 단락을 소개한다. 여기에 담기 유추를 살펴보자.

1. 컴퓨터가 정보를 처리하는 방법 : 컴퓨터는 사람이 스무고개 놀이를 하는 식으로 정보를 처리한다. 스무고개에서는 '참/거짓' 또는 '예/아니요'라는 명백한 답이 나오며, 한 번에 하나씩 논리적인 단계를 밟아서 정보를 분류할 수 있다. 이것이 디지털 커뮤니케이션의 기초다. 여기에서도 '예/아니요'가 정보의 기본 단위다. '예/아니요'는 2진수 0과 1의 형태로 전자 회로(electronic circuit)에 표현된다. 컴퓨터는 '예/아니요' 또는 '0/1'로 된 긴 기호를 거의 순간적으로 처리한다. 이 때문에 컴퓨터는 아주 복잡한 문제도 다룰 수 있다.

2. 광대역의 위력 : 광대역의 힘을 이해하려면 일단 운전자 혼자 탄

자동차가 가끔 지나가는 오후 3~4시경 교외의 거리 풍경을 떠올려보자. 이는 아날로그 동선을 이용한 낮은 대역폭(bandwidth, 데이터 통신 기기의 전송 용량)의 전화 통신과 마찬가지다. 한편 이 거리는 출퇴근 시간대가 되면 2명 이상이 탄 차량이 혼잡하게 꼬리를 물고 지나다닐 것이다. 물론 이때는 앞서 말한 오후 시간대보다 교통량이 많아지지만, 여전히 낮은 대역폭과 마찬가지다. 4차선 고속도로를 생각해보자. 여기에는 늘 2명 이상이 탄 차량은 물론 트럭, 버스, 카풀 차량까지 빽빽하게 들어서 있다. 간선도로의 중앙으로 달리는 전철까지 덧붙여보자. 차에 탄 사람이 많을 뿐 아니라, 차선이나 루트도 더 많다. 이것이 광대역(broadband)이다.

유추는 현재 아는 내용을 활용해야 한다

모든 사물은 다른 사물과 유사한 점이 있다. 그렇다면 이 점만 부각하면 충분한가? 그렇지 않다. 유추는 유사점을 보여주는 것만으로는 부족하다. 청중에게 친숙한 사항을 활용해야 한다. 청중이 유사한 요소를 잘 모르면, 유추는 효과가 없다.

유추나 직유를 효과적으로 사용하는 핵심은 청중이 현재 아는 내용을 파악하고 이 가운데 일부를 이용하는 것이다. 앞서 든 예와 마찬가지로 다음 예도 광대역과 관련돼 있지만 기술 방법이 다르다. 작가 스티브 마틴(Steve W. Martin)은 『거물급 영업(Heavy Hitter Selling)』에서 광대역을 이미 잘 이해하고 있는 첨단 기술 분야 영업사원을 대상으로 설명한다. 그는 유추의 출발점으로 '낮은 대역폭에 대비한 광대역'의 개념을 사용한다. 독자들이 아직 생각해보지 않았을 부분을 설명하려고 독자들의 현재 기술 지식을 활용한다. 이는 인간의 의식과 잠재의식이 다른 작용 방식을 보여준다.

의식은 컴퓨터 용어로 말하면 포인트 투 포인트(point-to-point, 한 지점에서 다른 지점으로 무선으로 메시지를 보냄-옮긴이) 방식과 같다. 예를 들어 한 영업사원이 이메일을 확인해야 한다고 치자. 도로 한복판에서 말이다. 그는 휴대용 컴퓨터를 켜고 전화회선을 이용해 호스트컴퓨터에 연결한다. 이메일만 확인하면 되는지라 일단 이 작업이 끝나자 전화선 연결을 끊는다. 이 포인트 투 포인트는 의식과 유사하다….

이와 달리 잠재의식은 광대역 연결과 비슷하다. 이는 케이블 모뎀처럼 항상 켜져 있다. 모뎀은 전화선 연결보다 데이터 주파수대가 넓고 속도가 빠르다. 모뎀은 항상 켜져 있고 계속 정보를 받는다…. 따라서 앞서 말한 영업사원은 항상 실시간으로 이메일을 받을 수 있다. 전화선으로 연결할 필요가 없다.

잠재의식은 의식이 갖지 못하는 정보를 보유한다. …미래 고객이 "생각해보겠습니다"라고 하는 말은 사실 "지금 당장 떠오르지 않는 추가 정보가 잠재의식에 저장돼 있을 테니, 이 잠재의식이 반론을 제기하는지 두고 봅시다"라는 의미나 마찬가지다.

한 이미지를 사용한다

한 주장을 뒷받침하는 데 여러 이미지를 사용하면 혼란이 일어나고 유추 효과가 떨어진다. 다음 예문은 이미지가 많으면 혼란스러워짐을 확실히 보여준다. "몇 개월만 있으면 우리 업계 전체가 거친 전장에서 힘든 전투를 벌여야 할 판입니다. 폭풍이 험난하게 몰아치는 바다를 항해한 뒤에야 안전하게 비행기를 착륙시킬 수 있을 겁니다." 이 예문에는 너무 많은 이미지가 등장해 내용의 갈피를 잡기가 힘들다.

유추할 때는 네 단계를 사용해보자. 먼저 전달하려는 요점이나 화제로 시작한 뒤, 이를 설명하거나 강화시켜주는 유추를 이야기한다. 새로운 유추는 늘 흥미를 유발하지만, 청중이 현재 알고 있는 내용과 연계해야 효과가 있다는 점을 명심한다.

1단계 : 요점을 확실히 말한다. 간략하고 명료해야 한다. 이 요점을 한 문장으로 바꾼다.
2단계 : 기본 사실과 핵심적인 세부 내용을 말한다.
3단계 : 유추한 내용을 소개하고 전개한다. 해당 유추가 나온 이유와 방법을 설명한다. 즉 두 대상이 형태나 기능이나 감정 면에서 유사한가?
4단계 : 요점을 반복한다. 주장을 보강한다.

유추, 은유, 직유를 잘 사용하면 청중이 발표 내용을 분명히 이해하고 오래 기억하게 된다. 그리고 청중이 이미 알고 있는 정보를 언급하면 발표자가 청중을 잘 파악하고 있음을 보여주게 된다. 이렇게 되면 신뢰감과 소속감이 빠르게 형성된다.

이야기하기

사람들은 동화, 전설, 우화, 신화, 모험담, 일화, 설화, 연대기 등 종류를 막론하고 모든 이야기를 좋아한다. 우리는 읽거나 쓸 수 있기 훨씬 전부터 이야기를 하고 듣는다. 이야기는 교훈을 주고 영감을 고양하며 주목하게 하고 오래 기억하게 해준다. 이야기는 우리의 현재 모습과 미래 목표를 명확히 밝혀준다. 적당한 시점에 적당한 이야기를 들려주는 것은 아주 청중-친화적인 방법으로, 발표자가 청중의 필요사항과 관심을 이해한다는 점을 잘 보여준다.

상대의 마음을 움직이는 데 이야기를 활용하자

이야기를 솜씨 좋게 구사하면 상대의 마음을 움직이는 데 엄청난 도움이 된다. 『이야기 요소 : 이야기 기술에서 나온 영향력의 비밀(The Story Factor: The Secrets of Influence from Art of Storytelling)』의 작가 아넷 시먼스(Annette Simmons)는 다음과 같이 말했다.

다른 사람의 마음을 움직이려고 노력하기 전에, 메시지가 잘 전달되도록 신뢰를 먼저 쌓아야 한다. … 대체로 직접 부딪치고 생활하며 신뢰를 쌓을 시간이 없기 때문에, 최선책은 여러분이 믿을 만한 사람이라는 느낌을 고양하는 이야기를 해주는 것이다. 청중이 여러분의 이야기를 들으면서, 여러분이 '말만하는(talk the talk)' 사람이 아니라 '실천하는(walk the walk)' 사람이라는 점을 직접 목격하게 된다. 이야기는 청중이 스스로 결정하게 해준다. 이야말로 진정한 영향력의 가장 큰 비밀이다. …사람들은 여러분의 결론보다 자신이 직접 내린 결론을 더 중요하게 생각한다. …여러분이 들려준 이야기가 훌륭하다면 사람들은 여러분과 여러분이 전달한 메시지를 믿을 수 있다는 결론을 스스로 내린다.

시먼스는 청중을 움직이거나 설득할 때 유용한 이야기의 형태를 여섯 개로 나눈다. 이 여섯 가지 이야기 형태를 소개한다.

- ▸▸ '발표자가 누구인가'를 담은 이야기
- ▸▸ '발표의 가치'를 담은 이야기
- ▸▸ '발표장에 선 이유'를 담은 이야기
- ▸▸ '교육'을 담은 이야기
- ▸▸ '비전'을 담은 이야기
- ▸▸ '청중의 생각을 안다'는 이야기

이야기는 효과적인 관리 도구다

다른 사람을 관리하는 직책을 맡고 있는가? 그렇다면 이야기는 조직 내 사람들의 행동에 영향을 주는 훌륭한 도구가 된다. 그 이유를 설명한다.

▶ 이야기는 모든 사람의 마음을 움직인다. 이야기는 순박하고 아니고를 떠나서 모든 청중의 흥미를 유발한다. 누구나 훌륭한 이야기를 좋아한다. 적절한 이야기를 고르고, 내용과 전달 방식을 청중에 맞게 조정해야 한다. 이야기는 시간을 초월하며, 일시적인 유행과 거리가 멀다.

▶ 이야기는 가치와 전통을 전달한다. 회사가 만들어내는 이야기는 고객 서비스가 최우선순위인 때, 복종보다 혁신이 중요한 때, 사명 선언문이 살아 있거나 떠벌려지기만 하는 때를 말해준다. 이야기는 행동 방식을 함축적으로 가르친다.

▶ 이야기는 자연스럽고 강력한 교육 도구다. 행동 방식을 교육할 때 이야기를 활용하면 직원들이 문제 해결 방법, 도움을 요청할 시기 및 방법, 제품 문제를 해결하거나 고객을 만족시키려고 즉시 결정을 내려야 할 때를 쉽게 익힐 수 있다.

▶ 이야기는 노력과 성과를 인정하고 보상한다. 명성이 높은 사람들의 숨겨진 이야기를 해주면 이를 본받으려고 노력하게 된다. 시상식에서 이야기하려고 기다리거나 경쟁사에 이야기와 훌륭한 인재를 모두 뺏기지 말고 평소에 성공담을 공유한다. 조직 전체에 이런 성공담을 전달한다. 그다음에 사람들이 이 이야기에 담긴 교훈과 동일하게 행동하도록 유도한다.

▶ 이야기는 재미있고 기억하기 싫다. 좋은 이야기는 생명력이 아주 오랫동안 지속될 것이다. 이 이야기를 들은 많은 사람이 다른 사람에게 다시 이야기를 전할 것이며, 이들이 이야기할 때마다

여러분이 전달한 내용이 퍼지고 교훈이 학습될 것이다.

이야기를 효과적으로 사용하기

프레젠테이션에 이야기를 넣을 때 다음 조언을 따르자.

▸ 이야기를 짧게 한다. 이야기 길이는 2분 이내일 때 가장 효과적이다. 시간이 더 걸리면 '요점에 다다르기'도 전에 청중이 지루해하거나 소중한 시간을 뺏긴 것에 화를 낼 위험이 있다. 이야기 대본을 미리 짜고 소요시간을 확인한 뒤 2분 이상 걸리면 핵심적인 사항으로만 가다듬는 것이 좋다. 기자들이 사용하는 육하원칙(누가, 무엇을, 언제, 어디서, 왜, 어떻게)을 사용하면 필요 없는 세부 내용을 잘라내는 데 도움이 된다. 삭제해도 되는 사항은 모두 뺀다.

▸ '연속'으로 이야기를 한다. 때로 아주 짧은 두세 가지 이야기와 증거들을 한꺼번에 빠르게 들려주는 것도 요점을 강력하게 전달하고 강화해준다. 연속 전달 방법은 각 사례를 연이어서 보여줄 때 유용하며, 발표자가 청중을 움직이고 설득하는 능력을 높여준다. 다음 예는 아주 간단한 이야기 세 개를 연속으로 사용하고 있다. 이 글은 〈비즈니스 위크〉에 실린 것으로, '비즈니스 인텔리전스 소프트웨어(Business Intelligence software, BI 소프트웨어)'의 필요성을 강력하게 뒷받침해주는 역할을 한다(비즈니스 인텔리전스는 기업이 보유한 각종 데이터와 정보를 수집하고 정리하고 분석하고 최대한 활용해서 의사결정을 효율적으로 하는 것—옮긴이).

수완을 발휘하자

BI 소프트웨어는 회사가 컴퓨터 시스템의 수많은 데이터를 관리하는 데 도움을 줘서 운영 현황을 파악하고 문제를 예방하게 해준다. 이 소프트웨어는 다음과 같이 도움을 준다.

데이터 분석

9.11 사태 이후로 비행기 타는 것을 꺼리면서 라스베이거스에 관광객의 발길이 딱 끊겼다. 거대 카지노 업체 하라(Harrah)는 BI 소프트웨어를 사용해 차로 이동이 가능한 지역에서 도박을 좋아하는 사람들을 찾아낸 뒤 이들에게 특별 혜택을 제공했다. 2주도 안 돼서 하라그룹의 호텔들은 다시 북새통을 이루었다.

보고

영국 항공은 BI 소프트웨어를 이용해서 화물 분실에 대한 승객의 불만을 분석했다. 이 결과 화물 담당자들이 연결 비행기에 승객의 짐을 싣는 데 필요한 최소한의 시간을 승객들에게 통보해야 한다고 결론을 내렸다.

데이터 저장

도요타는 BI 소프트웨어를 사용해서 재무와 부품과 생산 데이터를 중앙 저장소에 집결해놓았다. 정보에 접근하기가 수월해지자, 이 자동차 제조업체가 각 분기 말에 장부를 마감하는 기간이 1주일로 확 줄었다. 그전에는 한 달씩 걸렸다.

▸ 현대적이거나 전통적인 이야기 가운데서 상황에 맞는 쪽을 의식적으로 선택한다. 필요에 따라서 현대적이거나 전통적인 이야기가 모두 활용될 수 있다. 새로운 논쟁을 다루거나 변화하는 환경에 관련된 주제라면 현대적인 이야기가 효과적이다. 위에서 소개한 BI 소프트웨어와 관련된 이야기는 최신 사례다. 반면에 변함없는 교훈을 가르치거나 반복해서 발생하는 문제점을 설명하려면 조금 더 전통적이거나 역사적인 이야기가 효과적이다.

CBS 창립자 윌리엄 팔레이(William Paley)는 자서전 『일이 발생했을 때(As It Happened)』에서 과거 이야기를 사용해서 중요한 요점을 전달한다. 여기에서 그는 1930년대 라디오의 초창기에 패배자라는 CBS의 이미지를 이용해서 이득을 얻은 과정을 이야기한다. 이는 그가 강력한 유추로 광고주를 설득해 CBS 프로그램을 후원하도록 한 과정을 자세히 열거하고 있다는 점에서 아주 흥미롭다.

초창기에 팔레이의 CBS보다 NBC가 훨씬 유명했다. NBC는 CBS보다 자금과 인력이 많았고 멋진 사무실과 스튜디오를 갖추고 있었다. 팔레이는 CBS 프로그램이 NBC보다 낮다고 생각했지만, CBS가 패배자라는 인식이 퍼져 있던 터라 광고주들을 설득해 광고를 따내기가 힘들었다. 그는 자서전에 "이 때문에 나는 상당히 괴로워했다. 그러던 어느 날 영원한 패배자로 지내는 것에 대한 내 사고방식이 완전히 바뀌었다"라고 썼다.

그는 어느 날 뉴욕 거리를 걷다가 시내에서 가장 규모가 크고 호화로운 영화관인 캐피털 극장을 지나쳤다. 그는 길 건너편에 있는 허름한 극장을 발견했다. 그런데 그 허름한 극장 앞에는 관람객들이 줄을 길게 늘어서 있었다. 그는 사람들이 최고 영화를 보려고 허름한 극장을 단골로 삼는다는 사실에 충격을 받았다.

"여기서 떠오른 유추가 얼마나 강력했던지, 평생 절대 잊을 수 없었다…. 라디오에서 중요한 것은 사람들의 집에 전달되는 내용이었다. 라디오 청중은 우리 회사 사무실과 스튜디오 상황을 전혀 모른다. 청중은 라디오 방송만을 중요하게 생각한다. 이런 생각이 드니 내 경쟁사의 모든 장점을 무시할 수 있게 됐다…. 사람들이 더 좋아하는 방송만 하면 되는 것이었다."

팔레이는 잠재적 광고주들에게 이 이야기를 하기 시작했다. 결과가 궁금한가? "이 이야기는 광고주들이 CBS 프로그램을 후원하도록 설득하는 데 아주 강력한 힘을 발휘했다. 이 통찰력은 내게도 큰 영향을 미쳤다. 방송에 직접 관계가 없는 모든 경비를 절감하려고 노력하게 됐기 때문이다."

▸▸ 이야기 계획을 세운다. 아래 단계를 이용해서 이야기의 계획을 세우고 수정한다. 그러면 두서없이 이야기하거나 중요한 세부

내용을 빠뜨리지 않고 이야기를 잘 전달할 수 있다.

1단계 : 이야기한다. 힘차게 시작한다. "이제부터 내 요점을 입증할 사소한 이야기를 하나 해보겠습니다" 같은 서론은 집어치운다. 그 대신에 "작년 여름에 나와 가장 가까운 친구 잭은 전국 일주를 하기로 결심했습니다. 잭은 6월 중순에 로스앤젤레스에서 여행을 시작했지요"라는 식으로 본론으로 바로 들어간다. 이렇게 시작하는 즉시 청중은 여러분이 이야기를 하고 있다는 사실을 알게 될 것이다. 이는 동화에 나오는 '옛날 옛적에'의 성인 판이다.

2단계 : 이야기의 요점을 알린다. 명료하고 간결하게 말한다. 이야기가 전달하는 도덕과 교훈이 무엇인가? 이야기가 설명하는 원칙이 무엇인가? 일반화한다. 이 사항이 팀워크에 중요한가? 인내나 불굴의 의지나 창의성을 담고 있는가? 규칙을 따르는가? 일정한 주장이 있는가? 잭의 이야기는 "이제 잭은 3개월 또는 4,830킬로미터마다 정기적으로 엔진 오일을 교환하며, 기름을 넣을 때마다 계량봉을 이용해서 확인합니다" 하는 식으로 결론을 내리면 된다.

3단계 : 관련 화제나 논점을 소개하고, 이야기에 나온 요점이나 원칙이 어떻게 적용되는지를 설명한다. 여러분 팀의 재충전 비용을 승인받아야 한다면 팀 정신을 조성하는 데 재충전이 필요하다고 설명한다. 프로젝트를 완료하는 데 시간이 더 필요하면, 최고 결과를 달성하기 위해 인내가 필요하다고 강조한다. 유지보수 서비스를 판매하려면, 수리비와 장비가 중단된 시간을 최소로 줄이려면 정기 보수가 중요하다고 설명한다. 잭의 이야기에 관련된 주제는 '귀사 공장의 생산 장비 같은 제품은 정기 검사와 보수가 아주 중요하다' 이다.

4단계 : 주제나 논점을 바로 전개한다. 재충전이 팀워크 정신을 얼마나 높일지 구체적으로 설명한 다음 이 새 정신이 작업의 생산성을 높이는 데 어떻게 기여할지 이야기한다. 연장된 기간에 어떤 방식으로 품질을 확실히 검증받은 제품을 만들 작정이며, 이 품질이 시장 점유율을 높이고 유지하는 데 어떤 도움이 될지 설명한다. 유지보수 서비스 내용을 설명하고, 예방할 수 있는 문제점을 구체적으로 나열한 뒤, 해당 서비스를 이용할 경우 미래 구입자가 줄일 수 있는 총비용을 산출해서 보여준다. 이 단계에서는 이야기가 따로 거론되지 않지만 전달하는 정보만으로 요점을 강하게 뒷받침할 수 있다.

5단계 : 앞서 한 이야기를 간단하게 참조해서 해당 토론을 마무리한다. "현재 잭은 정기적인 엔진오일 교환만으로 엔진이 녹아내린 채 모하비 사막에 홀로 남겨질 걱정을 하지 않아도 됩니다. 마찬가지로 귀사의 생산 장비를 정기적으로 보수하면 원활하고 믿음직하게 돌아갈 것이며, 장기적으로 큰 이득이 있을 것입니다."

마지막으로, 이야기의 힘에 대해 언급할 점이 있다. 이야기는 어느 정도까지 힘을 발휘하며 기억되는가?

시 월드 놀이동산(Sea World Amusement Park)의 역사상 가장 크고 비싼 놀이기구처럼 이야기도 스릴을 줄 수 있는가? 〈어뮤즈먼트 비즈니스(Amusement Business)〉의 편집장 제임스 졸탁(James

Joltak)은 시 월드에서 수백만 달러를 벌어들이는 놀이기구 '아틀란티스 섬으로의 여행'을 주제로 기사를 쓰면서 이런 말을 했다.

"스릴이 넘치는 놀이기구를 탔을 때 아드레날린이 분비되는 것처럼, 실제로 이야기에는 사람의 상상력을 포착하는 힘이 있다. 그동안 나는 사람의 관심을 끌어당기는 방법을 주제로 많은 전문가와 이야기를 나눠왔다. 이 전문가들은 놀이기구 등과 함께 이야기도 사람의 마음을 매료시키는 데 큰 역할을 한다고 입을 모았다."

시 월드 놀이기구는 6분 23초 동안 운행된다. 반면에 사라진 아틀란티스 대륙의 이야기는 3,000년이 지난 지금도 회자되며 수많은 버전으로 바뀌어 나오고 있다.

인용문

인용문을 활용하면 발표자와 전달 메시지에 신뢰가 더 간다. 발표자의 주장을 뒷받침하는 데 인용문을 사용하면 이 주장은 즉각적으로 개인적 의견 이상의 비중을 갖게 된다. 청중이 존중하는 명사의 말을 인용하면 '전문가 증인'이 생기는 셈이다. 게다가 이 증인을 초빙하느라고 시간당 700달러를 지불할 필요도 없다.

발표의 핵심 내용을 담은 것이 훌륭한 인용문이다. 인용문은 발표자의 요점을 강화하고 더 기억하기 쉽게 만든다. 또 유머러스한 인용문은 침울한 분위기를 밝혀준다. 그리고 인용문은 이미 과거에 유사한 문제가 일어났으나 잘 해결됐다는 점을 보여주기 때문에 역사의식과 희망을 북돋아준다.

훌륭한 인용문을 기억하는 능력이 없더라도 걱정할 것 없다. 서점에 가면 사업계 지도자가 한 말 모음집, 유머러스한 인용문 모음집, 특별히 대중 발표자를 대상으로 한 인용문 모음집 등 수많은 책이 있다.

인용문 사용 방법
인용문을 가장 효과적으로 사용하는 방법을 소개한다.

- 간략하게 한다. 부족한 것이 항상 낫다. 핵심적이거나 관련이 있는 단어나 구절만 인용한다. 배경 지식이나 내용을 상세하게 설명해야 하는 인용문은 용두사미격이다. 이런 경우에는 차라리 사용하지 않는 게 낫다.
- 제대로 한다. 직접 인용하려면, 인용문을 그대로 적어와서 청중에게 큰 소리로 읽어준다. 잊어버리거나 잘못 인용하는 위험을 감수하지 말자(프레젠테이션하면서 받는 스트레스 때문에 일시적으로 기억력이 감소된다는 점을 명심한다).
- 말한 사람을 정확하게 알린다. 인용문에 마땅한 공로를 인정하고 출처를 올바르게 밝힌다. 몇 년 전에 미국 교육부장관이 한 그리스 철학자의 말을 인용한 뒤 다른 철학자의 이름을 말했다. 이후 신문이며 잡지에서 연달아 그의 실수를 화제로 삼았다.

▸ 직접 인용과 간접 인용을 구분한다. 인용문의 원래 출처를 모른다면 여러분이 해석한 내용이 추측이라는 점을 감안해야 한다. 한편 여러분이 청중에게 아주 잘 알려진 사람의 말을 인용한다면 이 인물을 부연 설명할 필요가 없다.

▸ 정황을 공유한다. 인용문이 언제, 어디서, 왜 나왔는지를 말하면 의미가 강화된다. 원래 이 말을 한 사람이 엄청난 어려움에 봉착해 있었는가, 또는 존경할 만한 힘이나 용기를 보여주었는가, 또는 풍부한 경험을 바탕으로 이야기했는가?

▸ 휴지기 사이에 인용문을 '끼워넣어' 본다. 인용문을 전달하기 전에 잠시 말을 중단하고 기대감을 조성한다. 인용한 뒤에 다시 말을 중단해 청중이 의미를 제대로 음미하게 한다.

▸ 천천히 명료하게 말한다. 적당한 어조를 사용한다. 인용문을 그대로 읽는 것이 정확하게 전달하는 최고 방법이다.

▸ 원래 주제로 돌아간다. 인용문에 나온 핵심 단어나 구절을 사용하면 인용문과 여러분이 전달하려는 요점 사이의 관계를 강화해준다.

인용문을 솜씨 좋게 구사하는 방법을 익힌 뒤, 다음 3단계를 활용하는 연습을 한다. 키케로는 "실행 기술은 실행하면서 나온다"는 말을 했다.

1단계 : 믿을 만한 근거와 필요한 정황을 제시한다.

2단계 : 인용문을 전달한다.

3단계 : 인용문을 주제와 바로 결합시킨다.

다음 사례는 이 3단계를 활용하고 있다.

〈뉴요커(New Yorker)〉의 기자가 제기한 소송이 대법원으로 올라가기 전에, 그는 인용문에 주제와 동일한 견해가 담겼다면 기자가 인용문을 지어낼 헌법상의 권리가 있다고 주장했다. 물론 많은 기자가 이 주장을 받아들이지 않았지만 이 사건은 인용문이 권위와 신뢰성을 주는 힘을 가졌음을 증명한다. 이 사건의 이전 평결에서 연방 항소법원의 알렉스 코진스키 판사는 "(인용문이) 없는 기사, 즉 완전히 작가의 개인적인 관찰과 결론만으로 구성된 기사는 대체로 독자를 지루하게 하는 것은 물론 만족을 주거나 설득시키지 못한다"고 했다. 인용문 사용은 청중을 만족시키고 설득하는 능력을 높이는 데 아주 좋은 방법이다.

유머

유머를 잘 사용하는 능력은 사업계 발표자에게 훌륭한 자산이다. 유머는 발표자가 논점을 차분히 입증하고, 청중과 감정적으로 연계되며, 분위기를 밝게 하도록 돕는다. 또 유머는 공동체 의식을 형성한다. 그렇지만 유머가 위험을 초래할 수도 있다. 웃기려는 시도가 실패로 돌아가면 엄청난 부작용이 생긴다. 청중이 유머에 전혀 반응을 보이지 않거나 더 심하면 청중이 불쾌해하거나 발표자와의 사이에 틈이 벌어질 수도 있다.

허트포드셔대학의 리처드 와이즈먼(Richard Wiseman) 박사는 세계에서 가장 재미있는 농담을 찾는 실험을 했다. 11개국에서 지원한 1만 명이 참가해 다른 사람의 농담을 평가하고 자신의 농담을 들려줬다. 여기에서 나온 농담 4만 개 이상에서 200만 점을 얻어 세계에서 가장 재미있다고 뽑힌 농담을 요약해 소개한다.

사냥꾼 두 명이 숲에 있다가 한 명이 쓰러졌다. 그는 숨을 쉬지 않는 듯했고 눈동자가 흐려졌다. 다른 사냥꾼은 휴대전화를 꺼내 구조를 요청했다. 그는 헐떡거리며 말했다. "내 친구가 죽었어요! 어떻게 하죠?" 교환원이 말했다. "도와드릴 테니 진정하세요. 먼저, 친구가 진짜 죽었는지 확인하세요." 침묵이 흘렀다. 그러고 나서 총소리가 들렸다. 사냥꾼이 다시 전화를 들고 말했다. "됐어요. 이제 어떻게 할까요?"

독자는 이 사냥꾼의 농담을 듣고 미소를 짓거나 킬킬거렸을 것이다. 그렇다면 이 농담이 지금까지 들은 것 가운데 가장 웃긴가? 그렇지 않을 가능성이 많다. 대부분 살아가다가 몸을 주체하지 못하고 숨이 넘어갈 정도로 웃어본 순간이 있을 것이다. 그리고 얼마 뒤 그 순간에 재미있었던 이야기를 다른 사람에게 해줄 때는 그때처럼 감흥이 안 나서 "음, 네가 그 상황에 있었으면 이해할 텐데"라는 말로 마무리 지은 경험을 해봤을 것이다. 왜 이런 현상이 발생하는가? 일단 유머의 속성을 살펴봐야 인간의 웃음을 자극하는 요소를 찾아낼 수 있다.

와이즈먼은 위의 사냥꾼 농담이 성, 연령, 문화를 막론하고 모든 사람에게 호응을 받았다고 말했다. 그는 "많은 농담이 특정한 집단에서만 높은 점수를 받은 반면, 이 농담은 집단을 불문하고 전반적으로 동일한 호응을 얻었다"고 했다.

> "때로 (농담은) 우리가 다른 사람보다 우월하다는 느낌을 갖게 하거나, 불안감을 조성하는 상황이 감정에 미치는 영향을 줄여주거나, 일종의 모순으로 우리를 놀라게 한다. 이 사냥꾼 농담에는 이 세 요소가 모두 포함돼 있다."

유머를 사용할 때는 청중을 이해하는 것이 아주 중요하다. 와이즈먼은 이 연구에서 "남성과 여성은 유머 사용 방법에서 근본적인 차이를 보여준다. 남성은 다른 사람보다 우월해보이려고 농담을 하는 반면, 여성은 언어적으로 더 기술이 좋고 말장난을 선호한다"고 했다. 와이즈먼은 문화에 따라서 사람들이 '근본적으로 다른 유머 감각'을 가지고 있다고 결론을 내린다.

이 연구에 따르면 미국인은 결혼을 비웃는 농담을 좋아하며, 미국인과 캐나다인 모두 등장인물이 바보이거나 바보로 전락해 듣는 사람에게 우월감을 주는 농담을 선호한다. 프랑스, 덴마크, 벨기에 사람들은 특히 기이하고 비현실적인 유머를 좋아한다. 또 유럽인은 병, 죽음, 결혼처럼 불안감을 자극하는 화제를 다룬 농담을 즐긴다. 아일랜드 공화국, 영국, 호주, 뉴질랜드 사람들은 재담이 들어간 농담을 가장 좋아한다. 와이즈먼은 "유머는 의사소통에서 핵심이며, 사람들의 문화와 배경이 유머감각에 미치는 영향을 이해할수록 더 효과적으로 전달할 수 있다"고 조언했다.

시카고대학 교수인 테드 코헨(Ted Cohen)은 농담을 하는 사람은 상대방의 일정한 특성(지식, 신념, 친밀도, 편견)에 따라 농담의 성공 여부가 결정됨을 미리 예상한다고 설명한다. 농담할 때는 간단하고 복잡하고를 떠나서 상대방이 어떤 반응을 보여야 한다. 청중이 이런 반응을 동일하게 보이면 공동체가 형성된다. 이는 농담하는 발표자와 청중 사이는 물론 청중끼리도 서로 공유하는 이해를 기반으로 결합된 공동체를 만든다. 그러면 이 과정을 살펴보자. 한 예를 소개한다.

달라이 라마(Dalai Lma)가 핫도그 판매상에게 뭐라고 말했을까요?
"재료를 다 넣어서 하나 만들어줘요(Make me one with every-thing)."

이 농담을 처음 들은 사람은 제대로 이해하기가 힘들 것이다. 청중이 이 농담에서 놓친 부분을 보충해서 제대로 '이해' 하려면 상당한 지식이 필요하다. 청중은 단어 'one' 이 두 가지 의미로 해석된다는 점을 이해해야 하고, 서양의 종교 철학을 어느 정도 알아야 하며, 미국에서 핫도그에 넣을 각종 양념을 정해서 주문하는 일반적인 표현법에 익숙해야 한다.

나는 사업을 논의하는 자리에서 이 농담을 처음 들었다. 한 소프트웨어 마케팅 중역은 대기업이 다양한 데이터베이스로 돼 있는 정보를 한 통합시스템으로 결합해야 한다고 주장하면서 이 농담을 했다. 이런 상황에서는 'Make me one with everything'이라는 말에 복잡성과 의미가 한 단계 더 추가된다.

정보 관리 전문가라면 이 농담을 듣고 전문적이고 부가적인 여러 의미를 보충하는 반응을 보일 것이다. 이 전문가들이 이 농담에서 느낄 웃음의 포인트는 정보 통합시스템 때문에 동일한 어려움을 겪는 다른 사람들과 공유하는 필요성을 인식하는 데서 나올 것이다. 코헨은 이를 "농담이 성공하면 같은 이야기에 다른 사람과 함께 웃을 수 있는 공동체가 형성된다"고 설명했다.

또 이 농담은 유머의 또 다른 특성을 보여주며, 이는 여러 유머에서 나타난다. 바로 많은 유머가 고통 또는 불편한 상황에서 나온다는 점이다. 데이터베이스를 통합하려는 시도는 몹시 어려울 것이다. 이 상황에서 이 유머는 청중 사이에 공동체 의식을 형성해주는 것은 물론 분위기도 밝게 만들어준다.

사람들이 정말 재미있다고 생각하는 농담에는 웃음을 유발하는 이유가 대체로 하나 이상 들어 있다. 재미있는 이유가 복합적이기 때문에 딱히 하나를 꼬집어 말할 수 없는데도, 바로 이 복합성 때문에 농담이 더 재미있어진다. 다음은 와이즈먼이 연구할 때 미국인들이 가장 재미있다고 선정한 농담이다.

어느 날 한 사내와 친구가 골프를 치고 있었다. 이 중 한 사람이 잔디 위로 칩샷(공을 낮고 짧게 쳐 올리기—옮긴이)을 치려는 순간 골프장 옆 길로 긴 장례 행렬이 지나가는 것을 목격했다. 막 스윙을 날리려던 그는 동작을 멈추더니 골프 모자를 벗고 눈을 감은 다음 기도하는 자세로 머리를 숙였다. 친구가 말했다. "와, 지금까지 본 중에서 가장 사려 깊고 감동적인 태도인걸. 자네 정말 인정이 많은 사람이로군." 그러자 그 사내가 대답했다. "그렇지 뭐, 우리는 결혼생활을 35년 동안이나 했거든."

이 농담에 들어 있는 여러 의미를 살펴보자. 이 농담은 예상치 못했던 반전을 일으키고, 결혼생활을 조롱하는 이야기를 선호하는 미국인의 정서를 자극하며, 죽음에 대한 인간의 잠재적인 불안감을 건드린다. 또 청중이 골프 열광자에 대해 아는 내용을 기반으로, 이야기에 직설적으로 표현되지 않은 부분을 이해해야 한다.

유머의 속성과 유머를 프레젠테이션에서 효과적으로 사용하는 방법(더 중요)을 배우려면 다음에 소개하는 '유머 사용 10대 지침'을 참고하기 바란다.

유머 사용 10대 지침

10. 재미있는 인용문을 사용한다. 재미있는 인용문을 모아놓은 책이

많다. 유머를 안전하게 결합하는 최선책은 발표 요점과 관련된 인용문을 골라서 사용하는 것이다. 이 방법을 활용하면 설사 청중이 농담에 반응을 보이지 않더라도, 발표자만의 책임은 아니다.

9. 재미있는 유추를 활용한다. 대체로 유추는 앞서 테드 코헨이 거론했던 공동체 의식을 형성하는 공동 지식을 자극한다.

8. 특정한 개인 또는 단체를 소재로 한 유머를 사용할 때 주의한다. 아리스토텔레스는 모든 유머는 누군가를 희생시킨다고 가르쳤다. 해당 개인, 단체의 일원, 이런 개인이나 단체를 동정하는 사람의 기분을 상하지 않도록 아주 조심해야 한다. 이런 유머는 아예 사용하지 않는 게 안전하다.

7. 간단하게 말한다. 농담을 질질 끌수록, 청중의 기대감만 올라간다. 그러니 빠르게 일타를 가한다. 유머는 그 자체로 받아들여져야 한다. 천천히 기대감을 쌓아올리면 조정을 당한다는 기분이 들 수 있다(와이즈먼의 연구결과 농담의 길이는 단어 103개 정도가 적당하다).

6. 말한 뒤에 잠시 말을 중지해 웃음이 터져 나올 여유를 준다. 웃음은 전염성이 있으며, 사람들이 모두 함께 소리 내어 웃을 때 유머가 가장 큰 효과를 발휘한다. 따라서 우스운 말을 한 다음에 일단 멈춘다. 사람들이 그 순간을 즐길 여지를 준다. 곧바로 다시 이야기를 시작하면 웃음이 끊기니 주의하자.

5. 바로 주제로 연결한다. 단지 '청중의 분위기를 풀어주려고' 하는 농담은 교묘한 속임수처럼 보인다. 따라서 프레젠테이션의 요점을 전달하고 보완하는 농담을 선택해야 한다. 재미가 없다고 생

각하는 청중도 있겠지만 적어도 요점을 파악하게 될 테니 발표자의 노력이 헛되지 않은 셈이다.

4. 자신을 빗댄 유머를 가미한다. 스스로 놀리거나 낮춰서 이야기하면 도리어 자신감이 아주 강하다는 인상을 준다. 이런 유머는 실수를 통해서 배우려는 의지와 다른 사람의 의견 및 생각을 고려하려는 노력을 보여준다.

3. 자신을 너무 비하하는 유머는 피한다. 발표자가 자신의 실수를 일일이 열거하면 우둔한 사람처럼 여겨진다. 자신을 비하하는 유머를 계속 말하면 안 된다. 이 경우 청중은 발표자가 자신감이 떨어진다고 생각하게 된다.

2. 유머에 담긴 아픔에 주의를 기울인다. 많은 유머가 고통이나 불편함을 기초로 한다. 발표 내용상 '힘들지만 웃어라' 고 청중에게 요구하는 상황이라면, 자신이 사용할 유머가 적절한지 생각해본다. 청중이 아주 민감한 상황이거나 고통이 너무 큰데다 최근 일이라면, 유머를 사용하려는 게 무감각하고 상스럽게 보일 수 있다.

1. 일부만이 아니라 청중 전체가 재미있어할 유머를 사용한다. 청중의 배경을 견주었을 때 해당 유머를 이해하는 데 필요한 지식이 충분한지를 생각해본다. 청중의 경험이나 문화를 고려했을 때 해당 유머를 '이해하지 못할' 것 같으면 사용하지 말자. 특정 집단에 해당되는 언어적 특성이나 역사적 사건을 기본적으로 알아야 이해가 되는 유머라면 청중의 문화적 배경이 다양한 경우에 효과가 없다.

**핵심
포인트**

정보가 넘쳐나는 사회에 사는 현대인은 귀에 들리는 내용 중 대부분을 걸러
내고 중요한 내용에만 중점을 두는 훈련이 돼 있다. 이 말은 청중이 프레젠테
이션에서 발표자가 하는 말 가운데 대부분을 잠시 고려한 뒤에 바로 잊는다
는 뜻이다. 프레젠테이션이 끝난 뒤에도 기억에 남는 내용은 무엇인가? 바로
다음 두 가지 특성 가운데 하나 또는 모두를 지닌 정보다.

1. 청중의 감정을 자극한다.
2. 어떤 식으로든 청중에게 친숙하다. 즉 청중이 이미 알고 있는 내용과 연
   관돼 있다.

이 장에서 설명한 수사적 표현법을 사용해서 내용을 전달하면 흥미가 생기고
잘 기억하게 된다는 사실은 오랜 역사 속에서 검증받아왔다. 따라서 이런 표
현법을 사용하면 정보가 넘쳐나는 세상에서 여러분의 발표마저 한낱 잡음으
로 전락할 위험에서 벗어날 수 있다.
반복은 장기적인 기억을 도와주는 두 요소 가운데 하나, 즉 '친숙함'의 효과
를 이용하는 가장 수월한 방법이다. 반복은 정보를 강화하고 청중이 발표 내
용을 기억하게 만드는 데 아주 효과가 크다.
전환할 때는 중요한 요점을 반복하거나 참고사항을 인용하는 식으로 청중에
게 친숙한 내용을 활용한다. 전환 단계는 여러 요점 사이의 연관성을 강조한
다. 또 각 요점이 전체 내용에 어떻게 결합되는지 쉽게 이해시킨다.
이야기와 일화는 청중의 감정을 자극해 비슷하거나 관련된 경험을 떠올리게
한다. 이야기는 다른 사람에게 영향을 주고 설득하는 데 강한 힘이 있다. 청
중이 이야기를 기억하고 다른 사람에게 다시 말하는 과정에서 발표자의 메시
지가 더 폭넓은 청중에게 전달된다. 이렇게 되면 이야기의 주제나 교훈이 반
복해서 강조된다.
비교, 유추, 은유, 직유는 친숙함을 이용하는 표현법이다. 이는 청중의 현재
지식과 이해력을 활용한다. 이런 표현법을 이용하면 새롭거나 복잡하거나 개
념적인 정보를 이해하기 쉽게 전달할 수 있다. 그리고 이런 표현은 친숙함을

기반으로 하기 때문에 청중이 새 정보를 편하게 받아들이게 하는 효과도 있다. 비교는 청중이 수치와 통계 자료를 이해하고 평가하는 데 아주 큰 도움을 준다.

인용문을 활용하면 발표자의 주장이 개인적인 의견만이 아니라는 점을 보여주기 때문에 발표자의 말에 더 신뢰감이 생긴다. 또 인용문은 이미 과거에 다른 사람이 유사한 문제를 겪었다는 점을 보여주는 터라 역사의식과 희망을 북돋아준다. 재미있는 인용문은 침울한 분위기를 밝게 해주고, 문제를 다른 관점으로 보게 하며, 청중이 기억하고 반복해야 할 핵심 내용을 파악하게 해준다.

유머는 직접 말하지 않지만 공유하는 지식과 감정, 심지어 고통까지 활용해서 발표자와 청중 사이에 공동체 의식을 형성해준다. 유머는 발표 속도를 바꿔주고 분위기를 밝게 하며 발표자를 인간적으로 보이게 한다.

지금까지 설명한 각종 기법과 창조적인 다른 방법을 사용하면, 여러분의 발표는 그저 정보가 과다하게 넘치는 잡음 수준을 넘을 수 있을 것이다. 청중을 이해하고 창조성을 발휘하며 이들의 감정을 자극하고 청중이 이미 알고 있는 내용을 이용하면 발설 내용을 의미 있고 기억하기 쉬우며 재미있게 만들 수 있다.

12장

상상이 되나요?
효과적인 시각교재

생각하기는 이해하기보다 흥미롭지만, 이보다 더 흥미로운 것은 직접 보기다. **-괴테**

좋은 시각교재는 청중의 주목과 이해력과 기억력을 향상시킨다. 정보를 그저 들을 때는 오감 중 한 감각만 사용된다. 그러나 시각교재를 이용하면 한 감각이 더 사용된다. 시각교재는 전체적으로 더 풍성한 경험을 하게 한다. '백문이 불여일견'이나 '천 마디 말보다 한 번 보는 게 낫다'는 속담은 시각교재의 가치를 입증해준다.

그러나 다들 사용된 시각자료가 너무 쓸모없어서 이름값도 못하는 프레젠테이션에 참석해본 경험이 있을 것이다. 이 시각자료가 지루했는가? 가치를 부여하기에 너무 단순했는가? 진행 과정을 너무 자세히 다루었는가? 아예 눈에 보이지도 않을 정도였는가?

이때 경험했던 고통스러운 순간을 여러분의 청중에게 넘겨주고 싶지는 않을 것이다. 지금까지는 그랬더라도, 적어도 다시는 그러고 싶지 않을 것이다.

어떻게 해야 하는가? 시각교재를 언제 사용해야 하는가? 어떤
종류와 매체를 이용해야 하는가? 시각교재에 어떤 정보를 담아야
하는가? 어떤 디자인 원칙을 따라야 하는가?

위 질문에 답하기 전에, 시각교재를 사용하거나 사용하지 않아
야 하는 때를 생각해보자. 다음 지침이 현명한 선택을 하는 데 도
움이 될 것이다.

발표 목표가 다음과 같을 때는 시각 요소를 활용한다.

▸▸ 흥미를 북돋는다.

▸▸ 주의를 집중시킨다.

▸▸ 시각화하기 어려운 정보를 설명한다.

▸▸ 관계를 설명하도록 돕는다.

▸▸ 가치를 할당하게 돕는다.

▸▸ 감정을 자극한다.

▸▸ 발표자가 말로 전하는 메시지를 강화한다.

▸▸ 청중이 이해하도록 돕는다.

▸▸ 청중이 다른 사람에게 요점을 설명하도록 돕는다.

이 목표 가운데 한 가지 이상을 달성하는 시각 요소를 시각 장
치라 할 수 있다. 반면에 다음 목적으로 시각적 요소를 활용하면
안 된다.

‣ 쉽게 말로 설명할 수 있는 간단한 아이디어를 제시한다.

‣ 슬라이드 한 장에 많은 아이디어를 넣는다.

‣ 많은 세부 내용으로 청중에게 감동을 준다.

‣ 파워포인트를 얼마나 많이 사용할 수 있는지 입증한다.

‣ 상세하게 적은 발표 원고로 사용한다.

‣ 대본(script)으로 사용한다.

‣ 청중과 상호작용을 피한다.

빠지면 이해하는 게 어려워지는 시각적 요소(차트, 그래프, 사진 등)라면 프레젠테이션에서 밀접하게 관련돼 있다는 뜻이다. 프레젠테이션에서 시각교재의 수를 줄여야 하는 경우 해당 자료에 관련성이 있는지를 먼저 확인한다.

시각교재는 발표 원고가 아니다

위에서 설명한 '해야 할 사항'과 '금지 사항'은 다음 결론으로 이끈다. 발표 원고는 훌륭한 시각교재가 아니며, 시각교재 또한 훌륭한 발표 원고가 될 수 없다는 것이다. 결국 발표 원고와 시각교재를 확실히 분리해야 한다. 종합적으로 잘 쓰인 원고라면 당연히 시각교재보다 많은 세부 내용 또는 시각교재와 다른 형태의 세부 내용이 포함돼야 한다. 또 발표 원고 내용을 슬라이드에 모두 담으면 안 된다.

이 경우 말로만 전달해야 하는 내용을 슬라이드에서 과감하게 삭제해야 한다. 정보를 전달할 방법(천천히 반복할 부분, 반문하는 질문을 던질 부분)이나 행사 진행과 관련된 사항(슬라이드를 상영할 시점, 조명을 켤 시점, 휴식 시간 시점)을 표시한 내용을 슬라이드에서 뺀다. 이런 내용은 시각교재가 아니라 발표 원고에 들어가야 한다.

이밖에도 발표 원고와 시각교재를 분리해야 하는 이유가 또 있다. 6장에서 프레젠테이션할 때 일반적으로 나타나는 스트레스 때문에 분비되는 코르티솔은 일시적으로 기억력을 떨어뜨린다고 설명했다. 따라서 처음에 계획했던 내용을 프레젠테이션 중에 모두 기억하거나 원고 없이 진행하는 것은 아예 불가능하다. 그러니 꼭 원고를 준비하기 바란다. 9장에서 훌륭한 원고를 쓰는 데 필요한 모든 내용을 소개했다. 15장에서는 원고를 자신 있게 활용하는 데 필요한 방법을 설명한다.

가장 적절한 형태의 시각교재를 선택한다

일단 시각교재를 사용할 작정이면 어떤 형태를 사용할지 결정해야 한다. 이때는 프레젠테이션의 주제, 행사장, 사용 가능한 장비, 발표자의 선호도를 바탕으로 선택하면 된다. 대체로 선택의 여지가 별로 없을 것이다. 그렇지만 융통성을 발휘할 수 있는 상황이

표 12.1 시각교재 선택

종류	청중 규모	장점	단점
컴퓨터로 제작해 컴퓨터 프로젝터로 가동하는 슬라이드	사용 가능한 스크린 크기에 따라서 다양	전문적 모습 연출. 기술 전문가라는 인상을 줌. 다른 문서나 웹사이트로 연결 가능. 디지털 사진 활용 가능. 내용의 상세도를 다른 슬라이드를 따로 준비했다가 청중 수준에 따라서 교체 가능. 수정하거나 순서를 바꾸기가 상당히 수월	컴퓨터와 컴퓨터 프로젝터(또는 유사한 장치)가 필요. 발표장이 어두워야 함. 장비가 고장 나면 수리하기가 어려움
컴퓨터 제작 오버헤드 필름 (overhead transparency)	약 50명 이하, 그러나 스크린 크기에 따라 다양	전문적 모습 연출. 사전 준비를 했다는 인상을 줌. 순서를 바꾸기가 수월하며 내용 변경 가능. 필름에 직접 필기하며 부연설명을 할 수 있음. 운반이 수월	새 필름으로 바꾸어야 함. 제작하는 데 시간이 많이 소요됨. 오버헤드 프로젝터가 있어야 함. 발표장이 어두워야 함. 환풍기에서 소음이 남
사진 슬라이드	약 50명 이하, 그러나 스크린 크기에 따라 다양	실제적이고 정확한 이미지 제공. 구체적인 세부 사항 제공	순서를 바꾸거나 앞 슬라이드로 돌아가기가 어려움. 구식으로 여겨질 가능성이 있음
손으로 제작하거나 복사한 오버헤드 필름	약 50명 이하, 그러나 스크린 크기에 따라 다양	제작과 변경이 쉬움. 순서를 바꾸기가 수월하며 내용 변경 가능. 필름에 직접 필기를 하며 부연설명을 할 수 있음. 운반이 수월	산만하거나 비전문적으로 보일 가능성이 있음. 복사한 사진에 들어간 세부 사항이 너무 작아 잘 보이지 않을 수 있음. 오버헤드 프로젝터가 있어야 함. 발표장이 어두워야 함. 환풍기에서 소음이 남
소프트웨어 실연	사용가능한 스크린에 따라 다양	용도와 기능과 가능한 옵션 실연. 각 청중의 개별적 요구에 따라 조절 가능. 속도감을 실연할 수 있으며, 사용이 쉬움	세부적 인터페이스 때문에 주의를 집중시키기 어려움. 발표장이 어두워야 함
비디오	사용 가능한 스크린에 따라 다양	동작을 보여주며 소리가 나옴. 속도 변화를 보여주며, 감각을 자극함	비디오나 컴퓨터 장비, 청중에 맞춰서 큰 스크린이 필요함. 제작 비용이 높음
멀티미디어 작품	사용 가능한 스크린에 따라 다양	전문적인 분위기를 만들어서 유지함. 사려 깊은 준비를 보	제작하는 데 시간과 경비가 많이 소요. 제작하는

		여줌. 제작과 전달에 쏟은 투 자를 보여줌. 여러 감각 자극	데 각종 장비와 전문가 필 요. 청중이 압도될 가능성 이 있음
칠판에 쓰기, 플 립 차트	약 20명 이하	편한 분위기 조성. 자연스러 운 행동 가능. 청중의 의견 포 착 가능. 협력 분위기 조성	필체가 읽기 쉬워야 함. 철자를 잘 알아야 함. 시 간이 많이 소요됨. 준비가 부족하다는 인상을 줌. 공 식 석상에서는 적절하지 않음
준비한 플립 차트	약 20명 이하	만들기가 쉬움. 운반하기 상 당히 쉬움. 앞뒤로 돌리기 쉬 움. 편한 분위기 조성	공식 석상에서는 적절하 지 않음. 쉽게 닳고 찢어짐

라면 표 12.1에 나온 다양한 방법을 고려하기 바란다.

사용할 시각교재를 결정하고 나면 이를 준비하는 데 필요한 작업이 눈에 보일 것이다. 혼자서 준비하거나 직장 동료의 도움을 받거나 외부 전문가를 고용하거나 간에 선택한 시각교재의 단점을 염두에 둬야 한다. 각 시각교재가 일으킬 가능성이 있는 문제점을 최소로 줄이고 제거할 모든 방안을 강구한다.

컴퓨터로 제작한 슬라이드

오늘날 사업계에서 가장 일반적으로 쓰이는 시각교재는 컴퓨터로 제작한 슬라이드다. 이런 슬라이드는 만들거나 사용하기가 대단히 편하고 선택의 폭이 다양하다. 그러나 이런 다양성 때문에 선택하기 혼란스럽기도 하다. 슬라이드 제작의 일부 원칙을 살펴보자. 슬라이드 제작 원칙 가운데 많은 부분은 다른 형태의 시각교재에도 그대로 적용돼야 한다.

슬라이드 제작의 훌륭한 원칙을 설명하기 전에, 많은 회사와 단체에 따라야 할 디자인 템플릿이 있음을 먼저 알려둔다. 이런 템플릿은 대체로 디자인이 좋고, 일관성을 지니며, 보통 회사 로고나 상징 색채가 들어 있어 전문적인 느낌을 준다.

또 프레젠테이션 소프트웨어에도 기본 템플릿이 많이 포함돼 있다. 기본 템플릿을 사용하면 다음에서 설명할 많은 원칙 때문에 걱정할 필요가 없어진다. 그러나 여러분 스스로 디자인이나 형태를 선택할(또는 여러 템플릿 가운데 선택하는 경우) 작정이면 다음에 소개하는 슬라이드 디자인 지침에 어긋나지 않는지 생각해본다. 기본 디자인 원칙부터 살펴보자.

색채

색채는 시각교재에 강력한 인상을 심어준다. 잘 사용된 색채는 정보를 명료하게 하고 이해력을 높이며 감정적 효과를 향상시킨다. 색채를 사용해서 중요한 정보를 강조하고 정보의 체계를 세우며 관련된 요점을 분류하자. 색채는 전달하려는 메시지를 더 전문적이고 완성돼 보이게 한다. 색채는 단순한 장식이 아니라 이런 목표를 달성하는 데 사용돼야 한다.

대조가 핵심

색채 대조는 훌륭한 슬라이드의 핵심 요소다. 단순히 다른 색을 사용한다고 해서 필요한 대조 효과를 얻을 수는 없다. 두 색의 명도(어둠 또는 밝음)가 거의 같을 때 배경과 본문의 경계가 거의 구별되지 않는다. 본문의 가장자리가 모호하며, 심한 경우에는 움직이거나 흔들리는 것처럼 보인다. 각 색의 명도가 달라 서로 잘 어울리는지 확인하는 좋은 방법은 회색을 기준으로 삼는 것이다. 회색 바탕 위에서 분명히 대조하지 않으면 채색한 뒤에도 눈에 잘 띄지 않는다.

배경으로 짙은 녹색이나 파란색을 쓰자

자연환경에서 고르자면 사람들은 녹색과 파란색에 자연적으로 끌린다. 사람들이 세상에서 가장 탐내는 부동산의 전경에는 이 두 색(바다와 산)이 모두 담겨 있다. 대도시에서조차 경제적으로 여유 있는 사람은 공원, 강, 호반, 바다가 보이는 집을 선택한다. 녹색과 파란색은 궁극적으로 지구에 사는 모든 생명체의 목숨을 유지해준다. 퓰리처상을 받은 과학자이자 환경운동가인 에드워드 윌슨은 인간이 자연계에 가지는 호감을 생명애(biophilia)라고 한다. 그는 인간이 생명애를 가지는 이유는 비슷한 경치에서 진화했기 때문이라고 설명한다. 진한 녹색의 나뭇잎과 초원, 푸른 바다, 열매가 필 것임을 보여주는 꽃의 대조적 색채, 더는 기다리지 않아도 됨을 의미하는 잘 익은 과일의 빨간색과 노란색. 인간은 아직도 이런 요소들을 높게 평가한다. 조경 설계사는 공원과 개방형 장소를 설계할 때 이를 사용한다. 우리는 집 마당과 정원에 식물을 심고 가꾼다. 나무와 관목의 잎은 선명하고 진한 녹색이다. 노란색, 하얀색, 분홍색, 빨간색, 자주색 꽃은 녹색과 강하고 밝은 대조를 이룬다. 이 기분 좋은 대조는 시선을 끌어당기고 긴장을 풀게 하며 힘겨운 세상에 맞설 수 있도록 힘을 재충전해준다. 배경에 진한 녹색이나 파란색을 쓰면 인간의 이런 선호도에 영향을 줄 수 있다.

배경으로 흰색을 사용하지 말자

진한 녹색이나 파란색을 배경으로 사용하면 좋은 것과 같은 이유로, 배경을 흰색으로 쓰면 안 좋다. 흰색이나 아주 밝은 배경으로 된 슬라이드를 계속 보는 것은 화창한 날에 눈밭을 바라보는 것이나 마찬가지로 눈이 불편하다. 밝은 배경은 프린트 자료로는 안성맞춤이지만, 불이 켜진 스크린에는 좋지 않다.

본문은 흰색이나 노란색을 쓰자

강조를 위해 기본색인 흰색이나 노란색을 쓰는 방법이 일반적이고 효과적이다. 배경색보다 명암이 낮은 경우라면 명암이 아주 밝은 다른 색도 효과가 있다. 배경과 충분히 대조되지 않는 색은 피한다.

색맹

색맹인 사람은 특정 색을 구별하지 못한다. 남성 중 6~20퍼센트(8~12퍼센트가 가장 일반적인 수치임), 여성 중 1.5퍼센트가 색맹으로 추정된다. 적록색맹이 가장 일반적으로 전체 색맹의 약 99퍼센트를 차지하며, 빨간색과 녹색을 구분하지 못한다. 청색맹은 드물다. 모든 색에 대한 색맹(회색 배경으로만 색을 구분)은 아주 드물다.

이에 대처하는 간단한 방법은 시각교재에서 빨간색과 녹색 사용을 최소로 줄이는 것이다. 특히 이 색들의 명도가 같을 때 주의해야 한다.

본문

슬라이드를 제작할 때 다음 지침을 따르면 본문을 효과적으로 활용하는 데 도움이 된다. 이 원칙은 대부분 다른 형태의 시각교재 (오버세트 필름, 플립 차트, 칠판, 화이트보드)에도 적용된다.

본문은 읽기 편할 정도로 커야

본문 글자 크기는 스크린과 청중의 규모에 따라 다양하게 선택한다. 일반적으로 적당한 크기는 제목으로 최소한 30포인트, 본문으로 최소한 20포인트다.

깔끔하고 단순한 글꼴이 가장 효과적

슬라이드의 글꼴로는 한글의 경우 제목은 HY헤드라인 M, 내용은 HY견고딕을 많이 쓴다. 한글 글꼴은 반드시 기본 글꼴을 써야 다른 컴퓨터로 자료를 옮겼을 때 깨지지 않는다. 영문의 경우에는 애리얼(arial)체가 가장 좋다. 산세리프(sans serif, 고딕체—옮긴이)체로 깔끔하고 단순하며 글자 끝에 장식이 없다. 또 동종 글꼴이 상당히 다양하다. 이런 글꼴로는 애리얼 내로우(Arial Narrow), 애리얼 블랙(Arial Black), 애리얼 라운디드 MT 볼드(Arial Rounded MT Bold)가 있다(그림 12.1). 디자인을 그대로 두되 약간 변화를 주고 싶을 때 이런 글꼴을 사용하면 된다. 그러나 아무리 같은 글꼴 군에 속하더라도, 본문에 두 종류 이상을 사용하면 산만해진다는 점을 명심한다.

대문자로만 쓰지 않는다

대문자로만 된 글자는 읽기 힘들고 당연히 시간이 더 걸린다. 또 두 문자어와 구분이 잘 안 된다.

글보다 효과적인 각종 요소

왜 그림 한 장이 천 마디 말보다 가치 있을까? 그림은 관심을 고조시킨다. 그림은 청중의 감각 입력방식을 오디오 장치에서 시각 장치 상태로 변동시켜 뇌를 깨우고 활력을 불어넣는다. 그림은 발표자의 요점이 청중의 마음에서 살아 움직이게 한다. 그림은 말로 표현하기 힘든 세밀한 부분을 전달해준다. 또 감정적 반응을 이끌어내는데도 훌륭한 방식이다.

그리고 요점에 대한 청중의 친밀감을 높이며, 시각적인 방식으로 반복하면 이 친밀도가 더 강화된다(앞서 설명했듯이 오랫동안 기억하게 하는 핵심적인 방법 두 가지는 감정 자극과 요점이나 주제에 대한 청중의 친밀감 이용임을 명심하자). 시각 학습 능력이 좋은 청중에게 이런 그림 자료는 가장 강력하고 효과적인 매체다.

그래픽

차트와 그래프는 청중이 더 쉽게 이해하고 해석하도록 데이터를 제시하는 데 도움이 된다. 각종 연구 결과에 따르면 메시지를 받아들일 때 하나 이상의 감각을 사용하면 이해력과 암기력이 모두 좋아진다. 또 그래픽을 사용하면 기분 전환 효과가 있어 청중의 주목이 유지된다.

비즈니스 오피스 소프트웨어에는 그래프 제작 툴이 들어 있다. 이런 제작 툴은 대체로 발표자에게 필요한 사항을 거의 다 충족시켜 줄 것이다. 여기에는 각종 차트의 예, 해당 데이터를 전달하는 데 최적의 차트를 선택하는 방법, 프레젠테이션 소프트웨어와 워드 프로세싱 소프트웨어, 스프레드시트 소프트웨어 사용 예가 들어 있다.

특정한 분야나 목적에 따라 사용되는 차트와 그래프의 종류도 다양하다. 기술과 학문 분야 전문가들이 사용하는 그래프 전문 소프트웨어 프로그램도 많이 있다.

또 소프트웨어에 내장된 제작 툴로 그래프의 기본 형태를 만든 다음, 선이나 상자나 화살표와 같은 다른 시각 요소를 삽입해도 된다. 이밖에 다른 소프트웨어에서 그래프를 복사하는 방법도 있다. 사용하는 차트와 그래프의 종류에 상관없이 다음 지침을 따르면 도움이 될 것이다.

제목

그래프 제목에서 데이터를 설명해야 한다. 청중이 제목만 보고도 슬라이드가 전달하려는 요점을 이해할 수 있어야 한다. 슬라이드 제목을 '연초대비 판매 실적'으로 다는 것보다 '연초대비 판매량 30퍼센트 상승'이라고 하는 게 좋다.

축

각 축의 눈금을 제시하는 데이터에 적절하게 맞춰야 한다. 또 그래프에서 각 축의 값을 보여주는 라벨을 청중이 분명하게 읽을 수 있게 만들어야 한다. 각 축의 라벨이 분명하게 보이지 않으면 도표에 나타난 각종 값의 차이가 정확히 전달되지 않으므로 그래프가 잘못 해석될 수 있다.

색채

배경색과 각 데이터의 내부와 선의 색이 대조되어야 눈에 잘 들어온다. 또 모든 색이 슬라이드 전체 색 구성과 일관돼야 한다. 한편 각 색깔이 지닌 상징적 의미도 고려한다. 빨강은 금융 서비스 분야의 청중에게 '적자에 빠졌다'는 의미다. 또 회사 로고나 상표 색을 사용하는 게 적절할지도 생각한다.

깊이

2차원 그래프를 3차원으로 전환해보자. 이 방법은 막대그래프, 기둥그래프, 원그래프일 때 효과가 가장 좋다. 데이터 블록에 3차원을 덧붙이면 더 입체적이고 명백해 보인다. 데이터 블록이 세 개 이상이면 3-D 그래프가 너무 복잡해 보여 이해하기가 힘들다. 일반적인 소프트웨어에 다양한 기본 그래프와 함께 3-D 그래프도 포함돼 있다.

라벨

데이터 라벨을 사용해 그래프상의 수치 값을 강조하거나 정확하게 보여야 한다. 각 라벨을 데이터 부분에 가깝게 배치해야 한다. 라벨은 막대나 기둥 끝, 선 그래프에서 데이터 위, 원 그래프에서 해당 부분 바깥쪽에 넣을 때 가장 효과적이다. 글씨 크기와 색 대조가 읽기 편해야 한다. 라벨도 그래프 전체 스타일과 일관성을 유지해야 한다.

범례

그래프에 담긴 내용이 하나 이상일 때 범례(그래프 등에서 사용 부호 설명-옮긴이)를 사용한다. 범례는 데이터 내용과 그래프상의 색을 연결해서 보여준다. 범례가 들어가면 그래프를 이해하기 수월하다.

톰스톤

슬라이드 끝에 간략한 개요를 넣기도 한다. 이를 톰스톤(tombstone, 슬라이드가 '사라진' 뒤에도 청중이 기억해야 하는 내용)이라고 한다. 톰스톤은 제목을 부연설명하거나 데이터를 더 자세하게 설명하거나 해석해준다. 예를 들어 제목이 '연초대비 판매량 30퍼센트 상승' 이라면 톰스톤은 '모든 지역에서 판매량 상승에 기여' 라는 식으로 넣을 수 있다.

표

표는 세로나 가로줄에 데이터를 담고 정리해놓는 것이다. 표는 해석 없이 데이터를 그대로 보여준다. 표는 가공하지 않은 데이터를 제시할 때 유용하며, 청중이 자유롭게 해석하게 한다. 대체로 프레젠테이션은 단순히 정보를 전달하는 데 그치지 않고 설득하거나 확신을 주는 목적이 있기 때문에 표보다는 그래프가 더 많이 사용된다. 조사의 철저함과 데이터의 풍부함을 보여주는 데 표를 사용한 다음 그래프를 통해서 이 데이터를 다시 설명하는 방법을 쓰는 것도 좋다.

대개 한눈에 표를 읽기가 불편하므로 적당한 크기로 만들어야 한다. 경험에 따르면 줄이나 칸은 여섯 개를 넘지 않는 게 좋지만, 표 크기는 스크린에 따라서 청중의 눈에 잘 띄는 수준으로 조정해야 한다. 그래프를 넣지 않고 표로만 데이터를 설명할 작정이라면 가장 중요한 칸을 돋보이게 하는 게 좋다. 중요한 칸의 배경색을 바꾸거나, 해당 칸의 글자색을 변경하고 고딕체로 하는 게 좋다. 세로나 가로줄의 제목을 고딕체로 하면 청중이 표를 읽고 관련 데이터를 찾기가 더 수월해진다.

일반적인 프레젠테이션 소프트웨어 제품에는 표 제작 툴이 포함돼 있으며, 다른 소프트웨어에서 표를 복사해도 좋다. 다른 소프트웨어에서 표를 복사할 경우, 미리 프레젠테이션에서 사용될 장비와 동일한 장비로 슬라이드를 시험해서 표가 깨지지 않고 정확하게 나오는지 확인해둔다.

사진

사진은 프레젠테이션 슬라이드에서 가장 많이 사용하는 이미지다. 사진은 선택 여지가 많고, 정확하며, 세밀한 부분까지 전달한다. 특히 사진은 사람의 감정적 반응을 강하게 이끌어낸다. 사진을 볼 때는 논리보다 감정을 더 많이 사용한다. 따라서 청중은 본문이나 연사의 말에 비해 사진을 훨씬 더 빠르게 받아들인다. 그러니 청중의 감정이 격해진 환경에서 사진을 사용할 때는 이 점을 염두에 두기 바란다.

디지털카메라로 사진을 찍거나, 웹사이트에서 적당한 사진을 찾거나, 사진 제공업체에서 구입하거나, 사진이 들어 있는 소프트웨어에서 가져다 쓰면 된다. 인터넷 검색창에 '사진 제공업체'라고 치면 각종 자료를 찾을 수 있다.

대체로 새로운 이미지를 사용하는 게 최선책이지만, 친숙한 사진을 예상하지 못한 방법으로 사용하면 새로운 아이디어를 소개하거나 유머 감각을 도입하는 효과가 크다.

선명한 이미지를 선보이려면 해상도가 중요하다. 프레젠테이션 슬라이드용으로는 최소한 640×480dpi가 적당하다. 해상도가 너무 높은 사진은 그래픽 프로그램을 사용해서 낮춘다. 이렇게 전환하면 파일 크기가 줄고 남은 디스크 공간이 늘어나 컴퓨터 작동이 빨라진다.

클립아트

프레젠테이션 소프트웨어에는 대부분 클립아트(clip art. 컴퓨터에서 사진집이나 그림집을 뜻함-옮긴이)가 들어 있다. 그러나 많은 사람이 이미 각종 프레젠테이션에서 이런 이미지를 사용했다. 그러니 기본 클립아트가 자신의 필요사항에 꼭 들어맞으면 상관없지만, 그렇지 않으면 신선한 클립아트를 사용하는 게 좋다. 신선한 클립아트를 고르려면 오래돼 보이는 사진이나 이미지를 삼가야 한다. 1980년대에 유행한 어깨가 넓은 정장에 작은 실크 넥타이를 차고 윙팁(wingtip, 구두코에 날개 모양이 들어감-옮긴이) 구두를 신은 여성 사업가의 사진을 사용하는 발표자는 청중의 눈에 구식으로 보일 것이다. 인터넷이나 클립아트 소프트웨어 제품에서 참신한 최신 이미지를 찾아보자.

또 클립아트 이미지의 색에 주의해야 한다. 이 이미지가 눈에 잘 들어오게 하려면 슬라이드 배경색과 대조되어야 한다. 배경이 아주 밝은 경우를 제외하고는 검은색 클립아트를 사용하면 안 된다. 다른 색 위에 겹쳐진 검은색은 눈에 잘 들어오지 않는다.

애니메이션

그래프나 표를 사용할 때 일부 요소를 애니메이션으로 만들어서 한 장면에 한 번씩 등장하게 하는 것도 좋다. 이는 연사가 청중의 주의를 환기하는 데 도움이 된다. 애니메이션을 사용하면 복잡한 슬라이드를 사용할 때 포인터를 쓸 필요가 없다. 그러나 판단을 잘해야 한다. 동일한 내용을 설명하는 일련의 슬라이드에 소프트웨어에 들어 있는 각종 애니메이션 효과를 몽땅 사용하면 안 된다. 간결하게 만드는 게 좋다.

이미지 작업하기

프레젠테이션 슬라이드에 넣을 이미지(차트, 그래프, 사진, 클립아트)가 준비됐으면 더 효과적인 모양으로 이미지를 변경해본다. 가장 일반적으로 사용되는 이미지 변경 방법을 소개한다.

크기 조정

이미지는 모든 청중이 주요한 세부 내용을 다 볼 수 있는 크기로 만들어야 한다. 한 슬라이드에 이미지와 본문을 같이 넣는 경우, 먼저 어느 쪽에 더 중점을 둘지 판단하고 여기에 따라서 크기를 정한다. 이미지와 본문 주변에 공간을 충분히 남겨놔야 서로 겹치거나 잘리지 않는다. 사진 크기를 조정할 때는 이미지 가장자리에 작은 네모점으로 돼 있는 확대 핸들(expansion handle)에 마우스 포인터를 놓으면 모양이 바뀐다. 이때 마우스의 왼쪽 단추를 누른 채 드래그하면 된다. 이미지 크기를 조정하려고 확대 핸들을 사용할 때는 화상비(가로 대 세로의 비율)를 유지해야 이미지가 일그러지지 않는다. 슬라이드에서 이미지의 이동을 쉽게 하려면 텍스트 박스를 만들어 그 안에 이미지를 넣는다. 텍스트 박스를 수정해서 프레임을 만들거나 배경에 이미지가 '떠다니도록(float)' 숨길 수 있다.

크로핑

이미지에서 불필요한 부분을 잘라서 다듬는 것을 크로핑(cropping, 자르기)이라고 한다. 이미지 포맷 툴박스에서 크로핑 기능을 찾는다. 크로핑 거리를 설정하기 전에 이미지 크기를 먼저 확인하면 몇 번 만에 필요 없는 부분만 자를 수 있다.

색 선택

일부 클립아트는 색을 한 개 또는 그 이상까지 바꿀 수 있다. 배경색과 대조를 주고 싶거나 더 멋지게 만들고 싶을 때 이 방법을 사용하면 된다. 클립아트를 삽입해서 선택한 다음 색 변환 기능을 선택하면 된다.

밝기

이미지의 밝기에 따라 스크린에서 얼마나 잘 보이는지 판가름 난다. 이미지가 밝으면 스크린에 더 선명하게 투사된다. 가능하다면 실제 프레젠테이션에서 사용할 프로젝터와 같은 장비로 조명이 발표장과 동일한 장소에서 확인해본다. 밝기를 바꾸려면 포맷 툴박스에 있는 밝기 조절 기능을 사용한다. 프레젠테이션 전에 확인이 불가능하면 프레젠테이션 슬라이드 제작을 마무리할 때 여러 밝기로 변환해서 검토해본다. 그다음에 프레젠테이션 장비를 설치하면서 사진을 시험해보고 밝기를 조절하면 된다.

간단한 것 대 상세한 것

교통표지판을 떠올려보자. 대체로 극명하게 대조되는 두 색으로 돼 있다. 예를 들어 짙은 녹색에 흰 글자, 진한 황색에 검정 글자, 빨강에 흰 글자로 구성돼 있다. 또 교통표지판에 들어가는 글자는 크고 글꼴이 깔끔하며 제한적이고, 한두 단어만 들어간다. 사용되는 그래픽이 대단히 간단하다. 걸어가는 사람 모양(머리는 원이고 몸은 직선), 합해지는 굵은 선 두 개, 교차되는 굵은 선 두 개 정도로만 표현된다. 교통표지판에 쓰인 간단하고 눈에 확 들어오는 형태(삼각형, 팔각형, 직사각형)는 인식하고 이해하기가 쉽다. 교통표지판에는 운전자를 안내하는 정보는 충분하지만, 이밖에는 아무것도 포함되지 않는다. 운전자의 집중력을 분산할 요소가 전혀 없는 것이다.

전광판도 생각해보자. 전광판은 아주 큰 사진으로 커다란 단어만 몇 개 들어 있다. 전광판은 오직 한 개념만 전달한다.

이상적인 슬라이드를 만들 때 교통표지판이나 전광판이 좋은 모델인가? 프레젠테이션 슬라이드도 이렇게 단순해야 하는가? 절대 그렇지 않다. 그 이유는 다음과 같다.

프레젠테이션에서 전달할 내용에는 교통표지판이나 전광판에 담긴 메시지처럼 청중에게 친숙하거나 간단명료하게 다가갈 내용이 극히 드물다. 간결한 교통표지판과 전광판은 사람들이 이미 알고 있는 개념을 상기시키는 데 좋은 방법이다. 특히 시속 65킬로미터로 운전하면서 주위 교통상황을 살피고 좋아하는 CD를 들으며 전화로 고객과 대화를 나누는(또는 뒷좌석에 앉은 자녀 둘과) 경우에 말이다. 교통표지판이나 전광판 같은 형태는 새로 나온 자료나 복잡한 정보나 두 개 이상의 아이디어 또는 제품의 차이점을 전달하는 데 적합하지 않다. '교통 표지' 식으로 슬라이드를 만들면 청중이 최근 경향을 파악할 수 없다. 이런 식으로는 내용을 완전히 파악하고 결정하게 도움을 줄 미세한 세부 내용을 전달하지 못한다. 또 이런 식으로는 청중이 아주 마음에 드는 두 방법 가운데 하나를 선택하게 도울 수도 없다. 슬라이드를 원래의 목적(청중이 중요한 정보를 이해하고 기억하게 돕는 시각 도구)대로 사용하려면 사람들이 교통표지판을 바라볼 때와 달리 더 의식적으로 주목하게 디자인해야 한다.

예일대학 교수이자 정보의 시각적 프레젠테이션 분야의 선구자인 에드워드 터프트(Edward Tufte)는 컴퓨터 슬라이드의 지나치게 단순한 디자인을 신랄하게 비판한다. 그는 지나친 단순화 때문에 청중을 꿀꺽 삼키기라도 하려는 양 슬라이드를 과도하게 사용하는 발표자가 수없이 늘어나고 있다고 지적한다. 그는 각종 슬라이드 소프트웨어, 이 중에서 특히 파워포인트가 지나친 단순화를 조장하고 있다고 한다. 그의 설명에 따르면 전형적 파워포인트 슬라이드에는 단어가 약 40개가 들어가며 8초 안에 읽을 수 있다. 그는 "슬라이드 한 장에 들어가는 정보가 너무 적다보니, 슬라이드가 아주 여러 장 필요하다. 결과적으로 청중은 연달아서 끊임없이 나오는 슬라이드를 참아내야 한다"고 지적한다.

터프트는 청중을 이해시키려면 복잡성, 상세함, 나란히 정보 보여주기(차례대로가 아니라)가 필요하다고 주장한다. 특히 통계 자료나 복잡한 기술 정보를 제시하는 경우 내용이 상세할수록 훨씬 명확하며 이해가 잘 된다. 한 스크린에서 정보를 나란히 보여주면 관계를 설명하고, 비교·대조하며, 가치를 배정할 수 있다.

터프트의 주장은 일리가 있다. 한편으로는 이런 의문이 들기도 한다. 프레젠테이션 소프트웨어 템플릿(과 프레젠테이션 교육 지침 대부분)이 슬라이드를 간단하게 만들게 조언하는 이유가 무엇인가? 이는 불필요한 상세 내용을 너무 많이 싣지 말라는 뜻에서 하는 충고인 듯하다. 수많은 글과 그래픽이 들어가는 아주 복잡한 슬라이드를 사용하는 발표자가 너무 많기 때문이다. 이런 슬라이드는 이해하기 힘든 것은 물론, 보거나 읽는 것이 아예 불가능하다.

시각적 균형을 적당히 맞추기

시각 자료를 이용해서 복잡한 정보를 이해하기 쉽게 프레젠테이션하는 작업은 상당히 어렵다. 슬라이드를 이해하기 쉽게 만들려면 필요한 세부 내용과 명료한 디자인 사이에서 적당한 균형을 맞춰야 한다. 또 글과 그래픽 모두 청중이 분명히 볼 수 있는 크기여야 한다. 청중에게 보이지도 않는 정보를 이해해주길 바라는 것은 소에게 노래를 가르치는 꼴이나 마찬가지다. 결국 소 주인은 짜증이 나고 소는 정신이 나갈 것이다(또는 그 반대).

프레젠테이션 소프트웨어에는 필요에 따라 슬라이드를 간단하게 또는 상세하게 만들 수 있는 기능이 많이 있다. 이런 기능 사용법을 익혀두면 기본 템플릿에 얽매이지 않고 여러 방법으로 슬라이드를 디자인하는 융통성과 통제력을 갖추게 될 것이다. 또 분야(금융, 기술, 수학, 각종 과학 분야)별로 전문적이고 복잡한 정보를 효과적으로 전달하게 해주는 소프트웨어가 많이 있다. 따라서 아주 전문적인 정보를 전달해야 한다면 이런 소프트웨어를 검토해보는 것이 좋다.

상세한 슬라이드의 장점

슬라이드에 더 상세한 내용을 담으면 다음 슬라이드로 넘어가기까지 시간이 더 걸린다. 이렇게 천천히 넘어가면 청중이 복잡한 정보를 이해하고 소화할 여유가 생긴다. 상세한 내용이 담긴 슬라이드를 느린 속도로 설명하는 사이사이에 내용이 간단한 슬라이드를 집어넣어보자(또는 사용하지 않아도 된다). 이 방법은 분위기를 전환하는 효과가 있어 청중의 집중력을 유지해준다. 이 방법을 사용하려면 '시각교재를 효과적으로 사용하는 비법'을 꼭 활용하기 바란다.

나는 의도적으로 복잡하거나 상세한 슬라이드를 만드는 데는 반대한다. 프레젠테이션의 다른 요소와 마찬가지로 슬라이드 또한 최대한 간단하게 만들어야 한다. 발표자의 정보를 이해하고 기억하는 청중의 능력에 도움이 되지 않는 단어나 그래픽이나 색을 포함시키지 말아야 한다. 그러나 세부 내용이나 복잡한 내용이 메시지 전달에 꼭 필요하다면 포함해도 상관없다. 꼭 관련 있다면 상세한 내용을 담는다. 단지 청중의 눈에 잘 들어오게 말이다.

이쯤 되면 청중에게 전달한 내용을 죄다 시각교재에 담으면 안 됨을 알았을 것이다. 이제 이 점을 보충설명하기 위해 '시각교재의 수요공급 법칙(Law of Visual Aid Supply and Demand)'을 소개한다.

시각교재의 수요공급 법칙

시각교재의 수요공급 법칙은 '보충 시각교재는 모두 다른 시각교재의 중요성을 반감시킨다'이다(세상에서 가장 안 지켜지는 규칙일 것이다). 많은 발표자가 슬라이드를 너무 지나치게 사용한다. 끊임없이 슬라이드를 연속해서 보여준다. 이들은 청중의 지적 능력을 모독한다. 이들은 청중을 지루하게 하고 멍하게 만들다가 급기

야 잠에 빠뜨린다. 이런 문제를 해결하려면 다음 내용을 명심해야
한다.

첫째, 간단명료한 슬라이드 12장을 연달아서 보여주는 것보다
복잡하거나 상세한 내용을 담은 슬라이드가 중간에 한 장 이상 들
어가는 게 효과적임을 알아야 한다. 둘째, 슬라이드는 발표 원고가
아님도 깨달아야 한다. 셋째, 중간에 슬라이드 없이 이야기하는 시
간도 있어야 함을 명심해야 한다. 넷째, 청중의 이해를 돕는데는
시각교재 말고도 여러 방법이 있음을 알아야 한다. 시각교재에만

핵심 포인트

시각교재는 당연히 시각적이어야 한다. 시각교재는 발표자가 전하려는 정보
를 청중이 이해하고 기억하게 도와야 한다. 꼭 필요한 시각교재만 넣어야 한
다면 발표 내용과 직접 관련 있는 것을 고르는 게 최선책이다. 이는 빠질 경
우 청중이 발표 내용을 이해할 수 없는 시각교재를 말한다. 전달하려는 메시
지, 청중, 발표 장소에 가장 걸맞은 시각교재를 선택한다.

시각 요소(차트, 그래프, 사진, 클립아트)를 신중하게 선택해야 한다. 차트와 그
래프는 여러 소프트웨어 프로그램으로 간단히 만들 수 있다. 많이 쓰이는 워
드 프로세싱, 스프레드시트, 프레젠테이션 소프트웨어에는 시각교재를 선택하
고 디자인할 때 참고할 보기와 지침이 있다. 또 과학, 수학, 의학 등 전문 분
야에 맞게 만들어진 소프트웨어도 많다.

배경과 글 시각 이미지 색을 선택할 때는 청중을 염두에 둬야 한다. 글꼴과
크기 모두 읽기 쉽고 미적 감각이 있는 것으로 선택한다. 일반적으로 간단하
고 클수록 좋다.

매달리는 대신에, 유추를 활용하고 이야기를 들려주며 손짓 발짓을 동원해 구체적으로 묘사하고 청중이 눈을 감고 직접 상상하게 유도해보자.

정말 멋져요!
장소에 따른 복장

> 옷이 사람을 만든다. 벌거벗은 사람은 사회에 영향을 거의 또는 전혀 주지 못한다. **—마크 트웨인**

발표자 자체가 첫 번째 시각교재다. 청중은 발표자가 발표하기 전부터 외모로 판단한다. 외모는 발표자의 첫인상에서 중요한 부분이다. 이 인상에 따라 청중에게 영향을 미치는 능력이 좌우된다. 청중이 외모로 발표자를 판단하면 안 된다고 생각하는가? 그렇지만 여러분 생각과 상관없이 청중은 실제로 외모로 발표자를 판단한다. 따라서 이 점을 이해하고, 메시지 전달에 도움이 되게 복장을 갖추고 외양을 다듬는 게 중요하다.

과거에 비해 비즈니스 복장이 훨씬 다양해졌다. 기업이나 산업계나 지역에 따라 다른 복장 코드가 있다. 현대사회에서는 복장을 선택할 때 프레젠테이션 형태, 청중에 대한 지식, 청중의 기대감, 발표장소나 배경이 과거 어느 때보다 영향을 많이 미친다.

목표를 파악하자

'자신의 직위나 회사나 산업계를 대표해서 발표하는가, 아니면 청중의 회사나 산업계의 기준에 맞춰 발표하는가?' 이는 꼭 자문해야 하는 중요한 질문이다.

합작 사업을 목적으로 상대 회사 경영진 앞에서 발표할 경우 이 회사의 규정에 맞게 옷을 입으면 동질감을 불러일으킬 수 있다. 은행가로서 인정받고 싶으면, 청중이 은행가 복장으로 당연하다고 여기는 기대치에 맞춰서 옷을 입어야 한다. 발표자가 소프트웨어 개발자라면 청중은 은행가와 다른 모습을 기대할 것이다.

발표자가 창조적 화가라면 또 다른 모습을 예상할 것이다. 새로 생긴 고급 호텔을 대상으로 프레젠테이션하는 인테리어 디자이너라면 색채와 질감과 액세서리를 조화롭게 잘 선택해 자신만의 앙상블을 연출하는 능력이 있음을 청중에게 보여주는 것도 좋다. 페루 안데스산맥의 와리 마을을 계속 발굴할 기금을 조성하는 자리에 이탈리아제 최신 실크 양복을 입고 등장하면 참석자들은 기금 사용 내역에 의문을 품게 될 것이다. 그 반면에 해지고 더러운 작업복을 입는 것도 청중과 해당 행사를 존중하지 않는다는 의미로 비춰질 것이다.

따라서 아주 격식을 차린 정장과 극도로 편한 평상복 사이에서 잘 절충해야 한다. 복장을 올바르게 선택했는지 자신이 없거나 아예 패션에 관심이 없으면 평소에 믿는 사람에게 조언을 구한다. 패션 컨설턴트 서비스를 제공하는 회사가 많이 있다. 패션 컨설턴트는 고객의 외모를 평가하고, 최신 유행을 알려주며, '비즈니스 유니폼'으로 적당한 옷을 골라준다.

비즈니스 복장이란?

비즈니스 프레젠테이션의 기본 복장은 단정하게 잘 다려진 와이셔츠 또는 블라우스에 수수하지만 잘 만들어진 정장을 입는 것이다. 현대 비즈니스 환경에서는 여성 정장으로 치마와 바지가 모두 용인되지만, 적당한 치마 길이의 기준은 여전히 보수적이다. 치마를 입을 때는 스타킹을 신어야 하며, 굽이 5센티미터를 넘지 않는 소박하고 윤이 나는 구두로 마무리해야 한다.

복장에 어느 정도 격식을 갖춰야 하는지 모르겠다면 행사 주최 측에 물어본다. 그리고 나서도 확신이 서지 않으면 편한 복장보다 격식을 차린 복장을 하는 게 낫다. 조금 더 격식을 차린 복장은 해당 행사와 청중에 대한 존중을 표시하며 신뢰 획득에 도움이 된다.

여성은 선택의 여지가 아주 다양하다. 행사 성격에 알맞고, 너무 몸을 드러내거나 선정적이지 않되 적당히 매력적인 옷을 선택한다. 민소매 원피스나 블라우스는 입지 않는 게 좋다. 이런 옷은 능력이 있다는 인상을 주지 않는다.

전통적이고 보수적인 입장에 따르면 정장으로 적당한 색은 남색이나 회색으로 남성과 여성 모두에게 동일하게 적용된다. 단색 또는 무늬가 엷게 들어간 와이셔츠나 블라우스에 수수한 넥타이나 스카프를 하는 게 전형적인 복장이다.

덜 보수적인 입장에 따르면 여성은 더 눈에 띄는 색을 입어도 (그리고 입어야) 된다. 디자인이 수수하다면 보석 톤의 정장 한 벌이나 재킷(루비빛 빨강, 사파이어빛 파랑, 에메랄드빛 녹색)이 적당하고 매력적이다. 또 남성이 좀더 색상이 선명한 와이셔츠를 입고 여기에 맞춘 넥타이를 하는 것도 용인된다. 이렇게 더 진하고 밝은색은 피부톤과 머리색을 보완하는 것으로 선택해야 한다.

비즈니스 캐주얼이란?

'비즈니스 캐주얼(Business casual)' 이라는 말이 모순이라고 생각하는 사람이 있으며, 대다수는 이 뜻을 혼란스러워 한다. 이 말은 의미가 여럿 있고, 회사나 부서마다 다르게 해석된다. 발표자는 해당 행사에 적당한 '비즈니스 캐주얼' 의 의미를 어떻게 해서든지 알아내야 한다. 자신의 목표와 청중의 기대치를 생각해본다. 청중보다 약간 더 격식을 차려 입으면, 장소에 안 어울린다는 소리를 듣지 않으면서도 권위가 넘치는 분위기를 풍길 수 있다.

옷이 깨끗하고 주름이 없으며 몸에 잘 맞아야 함은 필수다. 니트 셔츠를 입으려면 평범한 라운드보다 폴로셔츠나 골프셔츠처럼 칼라 있는 옷을 선택한다. 또 청바지보다 잘 다린 카키 또는 네이비블루 바지를 입는 게 낫다. 카디건 스웨터를 입으면 의상이 완벽하게 마무리되며 실내에 에어컨이 가동되는 경우에 유용하다.

다시 말하지만 여성은 선택의 폭이 아주 넓다. 간결하고 몸에 잘 맞으면서 편하고 노출이 심하지 않은 옷을 고른다. 극단적인 색이나 스타일은 피한다. 팔이나 발을 맨살로 노출시키면, 청중의 시선이 분산되며 능력이 있다는 인상을 줄 수 없다. 치마와 스타킹이 적절하지 않은 자리라면 바지를 입는다. 수영장이나 테니스장에서 발표하는 게 아닌 이상 샌들이나 발가락이 보이는 신발이나 운동화는 신지 않는다. 액세서리는 비교적 수수한 것으로 약간만 착용해 청중의 시선이 분산되는 것을 방지한다. 의상에 어울리는 보석을 하는 것이야 괜찮지만 최소한으로 줄이고 싸구려는 달지 않는 게 좋다.

비즈니스 환경에 맞는 외모 가꾸기

머리 모양과 화장과 손과 손톱은 전체 외모에서 중요한 부분이다. 다음 조언을 따르면 좋은 인상을 줄 수 있다.

머리

머리는 청결하고 수수하되 멋진 스타일로 정돈해야 한다. 몇 년 동안 같은 헤어스타일을 고수했다면 주변에서 솔직하고 객관적인 의견을 듣는다. 여성과 남성을 불문하고 머리가 너무 길면 보는 사람의 신경에 거슬린다. 변화를 주고 싶으면 머리를 잘 자르는 미장원에 돈을 투자한다. 이는 적어도 프레젠테이션 1주일 전이 적당하다. 그래야 자신의 새로운 모습에 친숙해질 시간이 생긴다. 여러분이 활동하는 분야에서 젊음을 중요하게 생각하면 흰머리를 염색하는 것을 고려한다. 전문 미용사와 염색할 색을 상의한다. 일반적으로 연한 색을 고르는 게 좋다.

머리카락이 눈썹을 가리거나 얼굴에 달라붙지 않게 한다. 청중이 발표자의 눈과 얼굴 표정을 봐야 한다. 머리를 계속 빗어 내리거나 흔들어대는 행동은 대단히 거슬린다. 필요하면 여성이든 남성이든 헤어스프레이를 사용해야 한다. 또 수염과 구레나룻을 단정하게 다듬어야 한다. 수염이 입을 가리면 안 된다.

화장

화장으로 두껍게 가리거나 새로운 얼굴을 만드는 게 아니라 장점을 부각하는 선에서 그쳐야 한다. 머리와 마찬가지로 외모에 변화를 주고 싶을 것이다. 유명 백화점이나 전문 매장의 화장품 코너에서 무료로 변신시켜주기도 하는데, 이는 외모를 새롭게 바꾸는 좋은 방법이다. 메이크업 담당자에게 여러분의 변신 목적을 설명하거나, 적당하게 외모를 갖춘 담당자를 직접 선택한다.

피부색과 입기로 한 옷에 잘 어울리게 옅게 화장한다. 땀을 많이 흘리는 사람은 쉽게 지워지거나 번지는 화장은 피한다. 여성은 물론 남성도 파우더를 바르면 기름기가 흐르는 것을 방지해준다. 밝은 조명 아래서 발표할 계획이라면 화장을 조금 진하게 하는 게 좋다. 밝은 빛은 자연스러운 피부색을 바래보이게 한다. 또 텔레비전 방송에 출연할 때는 메이크업 담당자가 있는지, 화장하는 시간이 얼마나 소요되는지 미리 알아둔다.

손과 손톱

손이 청결하고 손톱을 잘 다듬어야 한다. 손톱에 매니큐어를 바를 때는 복숭아색이나 핑크색이나 청동색으로 투명하거나 수수한 제품을 선택해야 한다. 남성 청중이 매니큐어를 바르는 것을 당연하게 받아들이는 분위기가 아니라면 남성 발표자가 손톱을 칠하는 것은 적절하지 않다. 손톱이 너무 길거나 길이가 다르지 않게 정돈한다. 아주 어둡거나 밝은색 매니큐어는 칠하지 않는다. 진지한 발표자로 인식되고 싶으면 손톱에 스텐실을 하거나 문양을 넣거나 라인 석을 붙이지 말아야 한다.

마지막으로 프레젠테이션 시작 전에 동료에게 여러분의 외양을 쭉 훑어보고, 버튼이 다 채워졌는지, 지퍼가 잠가졌는지, 바지에 정전기가 일어 다리에 붙지 않았는지 등을 점검해달라고 부탁한다. 발표자는 생각할 게 너무 많아 이런 점을 놓치고 지나기 쉽다.

옳고 그름을 떠나, 발표자의 복장과 전반적 외모는 비언어적 정보의 중요한 출처다. 청중은 발표자의 겉모습을 토대로 빠르고 무의식적인 판단을 내린다. 청중은 처음에 발표자를 긍정적으로 판단하면 발표 내용을 더 잘 받아들인다. 부정적으로 판단하면 호의적이지 않은 인상을 극복하기가 어렵다(때로 아예 불가능하다).

발표자의 목표에 따라 의상을 선택해야 한다. 발표자가 청중과 유사점을 강조하려면 청중처럼 복장을 갖춰야 한다. 전문가처럼 보이고 싶으면 특정 분야의 전문가로 간주될 만한 격식을 차린 정장을 입는 게 좋다. 적당한 복장을 모르겠다면 주최 측에 물어본다. 그러고 나서도 확신이 서지 않으면 평상복보다는 격식을 차려 입는 게 낫다. 청중의 주의를 흐트러뜨리지 않는 수수한 복장을 선택하는 것이 최선이다. 단정함과 청결은 필수사항이다. 옷이 깨끗하고 몸에 잘 맞아야 하며 상태가 좋아야 한다. 또 피부, 머리, 손톱도 깨끗하게 잘 관리 돼 있어야 한다. 발표자의 외모는 청중과 해당 행사에 대한 존경심은 물론 스스로에 대한 존중의 정도도 보여준다.

III부

프레젠테이션하기

몸도 말한다
비언어적 전달 기술의 위력

보는 것만으로도 아주 많이 관찰할 수 있다. **-요기 베라**

다른 인간과 의사소통하는 것은 인간만의 특성이다. 글쓰기, 전보, 전화, 이메일, 컴퓨터 슬라이드 프레젠테이션은 다른 사람과 의사를 주고받는 데 엄청난 공헌을 했다. 두말할 필요 없이 이런 방식이 모두 아주 유용하다. 사람의 음성 기관에 해를 끼치는 무서운 바이러스가 전 세계적으로 퍼져 다른 사람과 대화하는 능력을 상실한다면 삶이 얼마나 고달파질지 한번 상상해보라. 여러분이 이런 상황에 놓인다면 어떻게 할 것인가?

이런 바이러스 때문에 인간이 언어 능력을 상실한다면 즉각 손으로 가리키기, 몸으로 보여주기, 동의를 뜻하는 고개 끄덕이기, 거부를 뜻하는 머리 흔들기에 의지하게 될 것이다. 다시 말해 그동안 동작을 사용하던 경험을 활용하는 것이다.

누구나 필요한 경우에 이처럼 몸을 사용해서 의사를 표현할 수 있음을 안다. 그 반면에 살아가면서 이 방법을 얼마나 사용하는지는 그리 관심을 두지 않는다. 그러나 몸을 활용한 이런 소통 방식이 음성언어의 대안으로 그치는 것만은 아니다. 이들은 의사소통할 때 세밀하지만 강력한 의미를 전달하고, 숨은 뜻을 강화하고 강조하며, 완화하고 보완한다.

사람은 말할 때마다 동작을 취한다. 이 동작 덕분에 대화가 훨씬 더 풍성해진다. 프레젠테이션을 완벽하게 하려면 이런 비언어적인 의사전달(nonverbal communication) 방법을 사용해야 한다. 비언어적인 의사전달 방법은 아주 중요하다. 그러나 우리는 많은 정규 교육을 통해서 음성 언어와 문자 언어의 복잡성을 익히는 반면, 정작 신체 언어의 쓰임을 거의 의식하지 못한다.

비언어적 의사전달 방법이 말을 대신하는 방식을 살펴보자. 이보다 더 중요한 부분인(적어도 음성 기관 바이러스가 진짜로 창궐하지 않는 한) 여러 사람 앞에서 발표할 때 비언어적 의사전달 방법이 말을 변형하거나 보완하거나 뒷받침하거나 부정하는 방식을 살펴보자.

비언어적 전달의 종류

비언어적 전달은 주로 두 범주로 나뉜다. 운율(prosody)과 준언어(paralanguage)가 그것이다. 운율은 음성을 통해 소통된 의미를 변화하는 목소리와 음성의 특성을 말한다. 운율의 예로 음량, 억양, 어조, 리듬, 속도를 들 수 있다. 대체로 유머와 풍자(빈정거림)에서는 운율이 중요한 역할을 한다.

준언어는 음성을 통한 소통과 다른 의사소통을 말한다. 준언어는 언어의 의미를 바꾸거나 보완한다. 준언어는 다시 음성(vocal)과 비음성(nonvocal) 두 범주로 나뉜다.

음성 준언어에는 귀에는 들리지만 사전에는 나오지 않는 몸짓이나 표정이 있다. 웃음, 울음, 한숨, 신음, 콧방귀, 낄낄거림이 음성 준언어다. 비음성 준언어는 대체로 신체 언어를 말한다. 다양한 자세와 동작과 얼굴 표정과 시선 맞추는 형태가 모두 비음성 준언어다. 확연한 예로 몸을 앞으로 수그리기, 손 흔들기, 미소 짓기, 윙크하기가 있다. 이보다 포착하기 어려운 예로는 눈썹을 약간 들어올리기, 입술을 가늘게 만들기, 정면으로 마주 보지 않으려고 몸을 약간 돌리기 등이 있다. 공간의 활용(상대에게 얼마나 가깝게 서며 어떤 위치에 서는가)을 연구하는 공간학(proxemics)은 신체 언어를 또 다른 각도에서 고찰한다.

운율과 준언어가 프레젠테이션에서 정보 전달 수단으로 사용되면 '비언어적 전달 기술'이 된다.

발표할 때 여러 사람 앞에서 느끼는 일반적인 어려움과 스트레스 때문에 이런 전달 기술을 자연스럽고 효과적으로 활용하는 능력이 저하된다. 주목받는 대상이 되면 만사가 다르게 느껴진다. 자의식이 강해지고 몸 상태를 과도히 인식하게 된다. 투쟁-도피 반응이 그 장소에 남아서 발표(즉 독백을 전달)해야 한다는 생각과 격렬하게 충돌한다.

몸은 본능적으로 반응한다. 그리고 더 편해질 방법을 강구한다. 몸이 경직되거나 중심을 이동시킨다. 또는 손을 주머니에 넣고 빼지 않거나, 본능적으로 중요한 장기를 보호하려고 두 손을 모아 계속 배 앞에 둔다. 또 청중에게서 시선을 피하거나 아주 빠르게 시선을 움직이며 한 곳에 초점을 맞추지 않는다. 이런 본능적인 반응은 직접 시선을 마주치면 대결로 확대될 가능성이 있으므로 이를 피해 위험하다는 느낌을 줄이려는 시도다.

자신의 몸이 이런 자의식에 반응하는 방식을 아는 것이 신체 언어를 더 자연스럽게 대화처럼 사용하는 첫 단계다. 메시지를 잘 전달하는 기술에 숙달하려면 연습과 평가(최고 방법은 비디오 평가)가 필요하다.

발표자가 전하는 메시지의 언어적 부분과 비언어적 부분 사이의 일관성이야말로 자연스럽고 편하며 자신 있게 보이는 핵심이다. 일관성은 청중의 마음에 신뢰가 쌓이는 데 중요한 역할을 한다. 특히 발표자를 잘 모르는 사람에게 이야기할 때 더 그렇다. 4장에서 소개한 '근본적 귀인 오류'가 생각나는가? 결론은 가장 효과적으로 발표하려면 발표 방법과 발표 내용이 일관돼야 한다는 것이다.

이해되지 않겠지만, 사람들은 대부분 여러 사람 앞에 서서 자연스럽게 행동하는 방법을 배워야 한다. 이 말이 어리석다고 여겨지면 일정한 운동 기술을 익힐 때 자연스럽고 편하며 동작이 유연해지는 단계에 다다를 때까지 얼마나 많은 희생과 노력이 필요한지 생각해보자. 그리고 일단 통달하고 나면 어떤 능력을 갖게 될지 생각해보자. 여러 사람 앞에서 이야기할 때, 즉 전달하려는 메시지를 뒷받침하는 비언어적 발표 기술을 사용할 때의 신체적 요소도 운동을 배울 때와 마찬가지다. 그러나 비언어적 전달 방법을 배우는 것과 운동을 배우는 것 사이에는 큰 차이가 하나 있다.

비언어적 전달 방법을 배우는 데는 새로운 사항이 전혀 등장하지 않는다. 새 근육을 키우거나 새로운 방식으로 스트레칭할 필요가 없다. 손과 눈의 협응력(hand-eye coordination)을 향상시킬 필요도 없다. 장비 구입에 수백 달러를 쓰지 않아도 된다. 그저 여러분이 자의식을 느끼지 않을 때 몸이 어떻게 반응하는지 몸에게 상기시키기만 하면 된다. 새로운 기술이 아니기 때문에 이를 숙달하는 데 몇 년이 걸리지도 않는다. 단지 의식, 상기시키는 조언, 연습만 있으면 된다. 여러 사람 앞에서 이야기할 때마다 실생활에서 일상적으로 쓰는 비언어적 전달 버릇을 사용하면 자연스럽고 자신 있으며 편하게 발표하는 능력을 되찾게 될 것이다.

비언어적 의사전달이 얼마나 중요한가?

언어로 전달하는 메시지에 모순되지 않고 청중의 집중을 방해하지 않는 훌륭한 비언어적 전달 방법은 프레젠테이션에서 아주 중요한 역할을 한다. 그러나 비언어적 전달 방법이 발표 내용을 대신할 수는 없다. 마찬가지로 명료하고 잘 짜여 있으며 청중에게 맞춰진 발표 내용이 프레젠테이션 성공의 기초이지만, 그렇다고 좋은 비언어적 전달 방법을 대신할 수는 없다. 비언어적 내용이 언어로 전달하는 메시지의 효과를 침해한다면 청중의 마음과 정신을 사로잡을 수 없다. 발표자는 '진심을 담아서 말' 한다는 것을 보여 줘야 한다.

다음 페이지에 나온 비언어적 전달 기술을 이해하고 사용하면 더 자연스럽고 자신 있으며 편하게 행동하고 말하는 것처럼 비춰질 것이다. 또 자신감과 솔직함을 전달하게 될 것이다. 진정한 자아(일상적으로 대화를 나눌 때 분명히 나타나는 자아)가 나타나 도움을 줄 것이다.

좋은 비언어적 전달 기술은 하강 악순환을 막는다

2장에서 설명한 하강 악순환을 기억하는가? 하강 악순환은 다른 사람이 자신의 불안을 알아차릴까봐 걱정하기 때문에 더 불안해지는 것이다. '근본적 귀인 오류' 도 명심해두자. 발표자는 자신을 잘 모르는 청중이 자신이 긴장하고 있다는 신호를 감지하면, 자신의 지식이나 능력이나 확신을 잘못 판단할 것이라고 생각하게 된다. 이렇게 해서 생긴 불안은 다시 불안을 낳는다.

비언어적 전달 기술이 그토록 중요한 이유는 아주 많다. 이런 기술을 사용하면 자신이 느끼는 설명할 수 없는 불안함을 숨길 수 있다. 당당하게 행동하고 말하는 것과 달리 마음이 불편하고 자신 없음을 아무도 알아채지 못할 것이다. 이 사실을 아는 것만으로도 불안감을 줄일 수 있다. 다른 사람이 자신의 불안감을 보거나 듣지 못한다고 생각하면 하강 악순환이 힘을 상실한다. 하강 악순환은 사막에 불어닥친 허리케인처럼 용두사미로 끝나고 만다. 그러면 다시 불안함을 상당히 떨쳐버릴 수 있다. 비언어적 전달 기술을 사용하는 데 통달하면 쓸데없는 불안감이 줄어들어 말하려는 내용과 해당 행사, 청중에 맞게 최대한 효과적으로 전달하는 방법에만 초점을 맞추기가 수월해진다.

그렇지만 이런 변화가 하룻밤 사이에 일어나지는 않는다. 여러분이 핵심 장기를 보호하려고 두 손을 배 앞에 모으는 본능적 동작을 중단하면 아직도 석기 시대에서 살아남는 지혜에 젖어 있는 몸이 반항할 것이다. 또 몸을 앞뒤로 움직이는 대신에 쫙 펴서 균형을 맞추고 서 있으려 해도 몸이 반기를 들 것이다. 심지어 잠시 멈춰서 깊은 숨을 들이마시려 할 때마저 몸은 이의를 제기할 것이다. "이렇게 수많은 사람 앞에 완전히 노출되어 서 있는데 긴장을 풀라는 말이야? 정신 나갔어?"

발표 내용에 맞춰서 비언어적 전달 기술을 발휘하는 방법을 배우는 가장 빠른 방법은 연습하고 지도받으며 비디오로 찍어 자신의 모습을 평가하는 것이다. 설사 몇 년 동안 프레젠테이션했더라도 자신에게 맞는 적절한 지도를 받는 데 시간과 힘을 투자해야 한다. 경험이 많은 발표자라도 전달 기술이 아주 형편없는 경우가 많다. 이들이 보여주는 비효율적 버릇은 오랜 세월이 지나면서 버릇으로 굳어진다. 이런 버릇은 해당 발표자가 처음에 프레젠테이션 했을 때 마음을 편하게 해주는 역할을 했을지도 모른다. 그렇다고 해서 효과가 있다는 뜻은 아니다. 하긴 연단에 설 때마다 계속 손을 '비벼대는' CEO에게 그 행동 때문에 다들 짜증스럽다는 말을 감히 누가 하겠는가?

강철과 불꽃

비언어적 전달 기술은 '강철(steel)' 기술과 '불꽃(spark)' 기술로 나뉜다. 이 두 기술은 편하고 자신이 넘치는 것처럼 보이게 하며 실제로도 이렇게 되는 비밀 병기다.

각 기술을 사용해서 프레젠테이션을 자연스럽고 활력 넘치게 이끌어가는 방법을 자세히 살펴보자. 이를 위해 인간의 가장 일반적이고 자연스러운 의사소통에서 각 기술이 어떻게 사용되는지 먼저 알아본다. 이를 이해하는 것은 독백에서 두 기술을 적용하는 기초가 된다.

강철 기술 : 자세히 살피기

강철 기술은 발표자가 지닌 전달 스타일의 토대다. 전달 기술의 세 가지는 시선 맞추기, 속도(중지 포함), 자세다. 이 세 기술은 힘과 자신감과 솔직함과 느긋함을 전달한다. 세 가지 강철 기술에 통달하면 권위와 평정을 유지하면서 의사소통을 할 수 있다.

시선 맞추기

다음 내용에 즉각적으로 하는 반응은 무엇인가?

▸ 안정적 응시
▸ 그녀는 내 눈을 똑바로 쳐다봤다.

다음은 어떤가?

▸ 그녀는 고개를 숙여 발을 보았다.
▸ 흘끔거리는 눈길

안정적 응시는 신체 언어 기술 가운데 가장 중요하다. 이는 자신감과 솔직함을 전하는 효과적인 방법이다. 그러면 자신을 너무 의식하지 않는 대화에 참여할 때 시선 처리하는 방법을 살펴보자.

1 대 1 대화나 수가 적은 사람들에게 이야기할 때는 대부분 자연스럽게 상대의 눈을 쳐다본다. 말하는 사람은 청중과 '연계' 되려는 열망을 보여준다. 또 청중의 반응을 관찰한다. 상대방이 이해하는가? 혼란스러워하는가, 아니면 관심을 보이는가? 동의하는가,

아니면 반대하는가?

여러 사람 앞에 서면 보통 이런 태도가 달라진다. 흘끔거리는 눈길은 경험 없는 발표자의 전형적인 자세다. 이 경우 대부분 "뒷벽을 봐. 청중의 이마를 쳐다봐. 청중이 속옷을 입고 있다고 생각해봐. 청중이 발가벗었다고 상상해" 같은 잘못된 충고가 뒤따른다.

표 14.1 시선 맞추기

제대로 시선을 맞추면 자신감, 솔직함, 청중에 대한 관심이 전달된다.

방법	이유
프레젠테이션을 시작하고 끝낼 때 청중의 시선을 휙 둘러본다.	상황과 모여 있는 사람을 확인하는 인간의 본성을 실행할 수 있다.
프레젠테이션 중간에 요점(구 또는 문장)을 전달하면서 한 사람의 눈을 정면으로 쳐다본다. 대략 3~6초 동안 응시한 뒤에 시선을 옮긴다.	공격성이 아니라 자신감, 솔직함, 청중에 대한 관심을 전달한다. 청중의 반응을 관찰하고 그들을 파악해 이에 맞춰 대응할 수 있다.
각기 다른 위치에 앉은 청중(앞줄, 뒷줄, 옆줄, 3층 특별석)을 모두 바라본다.	모든 청중이 소속돼 있으며 가치를 인정받는다고 느끼게 된다. 또 청중은 발표자가 자신을 쳐다볼 것이라고 생각하면 정신을 팔지 않고 발표자를 주시하게 된다.
이 방법을 변칙적인 패턴으로 활용하며, '의사 결정자'를 너무 오랫동안 바라보지 않게 주의한다.	식상한 패턴에 빠져들거나 일부 청중만 특별대우한다는 평가를 피할 수 있다.
이동하는 동안에는 말을 중지한다(정지 또는 호흡).	'자료 쏟아 붓기' 신드롬에서 벗어나고, 적당한 휴지기를 가지며, 청중과 유대감을 강화할 수 있다.
개인이나 문화에 따라 시선을 맞추는 시간에 대한 선호도가 다름을 이해하고 인정한다.	교활하거나 무감각하거나 거만하다는 인상을 주지 않는다. 신뢰하고 존경하는 분위기를 형성하게 된다.

시선을 효과적으로 맞추는 방법을 배우려면 이런 충고를 따르는 대신 표 14.1에 있는 제안을 실천해보자.

속도와 중지

보통 우리는 대화할 때 느긋하고, 알맞으며, 자신의 감정이나 열의 정도에 따라 다양한 속도로 말한다. 인간의 본능적 발표 패턴은 음악과 아주 비슷하다. 다양한 박자, 속도, 중지의 빈도와 길이를 통해 내용을 강조하는 정도와 각종 감정을 전달한다.

사람에 따라서 말하는 속도가 달라 빠르거나 느리거나 안정적이다. 이런 속도에는 발표 내용의 특징은 물론 자신의 사고 스타일과 문화적 차이점이 고스란히 반영된다. 어쨌든 모든 사람은 말하는 속도, 어조, 중지의 빈도와 길이가 다르다.

중지(휴지기 또는 숨 고르기)는 말에서 구두점이나 마찬가지다. 중지는 쉼표, 마침표, 큰따옴표, 작은따옴표다. 새로운 문단의 서두에서 하는 들여쓰기이자 한 장의 결말부에 있는 여백이다. 구두점을 사용하지 않고는 아주 짧은 메모조차 쓸 수 없다.

우리는 여러 사람 앞에서 발표하면서 겪는 어려움(지적·감정적·신체적) 때문에 평소 대화에서 아주 효과적으로 사용하는 자연스러운 타이밍을 활용하는 방법을 잊어버린다. 스트레스를 일으키는 아드레날린이 분비되면서 평상시보다 빠르게 이야기하게 된다. 나는 "빠르게 말할수록 빨리 연단에서 내려와 자리에 앉을 수 있잖아요"라는 말을 여러 번 들었다.

표 14.2 속도와 중지

발표하면서 중지하거나 속도를 조절하면 자연스럽고 편하게 발표하는 데 도움이 된다.

방법	이유
의식적으로 속도를 늦춘다. 너무 빠르게 말하는 것 같다 싶으면 실제로 빠르게 말하는 것이다. 한 번도 이런 생각을 안 해봤다면 원래 너무 빠르게 말하는 습관이 있을 가능성이 높다.	아드레날린(과 빨리 끝낸 뒤 앉고 싶은 열망) 때문에 더 빠르게 말하게 된다. 속도를 늦추면 더 자연스럽고 진실하며 편하게 들린다.
속도를 더 많이 늦춘다.	청중이 발표자에게 들은 정보를 정리하고 평가할 수 있다. 중요한 것은 여러분이 전달한 내용이 아니라, 청중이 받아들이는 내용임을 명심한다. 청중의 숨통을 막히게 하지 말자.
다양한 길이로 자주 중지하면서 발표에 구두점을 찍는다.	중지는 쉼표, 큰따옴표, 작은따옴표, 마침표, 들여쓰기, 여백이나 마찬가지다. 이런 구두점은 의미, 강조, 관심을 추가해준다.
중지할 때 숨을 깊게 들이마신다. 이어 숨을 내쉬면서 발표를 더 오래 중지한다. 숨을 내쉴 때 긴장을 푼다. 그러고는 다시 들이마신다.	여러분에게 산소가 필요하다. 중지하고서 호흡하면 중지하는 동안 생산적 행동을 하는 셈이다. 이렇게 하면 활기가 없으며 내용과 상관없는 쓸데없는 말을 할 필요가 없어진다.
'활기가 없는' 말을 뺀다. '에…, 음…, 저…, 사실…, 말하자면…' 처럼 쓸데없는 말을 제거한다.	자신 넘치고 식견 있는 것처럼 보인다. 그리고 깊게 호흡할 시간이 생긴다. 연사가 내는 '음' 소리를 세는 청중을 짜증스럽게 만들지도 않는다.
원고를 확인하고, 슬라이드를 교환하고, 청중에게 슬라이드를 읽거나 메모하게 하는 등 '다른 일에 신경 쓸' 때는 말을 중지하고 숨을 쉰다.	자신 있고 느긋하며 제대로 통제하는 것처럼 보인다. 다음에 말할 내용에 기대감을 갖게 한다. 또 청중의 필요사항에 관심을 갖고 있다는 점을 알릴 수 있다.

그러나 청중은 발표자가 전달한 정보를 처리할 시간이 필요하다. 이들은 발표 내용이 자신들에게 어떤 의미가 있는지 생각해야한다. 중지는 청중에게 바로 이런 생각을 할 기회를 준다. 그리고 발표자가 전달한 정보로 생기는 감정적 반응을 느낄 시간을 준다. 자신의 흥분과 열정과 관심을 느낄 시간 말이다. 대화에서 자연스럽게 사용하는 타이밍을 발표에서도 유지하고 싶으면 표 14.2의 조언을 따라보자.

자세

청중은 발표자가 말을 시작하기 전에 발표자의 자신감을 평가한다. 발표자를 본 즉시 자세를 통해 발표자와 발표자가 전할 내용을 감지한다. 다행히 좋은 자세는 그리 별다를 게 없다. 연습하는데 몇 년이 걸리지 않는다. 지금 당장 실행할 수도 있다. 날마다 연습하고 프레젠테이션에서 여러 목적에 맞게 사용해보자.

발표장 앞으로 걸어가거나 무대로 올라가거나 연단에서 발표할 때 머리를 똑바로 세우고 어깨를 젖힌다. 발표를 시작하기 전에 무대 위 의자 또는 토론자 테이블 뒤 등 청중에게 보이는 장소에 앉아 있는 경우라면 이미 청중과 소통을 시작한 셈임을 명심한다. 앉아 있을 때 허리를 세우고 손을 무릎 위에 올려놓는다. 앞에 테이블이 있으면 그 위에 손을 올린다.

느긋하고 방어적이지 않으며 자신 있는 자세를 유지하는 버릇을 들이는 것이 투쟁-도피 증상에 통달하는 첫 단계다. 요가나 무

표 14.3 자세

좋은 자세는 자신감, 힘, 개방성, 이완된 상태를 전한다.	
방법	**이유**
발을 몇 센티미터 벌리고 선다. 양 발바닥의 중심 부분에 무게를 균등하게 싣는다. 다리와 무릎의 긴장을 푼다.	선 자세가 균형이 맞고 강하되 너무 공격적으로 보이지 않는다. 높은 곳에 선 장점을 모두 활용하며 존재감을 높일 수 있다.
자신감 있게 선다. 머리를 높이 세우고 어깨를 뒤로 젖힌다. 몸통 부분을 처든다.	자신감 있고 힘이 넘쳐 보인다. 횡격막을 열어 숨쉬기가 편해진다.
안정된 자세로 선다. 앞뒤로 몸을 움직이거나 흔들지 않는다.	자신 있고 느긋해 보인다. 자연스러운 에너지를 발산할 더 효과적인 방법(몸짓, 동작)을 찾을 수 있다.
연단에서의 위치에 상관없이 발가락이 뒷벽의 중앙을 가리키게 해서 항상 청중 전체를 정면으로 마주 보고 선다. 이렇게 하면 청중 대부분이 발표자를 볼 최적의 위치에 있게 된다.	모든 청중과 시선을 마주칠 수 있다. 이렇게 하면 모든 청중이 소속감을 느낄 것이다. 앉은 구역별(방청석의 앞, 뒤, 옆)로 모든 청중을 보려고 몸을 자주 움직일 필요가 없어진다.
의도적인 몸짓을 하지 않을 때는 양 팔을 옆구리에 편하게 붙여둔다. 몸 앞쪽으로 팔짱을 끼거나 양손을 꽉 쥐어 '공격받기 쉬운 지점을 보호'하려는 자세를 취하지 않는다.	더 자신 있고 느긋하며 방어적이지 않게 비춰질 것이다. 손과 팔이 자유로워 적당한 동작을 취할 수 있다.

술 등 정신과 몸을 단련하는 활동은 자세의 중요성을 강조한다. 좋은 자세는 자신감과 긴장을 푸는 능력을 향상시킨다(표 14.3). 좋은 자세는 가슴과 폐를 열어주어 숨을 깊게 쉴 수 있다. 이는 발표자가 최고로 활동하는 데 필요한 산소를 몸과 뇌에 공급해준다.

불꽃 기술 : 자세히 살피기

불꽃 기술은 힘, 열정, 다양한 스타일을 더해준다. 불꽃 기술 네 가지는 얼굴 표정, 목소리, 동작(몸짓), 움직임(공간 활용 포함)이다. 불꽃 기술의 사용 방법은 발표 내용의 특성에 따라 다양하다. 불꽃 기술을 완전히 익혀 청중이 경청하고 몰두하게 유도하자.

얼굴 표정

얼굴 표정은 문화적 규범과 차이를 초월한다. 갓난아이는 단어의 의미를 이해하기 훨씬 전부터 얼굴 표정에 반응을 보인다. 인간은 살아가는 내내 단어와 문장으로 의사소통하면서 얼굴 표정으로 '말을 하고, 듣는다.'

물론 얼굴 표정이 인간만의 특성은 아니다. 다른 많은 동물도 다양한 메시지를 전달하는 데 얼굴 표정을 사용한다. 그러나 인간은 다른 동물보다 훨씬 풍부하고 많은 의미를 전달한다. 우리는 대화에 참여하거나 전화통화할 때 얼굴로 다양한 감정을 전달한다.

성인은 얼굴 표정을 사용하지 않는 데 상당히 노련해진다. 나이를 먹을수록 무표정한 얼굴을 유지하거나 사회적으로 받아들여진다고 생각되는 감정만 보여주는 능력이 커지는 것이다. 우리는 '프로의식'이라는 가면 뒤로 감정을 숨긴다. 이 때문에 말로 전하는 메시지를 얼굴 표정으로 보완하려는 인간의 자연스러운 본성이 시간이 지날수록 줄어든다.

프레젠테이션할 때 자의식, 내용에 쏟는 강한 집중, 두려움 때

표 14.4 얼굴 표정

다양하고 자연스러운 얼굴 표정은 진실성을 전하고 메시지를 강화한다.

방법	이유
프레젠테이션 내내 적절한 얼굴 표정을 다양하게 사용한다.	표정이 발표 내용을 뒷받침한다. 전하려는 메시지가 더 견실하게 보일 것이다. 자신감과 솔직함을 전하게 된다.
때때로 말이 아니라 감정을 보여준다. 웃지 않으면서 '참석해서 기쁘다'고 말하는 것보다, 말없이 따뜻하게 활짝 미소를 짓는 게 더 효과가 좋다.	사람들이 연사를 계속 바라보며, 언어적이고 비언어적인 메시지 모두에 더 많이 집중하게 될 것이다. 청중의 감정적 반응을 더 자극해 기억력을 향상시킨다.
아주 엄숙하고 침울한 분위기를 유지해야 하는 행사가 아니라면 자주 미소를 짓는다. 불안해지면 평상시에 비해 웃음이 줄어든다.	미소는 따뜻하고 좋은 유머와 이완된 감정을 전한다. 그리고 전염성이 있어서 청중의 기분과 감수성을 진작시킨다.
다양한 얼굴 표정과 이 힘을 제대로 파악하려고 노력한다. 소리를 줄이고 텔레비전을 본다. 배우가 감정 표현하는 것을 따라해본다. 그다음에 거울을 보면서 동일한 표정을 지어본다.	얼굴 표정을 적당하게 짓는 법을 알게 될 것이다. 또 얼굴 표정을 활용하는 게 더 자연스러워질 것이다.

문에 얼굴 표정으로 자유롭게 의사소통하는 천성적 습성이 줄어든다. 이렇게 되면 진심으로 말하지 않는 것처럼 비춰진다. 언어적 메시지와 비언어적 메시지 사이의 불일치 때문에 청중은 아주 당황하게 된다. 이는 발표자가 자신감과 솔직함과 열정(또는 메시지를 뒷받침하는 다른 감정)을 전하는 능력을 방해한다. 또 발표자와 발표자의 자료를 평가하는 청중의 잠재의식에 강한 영향을 미친다.

얼굴 표정을 잘 활용해서 청중과 대화를 나누는 것 같은 형식과 감정을 조성하려면 얼굴 표정의 중요성과 자신만의 자연스러운 얼굴 표정을 인식하는 게 가장 중요하다(표 14.4).

목소리

자연스럽게 대화하는 분위기를 만들려면 목소리의 변화가 가장 중요하다. 어조와 높이와 속도와 성량이 변하면 대화하는 느낌이 든다. 여기에서는 어조가 핵심이다. 어조 변화는 말의 의미를 완전히 바꾸어놓기 때문이다.

전화 자동응답기나 음성 사서함 메시지에 저장된 것 외에 자신의 목소리를 들어본 적이 있는가? 자신의 목소리를 들어볼 때가 왔다. 적어도 몇 분 동안 자신이 말하는 것을 녹음해본다(테이프 리코더를 사용해도 좋지만, 자신의 목소리와 표정과 기타 신체 언어 사이의 관계를 확인하려면 비디오카메라로 녹화하는 게 훨씬 좋다). 녹음된 목소리는 말할 때와 많이 다를 것이다.

인간은 단순히 귀가 아닌 뼈를 통해서 듣는다. 뼈는 소리를 잘 전달한다. 귀에 들어오는 소리에 다른 소리가 섞이기 때문에, 몸의 뼈를 통과해서 들리는 자신의 목소리는 다른 사람이 듣는 것과 다르다. 그러나 녹음 장치는 공기 중의 소리만 포착하기 때문에, 녹음된 목소리는 다른 사람의 귀에 들리는 자신의 목소리와 비슷하다. 일단 평소에 생각하던 자신의 목소리와 녹음된 목소리 사이의 차이점에 친숙해지면, 크기와 어조와 리듬의 변화와 속도를 잘 들어본다. 원하는 성과를 얻을 때까지 동일한 문장이나 짧은 단락을

표 14.5 목소리

어조의 다양화는 발표 내용과 감정 상태를 뒷받침한다.

방법	이유
말하기 전과 두 요점 사이에서 중지할 때 깊게 호흡한다.	발표에 적합한 목소리를 내고 강한 목소리를 유지하는 데 필요한 호흡을 할 수 있다.
청중 모두에게 잘 들릴 성량으로 말한다.	모두 메시지를 듣는다. 발표가 자신 있게 들린다.
자신의 성량이 적당한지 다른 사람에게 조언을 구한다. 마이크가 필요하면 꼭 사용한다. 무선마이크가 사용하기에 가장 간단하다.	너무 무리하지 않고 자연스럽게 말하게 된다. 무선 마이크를 사용하면 움직임이 자유롭고 선에 걸려 넘어질 위험이 줄어든다.
성량을 다양하게 한다.	청중의 주의를 모으기가 수월해진다.
가끔 성량을 높인다.	중요성, 시급성, 자신감을 전달할 수 있다.
가끔 성량을 낮춘다.	친밀감, 비밀을 공유하고 있다는 느낌을 준다. 청중은 더 주의해서 듣는다.
어조를 다양하게 한다.	목소리가 발표 내용과 감정을 뒷받침한다.
가끔 높은 어조를 사용한다.	흥분, 열정, 힘을 전해준다.
가끔 낮은 어조를 사용한다.	진지함, 확신을 전해준다.

반복해 들으면서 연습한다.

　대체로 발표에는 깊고 낭랑한 어조가 적당하고, 단조로운 어조는 아주 지루하다. 인간의 자연스러운 대화에서는 리듬의 변화와 음량과 속도가 아주 다양하다. 각종 연구에 따르면 소음이 심한 상태에서 말할 때와 같이 평소보다 크게 말할 때는 더 맑고 음악적인 어조가 드러나는 경향이 있다. 이는 음악적 소질이나 훈련에 상관없이 일관적으로 나타나는 특징이다.

학자들은 사람들이 청중의 주의를 사로잡는 음악의 감성적 특성을 무의식적으로 이용하기 때문에 이런 현상이 생긴다고 한다. 발표 자료에 자신 있으면 자연스럽게 말하는 데 도움이 되지만, 이 것만으로 목소리에 자신감과 에너지가 넘치게 해주지는 못한다. 그러나 자신의 목소리를 파악하고 말할 때 취약점을 바꾸려고 노력하면 자연스러우면서 자신감과 힘이 넘치게 말할 수 있을 것이다.

목소리는 관악기나 마찬가지다. 자주 깊게 숨을 쉬면 목소리에 필요한 연료, 즉 산소를 공급할 수 있다. 이는 곧 중지(휴지기)를 뜻한다. 처음에는 노력이 필요하겠지만, 발표에서 필수 요소인 속도 변화를 활용하게 된다.

동작

말 그대로 고객 수백 명이 "손을 어떻게 해야 하죠?"라고 내게 묻는다. 대답은 간단하다. 사람 수가 적은 무리에서 1 대 1로 이야기할 때와 똑같이(일부 동작 제외) 손을 사용하면 된다. 그러나 이 답에서 봉착하는 문제는 사람들이 대부분 평소 이야기할 때 손을 어떻게 사용하는지 모른다는 점이다. 우리는 다른 사람과 대화할 때 자연스럽게 무의식적으로 여러 동작(gesture)을 취한다. 이런 동작이 너무 자연스럽기 때문에 거의 의식하지 못하고 사용한다.

그러나 발표할 때는 관심의 중심이 되는 터라 자의식이 높아져서 자신의 동작에 의문을 품게 된다. 많은 사람 앞에서 독백하는 상황 자체가 공격에 취약하다는 느낌이 들게 하는지라 과다하게 자기 방어적인 동작을 취하게 된다. 경험 없는 발표자는 대부분 가슴이나 배, 사타구니 앞에 두 손을 꽉 움켜쥐고 있다. 본능적으로 주요 장기를 보호하려고 '공격받기 쉬운 부분' 바로 앞에 손을 두는 것이다.

이런 동작은 과거 고대인들이 생명의 위협에 맞서 자신을 보호하는 역할을 했다. 그러나 이는 현대 사회에서 긴장을 풀거나, 자신 있어 보이거나, 청중과 소통하는 데 도움을 주는 동작을 할 때는 도움이 안 된다.

각 동작에는 목적이 있기 마련이다. 동작은 말을 자세히 설명하고 강조하며 마무리 짓도록 돕는다. 작가이자 만담가인 아넷 시먼스는 "동작은 이야기에 의미를 덧붙여주고, 메시지를 강화하며, 이야기가 펼쳐지는 배경을 창조한다…. 감정의 강도를 높이거나, 의도적으로 일치하지 않는 메시지를 보내거나 또는 그저 재미를 위해서말이다"라고 한다.

자신이 사용하는 몸짓이 생각나지 않으면 다음 질문을 자문해보자.

▶ 승낙 의미로 고개를 위아래로 끄덕이거나 거절 의미로 머리를 좌우로 흔들어본 적이 있는가? 멈추라는 신호로 손가락을 세워 손바닥을 밖으로 향하게 들어본 적이 있는가? 그렇다면 학자들이 말하는 상징 동작(symbolic gesture)을 사용했다는 뜻이다.

▶ 물건이 '저기 있다'고 알려주거나 '그쪽'이냐고 물어보려고 손

표 14.6 동작

동작(미세하거나 큰 동작 모두)은 의미를 덧붙여주고 이해력을 높인다.

방법	이유
다른 사람과 대화할 때 자신의 동작을 잘 관찰한다.	자신이 취하는 여러 동작의 종류와 버릇을 잘 파악하게 된다. 여러 사람 앞에서 자연스러운 동작을 취하게 된다.
다른 사람이 말할 때 사용하는 동작을 관찰한다.	다른 사람에게 효과적인 동작을 발견하고 자기 동작의 종류를 늘리게 된다.
다양한 동작을 사용한다.	기계적이거나, 뻣뻣해 보이거나, 같은 동작만 반복하는 것을 피할 수 있다.
손과 팔은 물론 머리와 상체로도 미세한 동작을 표현한다.	더 자연스럽고 설득력 있게 될 것이다. 청중의 이해력과 감정적 참여도를 높일 수 있다.
팔 전체와 몸을 이용해서 더 크게 동작을 취한다.	자신감과 힘이 넘쳐 보이며, 목소리에 호소력이 강해진다.
물건, 이미지, 개념을 동작으로 설명한다.	청중이 시각화하고 발표 자료를 이해하는 데 도움이 된다.
계속 손과 팔목으로만 동작을 취하지 않게 주의한다.	돌고래처럼 보일 가능성이 줄어든다.
의식적인 동작을 하지 않을 때는 팔을 편하게 내려뜨린다.	더 느긋하고 개방적으로 보인다. 불안하게 손을 깍지끼거나 꽉 틀어쥐거나 기타 방해되는 버릇을 보여주는 것을 예방할 수 있다.

가락으로 방향을 가리켜본 적이 있는가? 그렇다면 지시 동작(indicative gesture)을 사용했다는 뜻이다.

▶ 요점을 강조할 때 공중에서 손을 특정한 방향으로 들어올리거나 내려본 적이 있는가? 이는 운동 동작(motor gesture)의 예다. 운동 동작은 대체로 여러 번 반복되며 발표 내용과 분명한 관계가

없다.

▶▶ 적당한 단어가 생각나지 않을 때 기억하는 데 도움이 되는 동작을 사용해본 적이 있는가? 손으로 공중에 작은 동그라미를 그리거나 물건을 사용하는 방식 또는 드는 방식을 손으로 흉내 내면 해당 어휘를 떠올리는 데 도움이 된다. 이는 어휘 동작(lexical gesture)이다. 여러 연구 결과에 따르면 손을 사용하지 않고 말하면 단어를 떠올리는 데 시간이 더 걸리거나 아예 생각나지 않는다.

사람들은 대부분 자신의 동작을 잘 인식하지 못하거나 여러 사람 앞에서 동작을 취하는 것을 불편해한다. 편하게 동작하려면 자신의 버릇을 잘 파악해야 한다. 앞으로 며칠 동안 열의나 긴박감을 가지고 이야기하거나, 지시하거나, 설명할 때 자신의 동작을 잘 관찰해보자.

마지막으로, 최근 각종 연구에서 말할 때 동작을 취하면 어휘가 더 쉽고 빠르게 기억난다는 증거가 많이 나오고 있음을 명심하자. 이는 손을 주머니에 넣거나 등 뒤에서 깍지를 끼면 안 되는 또 다른 좋은 이유다. 표 14.6은 동작을 취할 때 참고할 조언이다.

움직임

보통 사람이 조각을 바라보는 데 얼마나 오랫동안 관심을 유지할 수 있을까? 발표 시간만큼 오래는 아닐 것이다.

표 14.7 움직임

움직임(의도적이지만 지속적이지는 않음)은 관심을 높임과 동시에 권위를 전달한다.

방법	이유
프레젠테이션을 하다가 일정한 순간에 가능한 대로 많은 공간을 활용한다.	발표자가 행사장과 행사를 틀어쥐고 있음을 보여줘 자신감과 권위를 드러내준다.
간헐적으로 움직인다. 한 장소에서 몸을 곧게 펴고 좌우가 균형이 잡힌 자세를 취하면서 주기적으로 움직임을 중단한다.	안절부절못하며 걷는 것 같은 느낌이 없어져, 관중의 주목을 높이는 효과를 올릴 수 있다.
움직이면서 관중 가운데 한 사람과 시선을 마주친다. 해당 관중에게 말을 하면서 그쪽으로 다가간다.	목적을 가지고 움직이게 된다. 지속적으로 시선을 마주치면 발표자의 움직임에 사람들을 집중시키면서 이를 의도적으로 사용할 수 있다.
움직임의 방향, 속도, 거리를 다양하게 바꾼다. 전달하는 내용의 특성과 어조에 어울리게 움직임을 조절한다.	움직임이 발표자의 메시지를 시각적으로 뒷받침해준다. 발표자는 더 자연스럽게 움직이게 되고, 이에 따라 구두 메시지와 시각 메시지 사이의 불일치를 피할 수 있다.
자연스러운 속도로 움직인다. 느리거나 부자연스럽거나 무기력한 움직임을 피한다.	부자연스러울 정도로 느린 움직임은 수줍어하고 주저하는 것 같은 인상을 준다. 빠르고 자연스러운 속도를 유지하면 자신감이 넘쳐 보인다.
지나치게 의욕적이거나 공격적인 움직임을 피한다. 일반적으로 발표자와 청중 사이에 적어도 120센티미터 정도의 '사회' 공간을 유지한다.	청중들은 겁을 먹거나 혼자만 두드러진다고 느끼지 않고도 소속감을 느낄 수 있다.

특히 발표자가 발표대나 탁자에 몸 일부가 가려진 경우를 포함해 가만히 서 있는 것은 청중과 연계되는 데 전혀 도움이 되지 않

는다. 이는 분리됐다는 느낌을 고조하기 때문에 발표의 특성인 독백과 일상생활에서 나누는 대화 사이의 유사성을 감소시킨다. 청중의 주목을 유지하고 자신감과 자연스러움과 분명한 목적을 보여주려면 활력 있게 움직이는 기술을 꼭 습득해야 한다. 움직임(movement)은 발표자와 청중 사이의 거리감을 최소한으로 줄여준다. 움직임은 환경을 편안해 한다는 것을 보여준다. 또 활용하는 공간에 통제권을 지녔음을 보여주는데, 이는 발표자가 자신의 자료와 해당 행사를 잘 통제하고 있음을 의미한다.

움직임은 그저 왔다 갔다 하는 것과 다르다. 그렇지만 움직임은 걷는 것과 마찬가지로, 긴장을 풀고 아드레날린 분비로 생긴 에너지를 발산하며 더 명료하게 생각하도록 돕는다.

물론 움직임은 카메라 앞에서 인터뷰하거나 비디오 화상회의를 하는 경우에는 활용할 수 없는 기술이다. 이때는 다른 기술을 사용해서 자신의 에너지와 자신감과 통제력을 전달해야 한다.

가능하다면 자유롭고 안전하게 움직일 수 있도록 행사장을 선택하고 배치한다. 표 14.7에 보충 자료를 제시한다.

청중의 신체 언어 읽기

신체 언어를 제대로 활용하려면 자신의 신체 언어는 물론 청중의 신체 언어도 파악해야 한다. 다 알다시피 신체 언어를 통해 진짜 감정이 '새어나가' 서 전달된다. 청중의 진짜 감정도 이와 마찬가지다. 신체 언어를 읽는 능력을 높이면 청중과 효과적으로 소통하는지 여부를 잘 평가할 수 있다.

신체 언어를 해석하는 것은 과학이 아니라 예술이다. 개인의 버릇과 문화의 차이는 물론 발표장의 온도마저도 신체 언어에 영향을 미친다. 따라서 다른 사람의 신체 언어를 해석할 때 융통성을 발휘해야 한다.

프레젠테이션하는 동안 청중을 최대한 많이 살펴본다. 이렇게 해서 청중의 신체 언어에서 파악한 내용은 발표 자료를 청중에 맞게 효과적으로 조절하는 데 도움이 된다. 또 개념을 분명하게 알리거나, 설명하거나, 멈추고 질문에 답할 시점을 파악할 수 있다. 적당한 속도로 발표도 할 수 있다.

한편 신체 언어는 다양하게 해석된다는 사실을 명심하자. 팔짱 낀다고 해서 방어적인 동작이라고만 볼 수 없다. 이는 청중이 춥다는 의미일 수도 있다. 또는 청중 자신의 생각을 나타내는 것일 수도 있다. 어쨌든 청중을 파악하는 가장 좋은 방법은 관찰하고 이야기를 나누는 것이다.

표 14.8에 일부 신체 언어의 종류 및 의미를 열거한다. 이 내용은 프레젠테이션 중에 청중에게 필요한 사항을 더 잘 파악하는 데 도움이 될 것이다.

프레젠테이션 결말부에 생기는 어색한 순간을 신체 언어로 없

표 14.8 신체 언어 해석하기

다른 사람들에게 효과를 발휘하는 신체 언어를 발견하고 자신의 신체 언어 목록을 늘리게 될 것이다.

신체 언어	의미
고개를 위아래로 끄덕거림	이해, 동의
머리를 좌우로 흔듦	반대, 불일치
머리를 한쪽으로 기울임	생각, 고려, 회의적이라는 뜻일 가능성도 있음
가늘게 뜬 눈, 주름진 눈썹	생각, 분석, 평가
눈동자 굴리기	'뻔하다', '비현실적이다', '바보 같다'
눈 비비기	의혹, 의심, 불신, 피로
기침, 헛기침	불안, 말할 준비
깊은 한숨	지루함, 조바심, 무관심
얕은 한숨	생각에 잠김, 관심
손으로 입을 가림	창피, 자신감 부족, 말하기 망설임
미소 짓기	자신감, 친밀함, 즐거움, 공손함
히죽 웃기	잘난 척, 겸손
뒤로 기대기, 푹 주저앉기, 몸 돌리기	무관심, 분리
손을 가슴 높이에 두기, 앞으로 내밀기, 손바닥을 밖으로 향해 펴기	심각성, 진실성, 강조
손가락으로 요점 세기	조직화, 논리, 자신감
양손의 손가락 맞대기(탑 모양)	자신감, 힘
가리키기	골라냄, 공격성
손가락 흔들기	점잖을 뺌, 경고, 반대
가슴 앞에서 팔짱 끼기	평가, 거부, 방어
가슴 아래 손을 두고 팔을 벌림, 손바닥을 듦	속수무책, 도움 부탁, 고려해줄 것을 부탁
주머니에 손 넣기	느긋함, 보류, 관여 안 함
머리 위로 한 손 올림	강조, 구별
머리 위로 두 손 올림	성공, 승리

비언어적 전달 방법은 프레젠테이션의 성공을 결정짓는 요소다. 발표자가 입을 떼기 전부터 신체 언어는 청중에게 말을 한다.

투쟁-도피 반응은 발표에서 오는 스트레스 때문에 생기는 자연스러운 반응이다. 때로 이 반응 때문에 조심스럽고 방어적으로 행동하게 된다. 이런 행동 때문에 긴장 해소 능력을 발휘하지 못해 불안감이 상승된다. 이 때문에 자신 없거나 지식이 충분하지 않은 것처럼 행동하고 말하게 된다. 훌륭한 발표의 핵심은 평소 대화할 때처럼 느긋하고 무의식적이며 자신 있는 방식으로 비언어적 전달 기술 일곱 가지를 사용하는 것이다.

전달 기술은 두 종류로 나뉜다. 이는 '강철' 기술과 '불꽃' 기술이다. 강철 기술은 시선 맞추기, 속도/중지(발표의 속도와 휴지기 사용), 자세다. 이 세 가지 강철 기술은 발표 스타일의 탄탄한 토대가 된다. 이 기술들은 힘, 자신감, 솔직함, 침착함을 전달한다. 강철 기술에 통달하면 침착함과 권위를 유지하며 발표하게 된다.

불꽃 기술은 힘과 감정을 덧붙여주고 스타일에 변화를 준다. 불꽃 기술은 얼굴 표정, 목소리, 동작, 움직임이다. 이 네 가지 불꽃 기술은 발표 내용, 환경, 목적에 따라 다양하게 사용된다. 불꽃 기술을 통달하면 청중의 주목을 유지하고 몰두시키며 감정적으로 관련되게 할 수 있다.

청중의 신체 언어를 인식하고 이해하는 것은 이들의 요구에 맞게 프레젠테이션 내용과 형식을 조절하는 데 훌륭한 도구가 된다.

애는 유용한 방법이 있다. 발표가 끝났는지 청중이 확신하지 못할 때 어깨를 으쓱 들어올리며 "이로써 할 말을 마쳤습니다"라는 식으로 말하지 말자. 그 대신 잠깐 말을 멈춘다. 두 팔을 양 옆으로 떨어뜨린다. 그리고 단호하게 "감사합니다"라고 말한다. 이는 발표가 끝났음을 아주 분명히 보여준다. 잠시 동안 꼼짝하지 않고 있어본다. 발표가 끝난 뒤 질의응답 시간이 없더라도 서둘러 내려가지 않는다. 몇 초 동안 서 있는 것은 발표자가 자신 있게 마무리 지었음을 보여주는 행위다.

전달 도구
원고, 시각교재, 발표대, 마이크 사용하기

인간은 도구를 사용하는 동물이다. 인간은 약하고 몸이 작다…. 인간은 도구를 사용하고 발명할 수 있다…. 도구가 없으면 인간은 무력해지며, 도구가 있을 때 비로소 온전해진다. **–토마스 칼라일**

프레젠테이션하면서 원고와 시각교재, 발표대와 마이크 등의 도구를 사용하면 발표자의 정신과 몸이 이미 수행하는 임무가 한층 더 복잡해진다. 이런 도구를 잘못 또는 불필요하게 사용하면 원래 역할을 제대로 못하는데다 프레젠테이션을 방해해 심각한 지장을 준다. 그러나 필요할 때 잘 사용하면 발표자와 청중 모두에게 도움이 많이 된다.

처음 닥치는 큰 어려움은 이런 도구를 사용하면서 동시에 비언어적 전달 기술을 활용하는 것이다. 이때 다음 몇 가지 문제가 대두된다.

▶ 원고를 보거나 슬라이드를 사용하면서 청중과 눈을 잘 마주칠

수 있는가?

→ 슬라이드를 바꾸려고 멈추면 청중의 주의가 분산될 것인가?

→ 발표대 뒤에 서서 어떻게 대화하는 분위기를 만들 것인가?

→ 마이크나 원고나 슬라이드를 사용하면서도 연단 주변을 이동할
수 있는가?

위의 내용을 포함해 여러 문제에 대한 답을 얻고 싶으면 계속
읽기 바란다.

원고 사용하기

대부분 프레젠테이션을 계획하면서 준비한 내용을 모두 기억
해서 순서대로 말하기가 어렵다는 것을 깨닫는다. 이들이 문제에
대응하는 일반적인 방법은 세 가지다. 첫째, 슬라이드에 상세한 내
용을 담아 발표 원고로 활용한다. 둘째, 프레젠테이션 원고를 작성
한다. 셋째, 이 원고를 외우려고 노력한다. 이 세 방법은 모두 또다
시 새로운 문제를 유발한다.

발표하려는 모든(또는 대부분) 정보를 슬라이드에 담으면 십중팔
구 형편없는 슬라이드가 만들어진다. 또 만드는 데 시간이 많이 걸
린다. 그리고 청중이 읽고 이해하고 기억하기가 너무 복잡해진다.

대본(script)을 토씨 하나 안 틀리게 그대로 읽으면 형식적인 느

낌이 들고 대본에 너무 의존한다는 느낌을 풍긴다. 이 방법을 쓰면 청중과 신뢰감을 형성하거나 청중 수준에 맞게 현장에서 형식과 내용을 변경하기가 거의 불가능하다.

대본을 외운 다음 그대로 말하는 방법 역시 대본 읽기와 동일한 문제를 만든다. 스트레스를 받는 상황에서는 기억력을 믿을 수 없기 때문에 발표자가 암기한 내용을 몽땅 잊어버릴 확률이 아주 높다. 또 암기는 상당히 비효율적이다. 시간이 너무 많이 소요되기 때문에 시간 활용 측면에서 아주 어리석은 일이다.

해결책은 미안해할 필요 없이 원고(notes)를 기술적으로 활용하는 것이다. 안건을 가지고 회의에 참석하거나, 쇼핑 목록을 가지고 마트에 가거나, 등산할 때 안내서와 컴퍼스를 챙겨가는 것이 미안해할 일인가? 물론 아니다.

원고를 확인하는 것은 부정행위가 아니다. '작업을 계획하고 계획대로 작업' 한다는 점을 보여주는 것일 뿐이다. 또 체계를 잘 갖추게 된다. 프레젠테이션 내용을 암기하느라고 소중한 시간을 허비하는 것보다 더 현명하다. 원고 확인은 청중에게 모든 정보를 제대로 전달하겠다는 의지를 보여준다. 더 좋은 점은 모든 요점을 빠뜨리지 않고 전달할 수 있고, 그저 발표대 뒤에만 서 있지 않아도 된다. 자신 있고 편하게 발표할 수 있을 때까지 다음 방법을 따라서 원고를 활용하면 유용할 것이다.

1. 발표 장소나 연단 앞쪽의 가운데로 걸어가서 발표대 앞이나 옆에

선다. 대화하듯이 몇 가지 요점을 말한다. 말하던 주제를 마무리하고 다음 주제로 넘어가기 위해 원고를 확인할 시점이 올 것이다. 그러면 해당 주제를 자신 있는 어조와 태도로 끝낸다.

2. 다음 문장을 바로 시작하지 않는다. 그 대신 말을 잠시 중지하고 방금 말한 주제를 청중이 생각할 여유를 준다. 발표대 쪽으로 몸을 틀어서 힘차게 걸어간 뒤 원고를 정면으로 본다(원고 쪽으로 몸을 기울이거나, 청중과 몸을 마주 한 채 고개만 어깨 너머로 돌려서 보지 않는다).

3. 필요한 모든 정보를 파악할 때까지 원고를 읽는다. 서두르지 말고 제대로 읽는다. 침착한 자세를 유지할수록 더 자신 있어 보이며 원고를 제대로 볼 수 있다. 이는 아주 간단하게 여겨지겠지만, 나에게 발표 강의를 받으며 처음 이 방법을 쓴 많은 사람이 "한 번 더 읽어도 될까요? 보긴 했지만 제대로 읽지 못했어요"라고 했다. 이들은 이 방법을 두 번째 시도하고 나서 "정말 효과가 있네요!"라고 했다.

4. 고개를 들고 이야기한다. 다음에 할 말이 파악되면, 고개를 들고 청중 가운데 한 명과 눈을 맞춘다. 다음 주제를 이야기하기 시작하면서 그 청중 앞으로 걸어간다.

완벽한 자신감을 가지고 이 방법을 활용하는 비법이 무엇인지 궁금한가? 비법은 각 행동을 분리하는 것이다. 걷거나 원고를 읽는 동안에는 말을 하지 않는다. 다 읽었으면 먼저 고개를 들고, 원고에서 멀어진 다음 발표한다. 말을 중지해서 청중에게 기대감을 심어준다. 조금만 연습하면 이 방법을 쉽게 사용할 수 있다. 더는 중요한 요점을 설명하지 않고 넘어갈까봐 걱정할 필요가 없다.

시각교재 사용하기

산업계에서 중요한 협의회에 참석하려고 시간과 돈을 많이 투자한 청중이 있다고 해보자. 아주 큰 도움이 될 것이라고 기대하면서 첫 번째 프레젠테이션에 참석한다. 그런데 발표자가 처음 한 말이 "시작하기 전에 이 프레젠테이션 내용은 전부 우리 회사 웹사이트에 그대로 실려 있음을 알려드립니다"이다.

청중은 애당초 프레젠테이션에 참석할 필요가 있었는지 의문이 들 것이다. 그래도 발표자가 식견을 덧붙이거나 더 많은 아이디어를 전개할 것이라고 기대하거나, 그렇지 못하더라도 흥미는 있을 것이라는 생각이 들어 계속 자리를 지킬 것이다. 그러나 발표자가 조명을 꺼달라고 하더니 청중을 등지고 서서 스크린만 쳐다본 채 슬라이드를 큰 소리로 읽는다면 청중은 아주 실망할 것이다.

여러분은 청중에게 이런 행동을 하지 않겠다고 다짐하자. 앞서 든 예와 같은 경험을 잘 살펴보면 훨씬 효과적으로 시각교재를 활용할 수 있다.

슬라이드를 사용할 때 알아둬야 할 가장 중요한 점은 '조명을

끄면 청중은 잠에 빠져든다' 는 것이다.

　어두워지면 몸에서 멜라토닌(melatonin)이 생성된다. 멜라토닌은 수면 유도 호르몬이다. 여러분이 프레젠테이션하는데 청중이 잠에 빠지거나 졸면 좋겠는가? 그렇지 않다면 조명을 켜두어야 한다.

　그렇다면 멜라토닌 생성을 억제하려면 조명이 얼마나 밝아야 할까? 그 기준은 일반적인 형광등 밝기다. 멜라토닌 생성은 한 시간 동안 강한 빛에 노출되면 최대한으로 억제된다. 다시 말하면 밝은 빛은 완전히 깨어 있게 도와준다. 물론 발표장이 어두워야 하는 슬라이드 같은 시각교재를 사용할 때 이미지를 선명하게 보려면 조명을 모두 켜둘 수 없다. 그렇다면 어떤 방법을 써야 하는가?

　첫째, 시각교재를 제작할 때 완전히 어둡지 않더라도 어슴푸레하기만 하면 쉽게 보이게 모든 방법을 강구한다. 12장에서 설명한 모든 디자인 원칙(높은 명암 대비, 단순화, 크고 읽기 쉬운 글꼴)을 활용하면 도움이 될 것이다.

　둘째, 프로젝터 루멘(lumen, 광속단위-옮긴이)이 높을수록 부분적으로 조명이 켜진 발표장에서 이미지가 선명하게 나온다. 그러니 프로젝터의 밝기를 확인해둔다. 선택의 여지가 있다면 가능한 한 가장 밝은 프로젝터를 요청한다. 최신형 프로젝터는 최소 1,000루멘 정도이며, 발표장 일부분에 조명을 켜두어도 스크린에 이미지가 잘 보인다. 밝은 프로젝터를 구할 수 없으면 발표장 조명을 자유롭게 조절할 수 있는지 알아본다. 중간과 뒤의 조명을 켜두고 앞부분만 끌 수 있는 발표장이 많이 있다. 이렇게 해두면 발표장

자연은 밤에도 움직인다

인간의 선조는 밤에 잤기 때문에 아침까지 살아남을 수 있었다. 우리도 대부분 밤에 잔다. 밤낮이 뒤바뀐 사람은 상당히 드물다. 이런 성향은 대부분 과거에 거대한 하이에나나 검치호랑이에게 잡아먹히면서 유전자 풀(gene pool, 한 종의 모든 개체가 가지고 있는 유전자 전체—옮긴이)에서 사라졌을 것이다.

야행성 육식동물의 망막에는 대체로 반사판(Tapetum Iucidum 또는 'bright carpet')이라는 특수한 반사막이 있다. 이 막은 눈의 뒤쪽에서 거울 같은 역할을 한다. 이 막은 바로 앞에 있는 빛에 민감한 세포로 빛을 반사시켜 세포가 빛을 두 배 더 흡수하게 한다. 고양이와 개의 눈이 밤에 무섭게 빛나는 것도 빛 반사 때문이다.

과거에 존재했던 거대한 하이에나와 검치호랑이의 눈에도 반사판이 있었다. 현재 사자, 호랑이, 코요테에게도 있다. 반사판이 있는 동물이 보는 데 필요한 빛의 최소량은 인간에게 필요한 빛의 7분의 1에 불과하다. 조물주는 이밖에 밤의 포식자들에게 잡아먹히는 다른 동물에게도 공평하게 반사판을 부여했다. 사슴은 망막에 반사판이 있다. 영양도 반사판이 있다. 산토끼도 마찬가지다. 포식당하는 동물들은 모두 눈이 머리의 가운데가 아니라 옆에 달려 있다. 이런 구조 덕분에 시야가 훨씬 넓다.

인간의 망막에는 반사판이 없기 때문에 어둠 속에서 볼 수 없다. 또 인간의 눈은 머리 앞에 있기 때문에 시야가 상당히 제한된다. 그러니 인간은 불리한 점이 두 가지나 된다. 조물주가 그 대신 인간에게 선사한 것은 무엇인가? 조물주는 인간이 밤에 집에 있게 만들었다.

인간 뇌의 중심, 눈 뒤, 뇌간 위에 자리 잡은 작은 원뿔 모양의 기관을 송과선(pineral gland)이라고 한다. 멜라토닌은 인간과 동물의 송과선에서 분비되는 주요 호르몬이다. 어둠이 찾아오면 송과선은 멜라토닌 생성을 늘린다. 그러면 멜라토닌은 수면을 유도한다.

멜라토닌은 몇 년 전에 수면 보조제로 유명해졌다. 이 호르몬은 이밖에도 많은 기능을 한다. 현재 각종 연구가 멜라토닌이 신체의 면역 반응, 성적 성숙과 생식 작용, 심장혈관 기능, 갑상선과 신장 기능, 체온에서 하는 역할에 관심을 쏟고 있다. 이쯤 되면 잠을 충분히 자야 하는 이유가 더 많이 생긴 셈이다.

전체를 어둡게 하지 않더라도 슬라이드를 보는 데 지장이 없다.

이 모든 방법을 쓸 도리가 없으면 중간에 자주 '가벼운 휴식 시간'을 도입한다. 프레젠테이션 중간에 슬라이드를 틀지 않는 휴지기를 삽입하여 불을 켜놓는 것이다. 이때 간헐적으로 짧은 질의응답을 하면 아주 좋다. 그리고 청중이 휴식 시간에 밖으로 나가서 볕을 쐬도록 유도한다.

마지막으로 어둠과 멜라토닌이 미치는 영향력을 청중에게 설명하는 것도 좋다. 청중이 휴식 시간에 밝은 빛을 받는 게 중요하다는 점을 이해하면 여러분의 조언을 따라서 밖으로 나갈 것이다. 그리고 이를 설명해두면 최악의 상황이 발생해서 잠에 빠지는 청중이 생기더라도 아무도 발표자 또는 발표 주제 탓을 하지 않을 것이다.

따분한 프레젠테이션과 훌륭한 프레젠테이션의 차이는 시각교재를 얼마나 잘 사용하느냐에 달려 있다. 다음에 소개하는 방법은 슬라이드를 잘 사용해서 진정한 가치를 더하고 청중의 집중을 유지하게 도움을 줄 것이다. 이 두 가지는 효과적인 프레젠테이션의 핵심이다.

시각교재 사용을 위한 조언

어디에 이목을 집중할지 결정한다. 발표자가 주목을 받아야 하는가, 아니면 슬라이드인가? 이 점을 아주 진지하게 생각해야 한다. 발표자의 메시지 전달을 시각적으로 도우려고 슬라이드를 사용한다면 당연히 슬라이드는 보조가 돼야 한다. 모든 청중이 볼 수 있는 각도로 스크린을 한쪽에 설치할 수 있는지 알아본다. 무대 여건상 가능하다면 이렇게 배치해둔다. 불가능하면(스크린이 고정돼 있거나, 앞뒤로 발표자가 여러 명이라 스크린을 이동할 수 없으면) '모습은 안 보이고 어둠 속에서 목소리만 들리는' 연사가 되지 않게 조처한다.

새 슬라이드를 소개할 때 휴지기를 갖는다. 때로 슬라이드를 원고로 사용하게 될 것이다. 때로 직접 확인하기 전까지 다음에 올 슬라이드가 뭔지 생각이 나지 않을 수도 있다. 이는 문제가 안 된다. 어차피 새 슬라이드를 소개한 뒤에는 항상 중지해야 한다. 잠시 아무 말도 하지 않은 채 청중이 보고 생각하고 배울 여유를 준다. 청중은 이러려고 그 자리에 참석한 것이다. 읽어야 할 내용이 슬라이드에 있는 경우 중지가 특히 더 중요하다. 청중이 읽기도 전에 슬라이드를 설명하면 안 된다. 이는 방해만 될 뿐이다.

청중에게 원하는 것이 무엇인가? 읽는 것인가, 듣는 것인가? 청중은 이 둘을 동시에 할 수 없다. 그러니 잠시 중지한다. 청중이 시각 정보를 시각적으로 모두 받아들일 만큼 충분히 중지한다. 단 이 규칙이 적용되지 않는 경우가 두 가지 있다. 첫째, 즉시 설명이 필요한 복잡한 슬라이드를 보여줄 때다. 둘째, 특별 효과를 주려고 여러 슬라이드를 연속적으로 빠르게 넘기는 때다. 이처럼 계속 이어가야 하는 경우를 제외하고는 항상 중지한다, 호흡한다, 하고 싶은 말을 생각한다. 그리고 침묵 속에서 슬라이드가 원래 역할을 수행하게 내버려둔다.

언제 다시 이야기를 시작해야 하는가? 적어도 청중의 반이 시각교재에서 눈을 돌려 여러분을 바라볼 때까지 기다린다. 이때는 청중이 들을 준비가 된 것이다.

슬라이드로 가치를 더한다. 슬라이드의 정보를 해석하고 설명하며 각 청중의 상황에 맞게 적용한다. 발표자는 전문가다. 슬라이드에 직접 나타난 것 외에 설명할 정보가 있는가? 그 정보가 청중에게 중요한 이유가 무엇인가? 발표자에게 설명할 내용이 더는 없다면 차라리 슬라이드를 이메일로 보내주거나 웹사이트에 게재하거나 아예 청중을 불러들이지 않는 게 나았을 것이다.

프레젠테이션 시작과 마무리에는 슬라이드를 쓰지 않는다. 동시에 많은 발표자가 여러 발표장에서 발표하는 행사라면 참가자들이 자리에 앉을 때 첫 슬라이드를 스크린에 올려놓는 게 좋다. 이는 청중이 발표장을 잘못 찾는 실수를 막아준다. 그러나 시작할 때는 슬라이드를 끈다. 발표자와 청중만 있는 상태에서 발표자가 무대 앞 중앙으로 나가면 첫인상이 훨씬 강해진다. 더 자신 있고 스스럼이 없으며, 자신의 정보보다 청중에게 더 관심을 두는 것처럼 보인다. 대체로 첫 슬라이드는 장황하기 마련이다. 청중의 관심이 발표자인 여러분이 아니라 슬라이드에 집중된 상태에서 프레젠테이션을 시작하고 싶지는 않을 것이다.

슬라이드를 간헐적으로 사용한다. 앞서 설명한 '시각교재의 수요공급 법칙'을 명심하자. 슬라이드를 하나 추가할 때마다 다른 슬라이드의 중요도가 떨어진다. 슬라이드는 덜 사용할수록 좋다. 그러니 청중이 요점을 이해하고 기억하는 능력을 시각적으로 제대로 돕는 역할을 할 때만 슬라이드를 사용한다. 슬라이드가 굳이 필요 없으면 사용하지 않는다. 또 프레젠테이션을 마무리할 때도 슬라이드를 사용하지 않는다. 상대방에게 이야기하는 능력은 인간에게만 있다. 이런 식으로 슬라이드를 사용하면 다양성을 제공하고 이목을 집중시키며 강한 인상을 줄 것이다.

포인터 사용하기

포인터가 무척 도움이 되는 때가 있다. 복잡한 도표에서 정확한 지점을 보여주거나 꼭 필요해 길게 만든 목록에서 특정한 수치를 찾아야 할 때 포인터가 유용하다. 그러나 너무 많은 발표자가 포인터에 과다하게 의지하는 경향이 있어 주변 사람들이 안전거리 밖으로 피해 있어야 할 지경이다.

진짜로 포인터가 필요한가? 포인터 없이 설명하게 슬라이드를 제작할 수 있는가? 슬라이드가 간결하고 명확하며 그래프와 글씨가 쉽게 볼 만큼 크면 포인터가 필요 없다.

파워포인트 사용 비결

파워포인트에는 프레젠테이션 중에 슬라이드의 효과를 높일 몇 가지 기능이 들어 있다. 다음 비결을 활용해 메시지를 전문적이고 편하게 전달해보자.

B키를 애용하자

마이크로소프트 파워포인트 슬라이드를 사용하는 경우 컴퓨터 키보드의 B키는 슬라이드를 사용하면서 발표자가 원하는 부분으로 청중의 관심을 돌리는 데 아주 유용하다. 이 키를 사용하면 언제라도 시각 메시지, 말 또는 둘을 동시에 전할 수 있다. 다음 방법을 써보자.

▶ 파워포인트 슬라이드를 연다. 작은 스크린 아이콘을 클릭해 슬라이드 쇼(Slide Show) 기능을 선택한다.

▶ B키를 한 번 누르면 스크린이 어두워진다. 이 키를 한 번 더 누르면 이전에 화면에 있던 슬라이드로 돌아간다.

슬라이드로 설명할 때 이 간단한 기능을 사용해보자. 여러 슬라이드를 상영하는 중간에 시각 효과가 필요 없거나, 슬라이드와 관계없는 주제를 이야기하거나, 청중의 질문에 대답할 때 스크린을 어둡게 한다. 프레젠테이션 시작과 마무리에는 스크린을 어둡게 해서 슬라이드가 아니라 여러분이 전문가임을 강하게 인식시킨다. 이 방법은 발표자의 신뢰도를 높여주고, 자신감과 권위를 전해주며, 발표자와 청중의 관계를 빠르게 돈독하게 해준다.

번호로 찾자

특정한 슬라이드로 돌아가야 하지만, 슬라이드 정렬(Slide Sorter) 기능을 쓰느라 시간 낭비하고 싶지 않은가? 다음 방법을 써보자.

▶ 파워포인트 프레젠테이션을 열어 화면 왼쪽 아래에 있는 작은 스크린 아이콘을 클릭해 슬라이드 쇼 기능을 선택한다.

- 슬라이드 번호를 입력한다.
- 엔터키를 친다. 해당 슬라이드가 나타난다.

프레젠테이션 전에 슬라이드 원고를 출력해놓는다. 그러면 모든 슬라이드의 순서와 내용을 손쉽게 확인할 수 있다. 이를 발표 원고와 함께 가지고 온다. 슬라이드 원고를 보고, 해당 슬라이드와 슬라이드 번호를 찾은 뒤 그 번호만 입력하면 된다. 원하는 슬라이드로 돌아가거나 뒤로 몇 장 넘길 때 빠르게 찾을 수 있다. 이 방법을 쓰면 청중을 기다리게 해놓고 슬라이드를 하나하나 넘겨보거나 슬라이드 정렬 기능과 슬라이드 쇼 기능을 오고 가야 하는 어색한 단계를 거칠 필요가 없다. 이 결과 편하고 자신 있게 발표할 수 있다.

파워포인트에서 슬라이드를 빨리 찾도록 해주는 또 다른 비결은 슬라이드 쇼 기능에서 마우스 오른쪽 단추를 클릭하는 것이다. 기능 메뉴에서 'Select Help'를 선택한다. 몇 분만 시간을 내서 이 기능을 익혀둔다. 이렇게 하면 전문가처럼 슬라이드를 찾을 수 있을 것이다.

포인터 대신 말로 설명한다

포인터 대신 말로 설명할 수 있겠는가? 바라볼 지점과 집중할 내용을 청중에게 간단히 설명해보자. 이 방법을 사용한 예를 들어보자.

- 1월의 수치를 살펴봅시다.
- 두 선이 교차하는 점에 주목하세요. 이 지점부터 순이익이 발생하기 시작합니다.

연속으로 슬라이드 두 개를 청중에게 보여주는 경우라면 다음처럼 설명하면 된다.

"이 슬라이드에서 왼쪽의 파이 도표는 5대 선두 업체의 연초 시장 점유율을 보여줍니다. 파란색이 우리 회사 수치입니다. 우리 회사 가 차지한 27퍼센트는 상당하지만 선두 자리에 올라설 정도는 못 됩니다.

이제 오른쪽에 있는 도표를 잘 살펴보기 바랍니다. 첫 도표와 비교 했을 때 단 9개월 만에 우리 회사의 시장점유율이 급격하게 올라가 고 있음을 보여줍니다. 역시 파란색으로 표시된 우리 회사의 점유 율은 37퍼센트로 현재 업계 2위입니다.

더 신나는 소식이 있습니다. 앞으로 9개월 동안 이 속도로 계속 성 장할 경우 어떻게 될지 살펴보죠. 이 슬라이드는 내년 3/4분기 초반 까지 목표 시장점유율을 보여줍니다. 계속 파란색으로 표시했습니 다. 우리가 이 속도를 유지하면 시장점유율이 50퍼센트가 넘을 것 입니다."

구식 나무 지시봉 또는 줄였다 폈다 할 수 있는 금속 지시봉을 사용하면 이를 직접 쓰지 않는 순간에도 현학적이거나 권위적인 발표자로 보이기가 쉽다. 꼭 지시봉을 사용해야겠다면 좌우로 흔 들거나 휘두르지 말고 지시봉으로 스크린을 치는 일도 삼가야 한 다. 지시봉이 필요 없을 때는 내려놓는다.

스크린이 크거나 높을 때는 레이저 포인터를 사용한다. 이 역 시 필요할 때만 사용하고 안 쓸 때는 꺼놓는다. 작고 빨간 점이 스 크린 여기저기를 옮겨 다니거나 청중의 눈을 비추게 하면 안 된다.

레이저 포인터의 빛이 스크린의 작은 지점에 머물게 하는 게 어렵다는 사실을 명심하자. 발표자가 조금이라도 몸을 떨면 포인터의 빛이 청중 앞에서 온 사방으로 움직일 것이다. 레이저 포인터는 설명 중인 상세한 내용을 정확히 집어내거나 해당 부분에 원을 그리는 데 잠깐씩 사용할 때 가장 효과적이다.

발표대 활용하기

발표대는 발표자와 청중을 확실히 구분하기 때문에 발표자에게 즉각적으로 이목이 집중되게 만든다. 발표대는 권위를 전달하고 전문가라는 인상을 만들어준다. 한편 이보다 덜 두드러진 다른 역할도 한다. 때로 발표대는 발표에 겁먹은 사람이 도망갈 수 있는 안식처가 돼준다. 맞다. 바로 원고를 올려놓는 역할을 하는 것이다. 원고를 보관한다는 면에서만 보면 음악가가 '악보'를 놓아두는 가느다란 보면대와 다를 바가 없다.

그러나 보면대와 달리 발표장 앞에 있는 발표대는 탁 트인 벌판에 있는 커다랗고 튼튼한 나무나 마찬가지다. 공격받기 쉽거나 노출돼 있거나 위협받을 때 뒤로 숨을 수 있는 나무 말이다. 조경 설계사는 사람에게 이런 나무가 필요하다는 점을 안다. 그래서 공원이나 대중 회합에 사용되는 장소를 설계할 때 공간을 나눠서 나무와 큰 돌과 휴게소와 등나무로 덮인 정자와 기타 구조물을 세운

파워포인트 포인터

파워포인트에는 포인터를 쉽게 사용하는 기능이 있다. 이 덕분에 프레젠테이션 준비함에 들어갈 장비가 하나 줄어드는 셈이다. 이 기능을 사용하려면 쉽고 편하게 사용할 수 있을 때까지 프레젠테이션 전에 연습해둔다.

A키와 E키

마이크로소프트 파워포인트 슬라이드를 사용할 때 컴퓨터 키보드의 A키가 '즉석 포인터' 기능을 한다. 다음을 따라해보자.

▶ 파워포인트 슬라이드를 연다. 작은 스크린 아이콘을 클릭해 슬라이드 기능을 선택한다.

▶ A키를 한 번 누른다. 작은 포인터가 화면에 나타난다.
마우스로 포인터를 조정할 수 있다. 포인터를 사용하지 않을 때는 다시 A키를 누르면 포인터가 화면에서 사라진다.

▶ 마우스 오른쪽을 클릭한다. 기능 메뉴에서 'Pointer Option'을 선택한다. 'Pen'을 클릭한다. 포인터 화살표가 작은 연필 모양 아이콘으로 바뀐다. 이밖에도 멋진 기능이 또 있다!

▶ 원하는 색을 선택한다. 마우스를 드래그하면 슬라이드 위에 그림을 그릴 수 있다. 이 기능은 슬라이드에서 강조할 부분에 동그라미를 치거나 선을 긋는 등에 유용하다. 그러나 이 기능은 신중하게 사용해야 한다. 이 기능을 사용하는 목표는 예술적 감각(또는 능숙한 파워포인트 활용 능력)으로 청중을 감동시키는 게 아니라, 청중을 주목시키고 이해력을 향상시키는 것이다.

▶ E키를 치면 포인터로 그린 부분이 지워진다.

다. 이런 곳에는 사람이 모인다. 이런 것들은 조경을 아름답게 꾸며주며 인간은 이런 피난처에서 가까운 곳에 있을 때 편안함을 느낀다. 만일의 사태에 대비해서 말이다.

그러나 발표대는 발표자가 이 뒤에 서 있으면 청중과의 사이에 장벽 역할을 한다는 문제가 있다. 진행 절차가 엄격한 공식석상이라서 발표대를 사용하는 게 적합하다면 상관없다. 그러나 청중이 미래 사업 파트너인 경우 등에서처럼 청중과의 장벽을 없애고 싶으면, 발표대 없이 발표하거나 원고를 올려놓는 용도로만 사용하는 게 현명하다.

청중과 관계를 생각해보자

발표대를 사용할지 결정할 때 꼭 고려해야 할 점은 청중과 어떤 관계를 맺고 싶은가이다.

첫째, 전문가로 보이고 싶은가? 발표자의 목표가 능력과 권위를 내세우거나 전문가로서 입지를 다지거나 청중과 자신의 차이점을 어떤 식으로도 강조하는 것이라면 발표대 뒤에서 이야기하는 게 확실한 효과를 발휘한다.

둘째, 협력자로 비춰지고 싶은가? 발표자의 목표가 청중과 연계되고 장애요소를 제거하며 장벽을 없애는 것이라면 발표대 없이 이야기할 때 더 민주적이고 협력적인 분위기가 조성된다.

셋째, 위 두 목표를 결합(대체로 그렇다)하고 싶으면, 앞에서 설명한 원고 사용하기 편을 다시 읽어본다. 원고를 가지고 발표대를 활용하여 발표하되, 이야기하는 내내 발표대 뒤에만 서 있지 않도록 도와주는 말이 담겨 있다. 이를 통해 발표자와 청중은 모두 이익을 얻을 수 있다.

발표대를 사용할 때 유의점

발표대 높이를 확인해둔다. 청중이 발표자의 얼굴과 동작을 쉽게 볼 수 있어야 한다. 확신이 서지 않으면 미리 연락하고 발표장에 일찍 도착해서 확인한다. 키가 168cm 이하라면 올라설 작고 단단한 발판을 부탁하는 게 좋다. 운동 용품점에서 판매하는 에어로빅용 발판이 적당하다.

조명을 확인한다. 발표대 주변에 외부 조명이 잘 갖춰져 있어야 한다. 발표대 조명이 얼굴에 너무 강하게 비치면 할로윈 마스크를 쓴 것처럼 보이게 한다.

발표대 앞면을 확인한다. 발표대 앞에 호텔 이름이 크게 새겨져 있으면 발표가 침실이나 식당을 광고하는 것처럼 느껴진다. 호텔에서 발표할 기회가 많으면 발표대 앞에 붙은 광고를 가릴 '발표자 전용 표지판'을 가지고 다니는 것이 좋다.

마이크 사용하기

마이크를 사용하면 청중이 발표자의 이야기를 잘 들을 수 있다. 발표 내용이 청중에게 들리지 않을 바에야 아예 발표를 하지 않는 게 낫다.

마이크 종류는 대체로 세 가지다(잘 사용하지 않는 네 번째 종류는 헤드셋 마이크다). 사용할 마이크는 행사 성격, 발표장에서 사용 가능한 기술, 행사 예산에 따라 달라진다.

1. 고정 마이크는 발표대나 장비함에 붙어 있다. 이런 종류는 사용에 제한이 가장 많다.
2. 손에 드는 마이크도 위와 마찬가지다. 요즘에는 거의 무선이다.
3. 소형 마이크(lapel microphone)도 무선이며, 마이크 머리 부분이 작아서 옷깃이나 블라우스나 넥타이에 끼울 수 있다. 헐렁한 바지나 주머니가 달린 재킷을 입으면 배터리(대개 카드 크기)를 넣어 두기가 좋다.

프레젠테이션에서는 대체로 소형 마이크를 쓰는 게 가장 좋다. 손에 드는 마이크보다 사용하기가 편하고, 손동작을 마음껏 취할 수 있으며, 원고를 넘기고 슬라이드를 바꾸거나 컴퓨터 키보드를 치기가 수월하다. 또 세 종류 가운데 몸을 가장 자유롭게 움직일 수 있어 연단을 마음껏 활용할 수 있다. 항상 입과 일정한 거리를 유지하기 때문에 볼륨이 일정해 발표대 뒤에서 이야기하더라도 소리가 줄어들까 걱정할 필요가 없다.

행사장에서는 대부분 소형 마이크를 갖춰놓으므로 필요하면 바로 사용할 수 있다. 그러나 소형 마이크가 준비되지 않았다면 다른 곳에서 미리 대여해두는 게 좋다.

마이크를 사용할 때 다음 사항을 염두에 둔다.

- 현장 음향기사를 만나 마이크나 음향 시스템에 관한 정보를 물어본다.

- 음향기사에게 발표자가 직접 마이크를 켜고 끄는지, 아니면 음향기사가 발표 전후에 원격으로 조작하는지 물어본다. 발표자가 이를 직접 해야 하면 스위치 위치를 찾아서 시험해본다. 프레젠테이션을 시작하기 직전까지 마이크를 꺼둔다. 발표를 마치고 나면 마이크를 끈다. 특별한 이유가 있어 마이크를 계속 켜둬야 하면 항상 말과 행동에 각별한 주의를 기울인다.

- 청중이 도착하기 전에 음향을 점검한다. 발표장이 비어 있는 상태에서는 메아리가 더 크게 울린다. 일단 음향기사의 조언에 따르고 필요하면 나중에 조절한다.

- 어떤 위치에서 마이크 소리가 가장 좋은지 시험해본다. 마이크 머리 부분이 항상 입에서 약 15cm 정도 떨어져야 하며 턱을 향해야 한다.

- 소형 마이크를 사용할 경우, 손이나 소맷자락에 자꾸 스치지 않을 지점에 달아야 한다.

- 손에 드는 유선 마이크를 사용할 경우, 연단에서 걸어 다닐 작정이라면 사용이 자유로운 손에 마이크 선을 몇 번 감아놓는다. 이

원고, 시각교재, 발표대, 마이크를 솜씨 좋게 활용하는 방법을 익히면 걱정이 줄어든다. 이렇게 해서 상승된 편안함과 자신감은 청중에게 그대로 전달될 것이다.

원고는 철저한 준비를 마쳤으며 발표에 집중해서 청중에게 필요한 정보를 전달하겠다는 의지를 보여준다. 원고가 있으면 스트레스를 받는 상황에서 코르티솔 수치가 올라갈 때 흔히 발생하는 기억력 감소를 걱정할 필요가 없다. 원고를 잘 활용하려면 중지 기법을 숙달하는 게 중요하다. 필요할 때마다 가책을 느끼지 말고 자유롭게 원고를 확인한다. 원고를 충분히 읽을 때까지 말을 중지하면 더 자신 있어 보이며 원고를 자주 확인할 필요가 없다. 원고를 확인한 후 다시 발표하기 전에 청중 한 명과 눈을 맞춘다.

시각교재는 발표자의 정보를 이해하고 기억하는 청중의 능력을 올려주는 목적으로만 사용해야 한다. 발표자는 시각교재에 담긴 메시지를 설명, 해석, 개별화, 보완하는 방식으로 가치를 덧붙여야 한다. 새 시각교재를 소개한 뒤 잠시 중지하면 시각교재의 원래 목표를 달성하는 데 아주 효과적이다. 발표하면서 청중과 눈을 맞추면 청중의 상태에 계속 집중할 수 있다.

공식석상에서 발표대는 발표자와 청중을 분명히 구분하며 권위를 전달한다. 그러나 덜 공식적인 자리라면 발표대가 방해가 되기도 한다. 발표자의 목표가 권위나 전문성을 확고히 다지는 것이거나 발표장이나 행사 내용상 발표대가 필요하면 발표대 위치와 높이, 조명이 적당한지 알아본다.

이와 달리 민주적이고 협력적 환경을 조성하는 게 목표라면 발표대에서 떨어져서 발표하는 게 좋다. 원고를 확인하거나 슬라이드를 바꾸려고 발표대로 가는 것은 상관없다.

항상 미리 시간을 두고 마이크를 점검한다. 가능하면 마이크 소리가 줄어들거나 커지지는 않는지, 신경을 거슬리는 소리가 나지는 않는지 확인한다. 될 수 있으면 옷깃에 다는 소형 무선 마이크를 사용한다. 이런 마이크를 쓰면 동작이 자유롭고 선 때문에 걱정할 필요가 없다. 낭패를 보지 않으려면 사용하지 않을 때는 마이크를 꼭 꺼놓아야 한다.

는 연습이 좀 필요할 것이다.

▸ 음향기사에게 일어날 수 있는 문제와 해결책을 물어본다. 일부 문제는 발표장 앞에 앉아 있는 다른 발표자들 뒤에 서면 없어지기도 한다.

▸ ㅍ(p)와 ㅌ(t) 같은 '파열 자음'을 약하게 발음한다. 마이크에 대고 이런 발음을 너무 세게 하면 귀에 거슬리는 소리가 난다. 습관적인 콧방귀나 헛기침을 자제한다.

▸ 화장실에 갈 때는 소형 마이크를 꼭 빼놓는다.

이야기 좀 나눌까요?

독백에서 대화로 전환하기

이야기를 듣는 사람이 네 명 이상이면 이들은 청중으로 간주된다. 청중이 있을 때는 사고를 제대로 정리하거나 이들과 생각을 교류하기 힘들다. − 앤 모로 린드버그

독백은 근본적으로 부자연스러운 의사소통 형태다. 인간은 대화를 통해서 말하는 법을 배우기 마련이다. 5장에서 설명했듯이 말을 통한 인간의 의사소통 가운데 기본적인 형태는 일상적인 대화다. 갓난아이들은 자신을 돌보는 사람과 간단한 단어를 주고받으면서 말하는 법을 배우며, 처음에는 한 단어로 시작해서 점차 여러 단어를 쓰다가 구에서 문장으로 발전한다.

3장에서 소개한 아동발달 전문가이자 작가인 존 볼바이는 생후 몇 주가 지나면 엄마와 아기 사이에 대화가 시작된다고 한다. 이런 과정이 빠르고 자연스럽게 일어나며 엄마와 아기 모두 이를 즐긴다는 사실은 이야기를 주고받는 것이 인간의 천성이라는 점을 분명히 보여준다.

따라서 대화야말로 말을 통한 의사소통에서 가장 자연스러운 형태다. 또 가장 많이 사용되는 형태라는 점도 꼭 알아둬야 한다. 이에 비해 독백은 유아 발달기간에 거치는 교육과 연습 과정에서 거의 등장하지 않는다. 그 반면에 인간이 사회적 기술을 습득하며 성숙해지는 과정에서, 다른 사람의 언어적 또는 비언어적 메시지를 듣고 질문하며 대답하는 것이 중요하다는 점이 지속적으로 강조된다. 인간은 시간이 지날수록 점차 대화에 숙련되고 능숙해진다.

그런데 최소한 한 사람 이상과 대화하다보면 논평이나 개입이나 질문 등이 따르기 마련이므로, 짧은 한 단락 이상을 연달아서 말하는 경우는 거의 없다. 결국 일정한 내용을 정리해서 독백 형식으로 전달하는 것은 교육 과정에 거의 포함되지 않으며 연습할 기회도 없다는 뜻이다.

5장에서 독백에 포함되지 않는 대화의 두 요소를 설명한 바 있다. 이는 바로 내용 확인과 파동 동화로, 대화를 나누는 상대방과 서로 교류하는 데에서 없어서는 안 되는 아주 중요한 요소다. 앞서 강조한 대로 이 두 요소는 독백에서는 나타나지 않는다. 바로 이 때문에 프레젠테이션을 준비하고 실행하기가 그토록 어렵게 느껴지는 것이다. 또 프레젠테이션 중에 짧게라도 대화 형식을 접목하면, 말하는 사람이나 듣는 사람들에게 기분 좋은 변화로 느껴지는 것도 이런 이유 때문이다.

여러 사람으로 구성된 집단을 앞에 두고 이야기할 때 마음이 불편한 이유를 잘 보여주는 예가 또 하나 있다. 로빈 던바(Robin

Dunbar) 교수는 『꾸미기, 잡담, 언어의 진화(Grooming, Gossip, and the Evolution of Language)』에서 일반적으로 사람들은 소규모 집단에서 대화하려는 경향을 강하게 보인다고 설명한다. 던바는 이런 행동이 파티나 리셉션에서 어떻게 나타나는지 관찰했다.

던바는 사람들이 각각 두 명, 세 명, 네 명으로 늘어갈 때까지 이야기가 편안하게 진행되는 과정을 보여준다. 그러나 다섯 번째 사람이 이 무리에 합류하면 상황이 부자연스러워지기 시작한다. 설사 이들이 다섯 명(또는 그 이상) 모두 대화에 참여시키려고 계속 노력해도 대화에 보이는 집중도와 흥미도가 점점 사그라진다.

대개 이 중에 두 사람이 자신들만의 관심사로 이야기를 전개하기 시작한다. 그러다가 곧바로 자리를 옮겨 자신들만의 대화 집단을 새로 만든다. 던바는 "이는 인간의 대화 행동에서 아주 강하게 나타나는 특성이다. 장담하건대 공적인 자리에서 몇 분 동안만 사람들을 관찰하면 누구라도 이와 똑같은 현상을 목격하게 될 것이다"라고 한다.

직접 참여하는 청중은 경청한다

다섯 명 이하로 구성된 작은 집단에서 의사소통할 때 보이는 이 특성을 보면 대규모 집단과 의사소통할 때 발표자가 불편함을 느끼는 이유를 알 수 있다. 또 이 특성은 청중을 주목시키기 어려운 이유를 설명해준다는 면에서도 아주 중요하다. 청중은 자신과 관련 있는 이야기일 때 집중하는 경향이 있다. 게다가 능동적으로 참여할 기회가 있는 경우에 더욱 경청한다.

한편 네 명 이상인 집단에서 평균적인 참여도가 낮을 경우 사람들은 자연스럽게 더 능동적으로 참여할 방법을 찾아가는 경향이 있다. 예를 들어 칵테일파티라면 기존의 대화에 흥미를 잃은 경우 주변의 다른 사람들과 새로운 주제로 이야기를 시작해 새로 작은 그룹을 만든다. 마찬가지로 프레젠테이션 중에는 발표자의 말에 집중하지 않고 옆에 앉은 사람들과 잡담을 시작할 것이다.

노련한 발표자는 이 점을 알기에 대화와 동일한 '형식과 감정' 을 발표에 결합할 방법을 찾으려 노력한다. 청중과 서로 교류하는 분위기를 형성하거나 프레젠테이션의 속도와 리듬을 바꿔 대화와 동일한 '형식과 감정' 을 형성하기만 해도 큰 효과를 볼 것이다.

수많은 연구 결과에 따르면 청중은 어떤 식으로든 자신이 직접 참여한 프레젠테이션 내용을 더 잘 기억하고 새로운 관점을 얻는 경향이 있다. 프레젠테이션에 직접 참여한다고 느낄 때 내용 설득력이 더 강해지는 것이다. 그러니 청중을 제대로 통제하지 못해서 생기는 위험을 감안하더라도 대화 분위기를 조성해서 얻는 이득이 훨씬 더 값지다.

한편 청중을 실제 대화에 끌어들이는 방법도 있다. 실제 대화 (물론 제한적)는 청중이 질문에 큰 소리로 대답하거나 의견을 표명하거나 정보를 공유하는 분위기가 형성됐을 때 시작된다. 이는 청중이 발표자에게 질문하거나 논평할 때도 마찬가지다. 그렇다면 발표회 일정이나 절차 때문에 이런 대화에 제한을 받을 경우 어떻게 할까? 상황이 이를 허용하지 않을 경우 어떻게 해결할까?

이런 경우에는 다른 방식으로 대화와 같은 형식과 감정을 조성하면 된다. 이를 통해서 청중이 발표자에게 계속 집중하며 경청하게 하거나, 발표자가 청중과 상호교류하는 게 수월해진다. 오늘날같이 삶의 속도가 빨라지는 반면 집중력 지속 시간이 짧아지는 현대 사회에서야말로 대화와 동일한 형식과 감정을 조성하는 것이 특히 중요하다.

대화 같은 형식과 감정을 조성하는 기법은 모두 활용하기가 간단하다. 다음에 발표할 기회가 있을 때 이 중에서 한두 기법만 활용해보면 청중과 교류하는 게 간단해지고 효과도 큼을 단박에 확인하게 될 것이다. 조금만 연습하면 좀더 자연스럽고 자신 있으며 편한 자세로 말을 하게 된다. 자, 그러면 대화와 동일한 형식과 감정으로 훨씬 더 효과적으로 발표하는 방법을 알아보자.

대화와 동일한 형식과 감정

대화와 동일한 형식과 감정을 조성하는 방법은 아주 다양하다. 일반적으로 효과가 좋은 방법은 네 가지다.

1. 잘 알려지지 않은 사실이나 최신 뉴스를 청중에게 전한다.
2. 이야기하거나 일화를 삽입한다.

3. 프레젠테이션의 속도를 전환할 각종 활동을 한다.

4. 생각의 흐름을 바꿔줄 여러 활동에 청중을 참여시킨다.

네 가지 방법의 구체적인 예를 살펴보자.

잘 알려지지 않은 사실이나 최신 뉴스를 청중에게 알려주자

청중이 정보를 감정적으로 받아들이고 반응하게 유도한다. 구체적인 사례를 살펴보면 다음과 같다.

▶ 잘 알려지지 않은 사실을 알려준다. "많은 연구에 따르면 기업이 고객을 5퍼센트 정도만 더 유지해도 최종 순이익이 50퍼센트까지 향상된답니다."

▶ 최신 뉴스를 이야기한다. "오늘 아침에 글로벌에어가 에어 익스프레스를 매입하겠다는 의사를 밝혔습니다."

▶ 아주 놀랍거나 충격적인 발표를 한다. "주위를 둘러보십시오. 7년 안에 여러분 가운데 한 명이 사망할 것입니다."

▶ 놀라운 통계수치를 알려준다. "정보 혁명이 얼마나 확산돼 있다고 보십니까? 사실 전 세계적으로 현재 생존한 사람 가운데 62퍼센트는 전화를 한 번도 사용해보지 않은 것으로 밝혀졌습니다."

이야기하거나 일화를 소개하자

이야기의 가치와 이를 잘 전달하는 방법을 자세히 익히고 싶으면 11장에서 소개한 이야기 활용법을 참고하기 바란다. 일단 다음 과 같은 이야기를 해보자.

▸▸ 일반적 경험을 공유한다. "지난주에 가게에 들렀다가 집에 가는 중에 백미러를 보니 빨간불이 번쩍이는 겁니다."

▸▸ 청중이 직접 경험했을 만한 이야기를 한다. "어젯밤에 야구 연습 을 마친 열네 살짜리 아들 매트와 아들의 친구 세 명을 집에 데려 다주는 길이었습니다. 운전하면서 아이들이 하는 말을 듣자니, 다들 열여섯 살만 되면 당연히 부모가 새 자동차를 사줄 것이라 고 여기고 있더군요. 참내, 내 아들 매트까지도 말입니다."

프레젠테이션 속도를 전환할 각종 활동을 하자

프레젠테이션 속도를 바꾸면 대화하기에 더 수월한 리듬이 형 성된다. 청중이 새로운 감각(시각, 청각에 후각이나 미각까지 동원)을 이용하거나 이 감각을 새로운 방법으로 활용해서 정보를 모을 기 회를 마련해주면 상당히 긍정적인 변화가 일어난다. 속도를 변경 하는 방법은 다음과 같다.

▸▸ 오랫동안 말을 중지한다.
▸▸ 의견이나 사실을 연속으로 제공한다.
▸▸ 실연한다.
▸▸ 빠르게 다양한 질문 공세를 펼친다.

- 샘플을 배포한다.
- 강력한 시각 자료를 하나만 보여준다.
- 짧은 영상을 보여준다.
- 시각 자료를 연달아 제시한다.
- 소도구를 쓴다.
- 일련의 주장을 짤막한 문장으로 펼친다.

청중이 지적 또는 신체적 활동을 하도록 유도하자

청중이 생각하거나 상상하거나 기억을 되살리게 유도한다. 즉각적으로 반응을 보이거나 행동하게 만든다. 이는 지적 참여도를 높이며 대개 감정적 연계도 일으킨다. 다음 방법을 활용해보자.

- 길게 중지한 뒤에 갑자기 반문하는 질문을 던진다.
- 청중이 과거 경험담을 회상하게 유도한다.
- 청중이 경험한 일을 마음에 그려보게 유도한다.
- 배포한 자료의 다음 장을 넘기라고 말한다.
- 손을 보여달라고 한다.
- 자리에서 일어서게 한다.
- 주변을 둘러보게 한다.
- 청중에게 중요한 요점을 메모하게 한다.

이런 기법이 아주 효과적인 것은 사실이지만, 청중과 교류하고 이들을 파악하는 데 가장 효과적인 방법은 역시 실제 대화다. 시간과 진행일정과 발표 목적이 허락하는 한 청중과 직접 대화를 나누는 것이 서로 연계되는 데 가장 효과적이다.

실제 대화는 가장 효과적인 상호작용법

실제 대화는 효과적 의사소통에서 가장 핵심이다. 청중이 대화에 참여하는 분위기를 만들 수 있는 몇 가지 방법을 소개한다.

항상 질문을 환영하자

프레젠테이션을 시작할 때 언제든 질문해도 좋다는 점을 분명히 밝힌다. 청중이 질문이 있을 때 의사표시할 방법을 구체적으로 알려준다. 예를 들어 "이 내용을 설명하면서 여러분에게 받은 질문을 가지고 토론해보겠습니다. 질문 있으면 바로 손을 드세요. 일단 설명하던 부분을 마무리하고 질문자에게 발언 기회를 드리겠습니다."

질의응답 시간을 마련하자

프레젠테이션을 시작할 때 앞으로 질문할 기회가 있다고 청중에게 알린다. 질의 시간과 할당 시간을 말해둔다. 질문이 생기면 기억하거나 메모를 남겼다가 질의응답 시간에 바로 묻도록 준비시킨다.

중간에 질의응답 시간을 두자

20분 이상 연달아 발표할 작정이면 중간에 질의응답 시간을 짧게 마련한다. 이는 청중의 뇌리에 발표 내용이 확실히 박혀 있는 동안 질문에 답할 수 있는 좋은 방법이다. 또 청중이 내용을 이해하는 데 혼동을 주는 사항들을 바로잡을 경우에도 도움이 된다(시간 조정을 잘 해서 남은 내용으로 다시 돌아갈 수 있다는 확신이 들 때만 이 방법을 사용한다).

청중에게 논평을 부탁하자

질의응답 시간 또는 독립적인 시간을 마련해서 청중의 평과 의견을 들어본다. 이 방법은 자신을 발표자로 설정하지 않고 정보를 공유하는 자리에서 특히 효과가 크다. 공유된 정보를 정리할 방법을 고려해본다. 자원자에게 다른 청중의 의견을 기록하게 하는 것도 좋은 방법이다.

청중을 소그룹으로 나눠서 아이디어를 공유하게 하자

규모가 큰 청중을 참여시키는 좋은 방법은 소그룹으로 나눠서 아이디어를 공유하게 하는 것이다. 5~8명을 한 그룹으로 묶는 것이 통제가 되는 범위에서 다양한 아이디어를 내놓게 하는 데 가장 적절하다.

그 다음에 각 그룹 대표자가 해당 그룹에서 나온 최고 아이디어를 전체 청중에게 발표하게 한다. 이 활동에서 성공하려면 명료한 지침을 주고 제한 시간을 철저히 지키도록 하는 게 필수적이다.

적절한 시기에 적절한 질문을 하자

발표자가 질문을 던진 뒤 어색한 침묵만 흐르는 자리에 청중으로 앉아 있어본 적이 있는가? 청중의 참여를 유도하거나, 생각을 알아보거나, 분위기를 전환하기 위해서 던지는 질문은 프레젠테이션에 도움이 많이 된다. 그러나 질문에 청중이 전혀 반응을 보이지 않으면 발표장 분위기도 떨어진다. 발표자의 자신감 또한 사라진다. 정해진 답이 없는 질문('예/아니요'나 단 몇 마디로 답할 수 없으며, 묘사 또는 설명처럼 긴 답변이 나오게 돼 있는 질문)은 적절하지 않다. 이유는 다음과 같다.

사람들이 대화에 참여하지 않고 그저 듣고만 있을 때 뇌는 특정한 분야의 활동에 중점을 둔다. 그러다가 질문을 받은 청중이 듣기에서 말할 준비로 이동하면 다른 뇌 활동으로 전환하면서 이에 필요한 산소를 뇌에 더 공급하려고 혈류도 전환된다. 청중이 실제로 이야기를 시작하면 또 다른 전환이 일어난다. 자동차가 모퉁이에서 돌거나 굽은 길을 회전하거나 방향을 바꾸기 전에 속도를 늦춰야 하는 것처럼, 신체가 이런 전환을 하는 데도 시간이 걸린다. 그러니 한참 독백을 하다가 대답이 필요한 질문을 갑자기 청중에게 던지는 발표자는 어색한 침묵을 자초하는 셈이다.

어색한 침묵이 발생할 때 이를 무마하는 방법은 다양하다. 발표자가 취할 수 있는 몇 단계를 찬반양론과 더불어 소개한다.

▸▸ 발표자 스스로 답변한다.

찬 : 어색한 침묵을 무마해준다.

반 : 대화 분위기를 조성하는 데 실패한다.

▸ 특정한 청중을 지목한다.

찬 : 지목된 사람이 '바로 눈앞에' 있기 때문에 답변이 나올 가능성
    이 있다.

반 : 지목된 사람이 '바로 눈앞에' 있기 때문에 청중 사이에 동정심
    과 적대심과 불안감이 생기기 십상이다("저 친구 참 안됐군. 발표
    자가 완전히 멍청이네. 그나저나 다음으로 날 지목하면 어쩌지!").

▸ 답하기 쉽게 해당 질문을 설명해준다.

찬 : 답변이 나올 가능성이 높아진다.

반 : 여전히 아무도 답변을 안 해 더 어색해질 수 있다. 답하기 쉽도
    록 해당 질문을 설명하면 '발표자가 청중을 교묘하게 조정하거
    나 아는 척한다'는 소리를 들을 위험이 있다. 예를 들어 자칫하
    면 "근무시간이 줄고 봉급이 올라가기를 바라는 분이 몇 명이
    나 되나요?"식의 질문을 던지는 실수를 하게 된다.

▸ 중지하고 기다리면서 긴장감이 높아지도록 내버려둔다.

찬 : 누군가 (결국) 침묵을 견딜 수 없어서 말할 것이다.

반 : 어색한 침묵을 견디기가 힘들어 발표장을 나가는 사람이 생길
    가능성이 있다.

무대로 끌어들이는 4단계 질문 모형

대화식의 장점을 활용하고 싶지만 어색한 침묵과 이에 뒤따르는 여러 문제를 피하고 싶은가? 그렇다면 독백에서 대화로 전환할 때 '무대로 끌어내는 4단계 질문 모형'을 적용하면 된다. 이 4단계 질문 모형은 어색하지 않게 청중을 듣기 단계에서 생각 단계를 거쳐 이야기 단계로 전환하게 해준다. 각 단계에는 특정한 형태의 질문이 결합돼 있다. 여기에 정해진 순서대로 질문하면, 청중이 스스로 생각하고 발표할 수 있도록 생각을 정리한 뒤 준비가 됐다 싶으면 자발적으로 발표하도록 도울 수 있다.

청중은 이런 모형을 사용한다는 것을 모를 것이다. 발표자가 조금만 신경 쓰면 티 내지 않고 이 방법을 활용할 수 있다. 사실 이 방법 활용 과정은 상당히 즐겁고, 발표자와 청중이 실제로 대화하는 결과를 얻는다. 이 4단계 모형이 어떤 효과가 있는지 간단히 설명하겠다.

1단계 : 반문하는 질문을 던지자

굳이 대답이 필요 없는 질문을 던진다. 당연히 아무도 답변할 필요성을 못 느낄 것이다. 질문한 다음에 중지한다. 생각할 시간을 준다. 청중의 반응을 관찰한다.

반문하는 질문의 예로 "과거를 되돌아보죠. 지난 5년 동안 최고의 휴가가 언제였나요? 어떤 점이 좋았죠?"를 들 수 있다. 말을 중지하고 발표장을 둘러본다. 반응(미소, 눈 감기, 한숨)을 지켜본다. 이런 질문은 청중이 생각하고 기억하며, 다음 설명을 따라잡는 데 필요한 사항을 상기하게 한다.

2단계 : 손을 들어 답하게 질문하자

손을 들어 답하게 질문한다. 대충 손을 든 사람을 센다. 청중의 반 정도인가? 반을 넘는가? 아니면 전체가 다 손을 들었는가? 결과를 청중에게 알려주고 공동 경험을 했으며 공동 관심사를 가지고 있다는 분위기를 조성한다.

예를 들면 "그 휴가가 즐거웠던 이유가 하나 이상이었던 분은 손을 들어보세요" 같은 식으로 말한다. 여러분이 직접 손을 들어 원하는 반응을 보여준다. 이렇게 발표자가 원하는 반응을 손수 보여주면 참여를 유도할 수 있다. 잠시 말을 중지했다가 청중이 손을 들면 수를 센다. 밝아지는 얼굴 표정, 머리 끄덕이기, 여러 생각과 가슴에 밀려드는 추억을 보여주는 다른 신호를 관찰한다.

손들기 질문은 청중의 생각을 요점으로 국한시키고 집중시키며 다듬는 데 도움이 된다. 또 손을 드는 행위는 참여를 유도한다. 이쯤 되면 청중이 정신은 물론 신체적으로도 참여하게 된다. 게다가 모두 안전한 환경에서 말이다. 특정한 청중을 지목하지 않았지만 손들기만으로 공동체 의식이 조성된다. 청중이 자신과 공통점이 있는 사람이 많음을 알게 되는 것이다. 이제 발표자와 청중은 다음 단계로 넘어갈 준비가 됐다.

3단계 : 답이 분명한 질문을 하자

'폐쇄형 질문(closed question)'은 아주 간단하게 답변할 수 있는 질문이다. 이는 일반적으로 '예/아니요', 숫자, 한 단어나 짧은 구로 답변할 수 있다. 청중은 지금까지 생각할 시간이 있었기 때문에 이런 답을 하기 쉽다. 또 위험 부담도 거의 없다. 답을 생각하는 데 시간이 오래 걸리지도 않는다. 정확하거나 능수능란하게 답할 필요도 없다. 그저 침묵을 깨고 소리 높여 말만 하면 된다. 이런 질문의 예로 "휴가 때 누구와 여행을 갔나요?"를 들 수 있다.

네다섯 명에게 말할 기회를 주고 답변을 모은다. 필요하거나 원한다면 간단하게 답변을 살펴본다. 일단 청중이 입을 열었으니 답변을 명확하게 할 질문을 다시 던지는 것도 좋다. 예를 들어 위 질문의 답변 가운데 '가족'이 있었다면 "가족 중 누구요?"라고 물어보는 식이다. 이는 실제 대화의 시작이다. 답변이 여러 개 나오면 이를 요약한다. 공통적 답변은 무엇인가? 명백히 밝혀야 할 공통 특징이 있는가? 요약은 "여러분 대부분이 배우자와 보낸 휴가를 최고로 생각하는군요" 하는 식으로 하면 된다. 이런 요약은 다음 단계로 전환하는 역할도 한다.

4단계 : 정해진 답이 없는 질문을 하자

'개방형 질문(open question)'은 해석해서 상세히 검토하고, 구체적으로 묘사하며, '방법'은 물론 '이유'까지 설명해야 하는 질문이다. 이런 질문을 하면 공유할 정보가 많이 나오고, 대화로 진입할 기회도 많아진다. 대체로 청중은 서로 경험이나 의견이 동일하다는 사실을 알게 될 것이다. 의견 차이가 표면에 나타나며, 이는 질문과 해석의 형태를 띤 대화로 전환될 것이다.

개방형 질문은 "배우자와 휴가를 가려는 사람에게 어떤 충고를 하고 싶나요?"라는 식으로 한다. 3단계에서 질문에 답한 청중에게 다시 질문을 던지거나, 원하는 청중에게 답을 하게 한다. 이쯤 되면 청중은 자발적으로 답변할 것이다. 발표자가 이미 안전하게 참여하는 분위기를 형성했기 때문이다. 또 청중이 자신의 경험을 생각하고 다른 사람이 자신과 비슷한 경험을 했다는 것을 파악할 시간도 줬기 때문이다.

청중의 답변을 너무 통제하면 안 된다. 답변 중 일부는 여러분이 예상한 내용과 다르겠지만, 대화처럼 자유롭게 흘러가게 두면 적절하고 유용한 정보가 많이 나올 것이다. 이 정보를 프레젠테이션에 결합하거나 전하려는 메시지를 뒷받침하는 내용을 선택할 수 있다.

여러분이 프레젠테이션하는 목표가 무엇인가? 예를 들어 만족스러운 휴가를 위한 지침을 설정하는 게 목표라면, 청중과 나눈 대화에서 수집된 정보를 프레젠테이션에 다음처럼 혼합한다. "여러분 말을 들어보니 휴가를 같이 간 사람들을 모두 만족스럽게 만드는 비결은 함께할 활동 계획을 열심히 세우는 것이군요.

또 새로운 경험에 기꺼이 도전하는 정신을 갖는 것이 아주 중요한 이유도 들어봤습니다. 크리스틴이 스쿠버다이빙을 통해서 깨달았던 것처럼, 처음에 주저하던 일을 통해서 아주 큰 즐거움을 얻는 경우가 많죠. 그리고 크리스틴은 다이빙 강습을 받기로 한 덕에 빌과 공통 취미를 하나 더 찾게 된 셈이네요."

테드 트립(Tedd Tripp)은 『마음을 다루면 자녀의 미래가 달라진다(Shepherding a Child's Heart)』에서 "의사소통은 독백이 아니다. 이는 대화이다…. 의사소통의 최고 기술은 생각을 표현하는 방법을 배우는 게 아니라 상대의 생각을 끄집어내는 방법을 배우는 것이다"라고 말한다.

청중과 대화가 시작되면 판단력을 잘 활용해서 대화를 진행해야 한다. 얼마동안 지속할지? 몇 명의 의견을 들을지? 청중의 답변을 얼마나 상세하게 끄집어낼지? 의견이 다른 청중의 대화를 어떻게 조절할지? 얻은 정보를 어떻게 요약할지? 원래 주제로 어떻게 돌아갈지? 여기에 앞서 파악된 내용을 어떻게 병합할지?

이런 질문의 답은 상황에 따라 달라진다. 어쨌거나 대화를 진행하기는 놀라울 정도로 쉬워진다. 그리고 대체로 회의 진행 방법처럼 하면 된다.

회의에서도 앞서 설명한 무대로 끌어내는 4단계 질문 모형을 사용해보자. 회의에서 대화를 시작하고 진행할 때 이 질문 모형을 사용하면서 자신의 기술을 다듬어보자. 이를 통해 참가자들이 회의에 더 적극적으로 참여하게 될 것이다. 적절한 질문을 던지고 필요한 세부 사항을 효율적으로 조사하며 생산적인 결론을 이끌도록 대화를 이끄는 데 곧 능수능란해질 것이다. 여기에서 익힌 기술을 더 격식을 차린 프레젠테이션 환경에서도 수월하게 사용할 수 있을 것이다.

무대로 끌어내는 4단계 모형을 잘 실행하려면 다음 사항을 주의해야 한다.

4. '개방형 질문'을 던진다.

    대답을 놓고 청중과 함께 이야기를 나눈다.

    요약한 뒤에 원래 '목표'로 전환한다.

3. '폐쇄형 질문'을 던진다.

    답변을 몇 개 받는다.

    필요하면 간단히 살펴본다.

2. 손을 들어 답하게 질문한다.

    공동 경험과 관심사를 조성하는 결과를 알린다.

1. 반문하는 질문을 던진다.

    예 : "이 점을 자문해보세요."

    "마지막으로 …했던 기억을 되살려보세요."

▸ 질문을 신중하게 고른다.

▸ 예상과 다른 청중의 답변에도 개방적인 자세를 취한다.

▸ 필요하면 추가 정보를 자세히 조사한다.

▸ 대화를 자세히 들으며 프레젠테이션 목표를 뒷받침하는 정보를 찾는다. 대화를 요약할 때 이 정보를 병합하고, 원래 목표했던 주

제와 계획했던 요점으로 돌아온다.

무대로 끌어내기 4단계 질문 모형을 연습해서 잘 사용하면, 독백에서 대화로 자연스럽고 편하게 전환하는 기술과 자신감이 생긴다. 프레젠테이션을 쌍방향 형식에 느긋하며 정보가 많은데다 재미있기까지 한 자리로 만들어준다.

핵심 포인트

이제 여러분은 대화를 활용해서 이야기하는 방법을 배웠다. 대화의 특징인 주고받고 말하기는 기본적이면서도 가장 실제적인 의사소통 형태다. 독백은 부자연스럽고 거의 실제적이지 못하다. 독백 형식 때문에 프레젠테이션할 때 마음이 불편하고 청중이 흥미를 유지하면서 집중하기가 어려워진다.

지적이고 감정적으로 연루되게 하려면 참여가 가장 중요하다. 노련한 발표자는 이 점을 알기 때문에 청중과 대화할 기회를 만들려고 노력한다. 이런 대화가 불가능하면 이들은 대화의 '형식과 감정'을 조성할 언어적 도구를 사용한다. 대화의 형식과 감정을 만들어주는 좋은 방법 네 가지를 소개한다.

1. 잘 알려지지 않은 사실이나 최신 뉴스를 청중에게 알려주자.
2. 이야기하거나 일화를 소개하자.
3. 프레젠테이션 속도를 전환할 각종 활동을 하자.
4. 청중의 사고 방향을 바꿔줄 활동에 참여시키자.

노련한 발표자는 청중을 실제 대화에 참여시킬 기회를 놓치지 않는다. 무대로 끌어내는 4단계 질문 모형은 대화를 촉진하는 데 효과가 아주 크다.

상호 합의
질의응답 시간에 질문에 답하기

솔직한 반대는 진보할 좋은 징조다. **—모한다스 간디**

질문에 답하기야말로 프레젠테이션에서 최고 부분이다. 청중의 규모나 자료의 특성, 시간제한이나 정해진 공식 식순 등의 이유로 프레젠테이션이 거의 독백으로 이루어졌더라도, 질의응답 시간을 만들면 청중과 대화하는 형식으로 전환된다. 일상생활에서 실제로 사용하는 방식으로 의사를 전달할 기회가 생긴 것이다. 누구나 이런 방식에는 전문가다.

질의응답 시간은 차이점을 발견하고 이해하고 합의하는 작업을 할 수 좋은 기회다. 청중은 자신의 생각을 발표자와 나눌 수 있다. 발표자는 청중의 관심사를 알게 되고 이들이 원하는 세부 사항을 부연하며 심도 깊게 설명하고 혼동과 오해를 없앨 기회가 생긴다.

기회라는 느낌이 왜 안 드는가?

발표자가 프레젠테이션하면서 지적이고 감정적으로 겪었던 어려움이 아직도 존재하기 때문이다. 게다가 질의응답 시간에는 발표자가 통제권을 어느 정도 포기해야 하기 때문에 어려움이 더 커진다. 발표자는 예상 질문을 다 생각해낼 수 없는 까닭에 완벽한 답변을 모두 준비하지 못해서 걱정이 될 것이다.

프레젠테이션한다는 것은 전문가라는 뜻이므로, 자신이 모든 질문에 답변을 잘 하리라고 청중이 예상할 것이라고 생각한다. 답변을 잘 못해서 신용을 잃거나 청중을 설득하지 못하거나 전문가로서 부족해 보일까봐 걱정이 된 나머지 불안해진다. 많은 사람이 이런 걱정을 한다. 과연 이런 걱정할 필요가 있는가?

프레젠테이션은 구술시험이 아니라 공유할 기회임을 명심하자. 발표자는 프레젠테이션할 때는 자신이 아는 내용을 알려야 하고, 질문을 받을 때는 청중이 더 알아야 할 점을 파악해야 한다. 많은 질문에 즉시 답을 해줄 수 있을 것이다. 또 답하려면 조사해야 하는 질문도 있을 것이다. 때로 질문자에게 다른 출처에서 알아보라고 소개하거나, 답변할 수 없는 이유를 설명하거나, 다음 기회에 답변하겠노라고 약속할 것이다. 그러면 이쯤에서 최대한 준비를 갖춰서 불안감을 최소로 줄일 방법을 알아보자.

대부분의 질문에 대처할 수 있다

대부분의 정보 출처(교육 서적, 사용자 설명서, 웹사이트)에는 FAQ 난이 있다. 이는 질문 대부분이 FAQ이고, FAQ를 예상할 수 있기 때문이다. 발표자에게 들어올 질문 또한 예상할 수 있다. 대개의 경우 발표자로 초빙을 받은 것은 해당 주제를 적어도 청중만큼은 알고 있기 때문이다. 발표자가 조금만 생각하고 조사하면 청중이 할 질문에 대처할 준비를 할 수 있다.

첫 단계는 무엇인가? 발표자가 프레젠테이션을 준비했을 때 들었던 생각을 되새겨보는 것이다. 청중에 관한 정보(필요 사항, 관심, 우려, 버릇)를 상기하면 질문을 예상할 수 있다. 8장에서 했던 질문을 다시 살펴보자. 다음 사항을 알고 있는가?

▸ 참석자가 누구인가? 이름이 무엇인가? 직위가 무엇인가? 업무가 무엇인가?

▸ 연령이 어느 정도인가? 성별은 무엇인가? 교육 수준은 어느 정도인가? 문화적 배경은 어떤가?

▸ 참가자들은 자신에게 무엇이 필요하다고 생각하는가? 이들이 봉착한 어려움은 무엇인가?

▸ 해결해야 할 문제가 무엇인가? 이들의 한계는 무엇인가?

▸ 여러분이 발표하려는 주제를 참가자들이 어떻게 생각하는가? 여러분의 조직은 어떻게 생각하는가? 여러분은 어떻게 생각하

는가?

- ▶ 참가자들이 무엇을 아는가? 여러분이 발표할 내용을 얼마나 아는가? 이들은 전문적인 내용을 얼마나 이해하는가? 여러분은 어떤 개념을 설명해야 할 것인가? 사용하거나 정의하거나 피해야 할 용어가 무엇인가?
- ▶ 여러분이 발표할 화제가 청중에게 얼마나 중요한가? 이들은 이 화제에 얼마나 신경 쓰는가? 이들은 해당 화제나 논점에 어떤 감정이 있는가? 왜 이들은 그렇게 느끼는가?
- ▶ 참가자들은 발표회에 참석하려고 돈, 시간, 노력, 위험 면에서 어떤 대가를 치르는가? 이들이 이런 대가를 치를 여력이 되는가? 이 대가를 기꺼이 감수하는가?
- ▶ 특별히 고려해야 할 점이 무엇인가? 청중에게 유달리 필요한 사항이 있는가? 청중의 전력을 고려해야 하는가? 피해야 할 화제가 있는가?
- ▶ 누가 결정하는가? 청중은 어떤 의사결정권이 있는가?
- ▶ 결정에 누가 영향을 주는가? 이들은 어떤 영향력이 있는가?

위 질문에 여러분이 대답한 것을 토대로 청중이 질문할 가능성 있는 것을 브레인스토밍해서 쭉 열거해본다. 가장 협조적인 청중이라면 무엇을 알고 싶어 할까? 가장 고상하고 지식이 많은 청중이라면 무슨 질문을 할까? 가장 회의적인 청중이라면 무엇을 물어볼까? 정보나 지식이 가장 부족한 청중은 무슨 질문을 할까? 청중이 던질 것 같은 질문을 적는다.

질문을 놓고 브레인스토밍할 때 다른 사람을 참가시킨다. 한 사람보다 두 사람이 함께 생각하는 게 낫다. 여러 관점은 '틀을 벗어나' 생각하는 데 엄청난 도움이 된다. 발표자는 자신의 주제에 몰두한 나머지 정작 간단한 질문을 예상하지 못하기 쉽다.

이런 방법을 사용하면 청중이 던질 질문에 답할 내용을 미리 생각하고 준비할 좋은 토대가 마련된다. 여기에서 더 나아갈 수도 있다. 탐정처럼 조사해보고 연구해본다. 청중 가운데 일부에게 연락해본다. 이들에게 특별히 해결하고 싶은 걱정이나 묻고 싶은 질문이 있는지 알아본다.

청중과 미리 이야기할 수 없으면 만날 수 있는 다른 사람을 생각해본다. 청중과 비슷한 관심과 걱정과 어려움이 있는 사람이 누구인가? 이들을 무엇을 알고 싶어 하는가? 이런 질문에 답이 나오면 아주 종합적인 예상 질문 목록이 만들어질 것이다.

쉬운 질문과 어려운 질문

예상 질문 목록을 만든 다음에(또는 만드는 도중이라도) 질문 유형이 두 가지라는 점을 눈치 챌 것이다. 바로 쉬운 질문과 어려운 질문이다. 먼저 쉬운 질문에 답하는 방법 몇 가지를 간단히 살펴보자. 그 다음에 어려운 질문을 다루는 방법을 알아보자.

쉬운 질문

　쉬운 질문은 쉽게 답할 수 있는 질문이다. 기밀 또는 특허 정보가 아니다. 논란의 여지가 없으며, 청중 대부분이 답변을 이해하고 여기에 동의할 확률이 높다. 쉬운 질문에서 부딪치는 최고 어려움은 간략하게 설명해야 한다는 것이다. 모든 상세 내용을 원하지 않는 사람도 있음을 명심해야 한다. 어느 수준까지 상세하게 설명해야 할지 모르겠거든 질문자가 원하고 필요로 하는 수준으로 물어본다. 질의응답 시간은 발표자가 지닌 지식의 폭과 깊이를 자랑하는 시간이 아니다. 이는 질문자에게 필요한 정보를 제공하고 다음 질문으로 넘어가야 하는 시간이다.

어려운 질문

　어려운 질문에 답변하기가 힘든 이유는 다양하다. 그저 발표자가 답변을 모를 가능성이 있다. 완전히 답하려면 시간이 너무 많이 걸리거나, 완벽하게 이해하려면 청중 수준보다 더 많은 지식이나 특별 교육이 필요한 경우일 수도 있다. 또 답변에 논쟁의 여지가 있을 수도 있다. 기밀이거나 특허 정보인 경우도 있다. 아니면 질문 자체가 불분명할 수도 있다. 또는 질문자가 적대적이거나, 논쟁하기를 좋아하거나, 발표 주제에 자신이 회사에서 경험한 것을 연관시켜 이야기하는 기회로 생각할 수도 있다. 이밖에 질문자가 그저 자신의 지식수준을 자랑하고 싶어 하거나 말을 멈추지 않고 계속 해대는 경우도 있다.

발표자가 답변을 구상하는 데 필요한 모형을 소개한다. 이 답변 모형은 어려운 질문에 답할 때 지킬 3단계를 명확하게 제시한다. 이를 따라 하면 질문자와 다른 청중은 물론 발표자 자신까지 만족할 답변을 하게 된다. 답변 모형에 친숙해질수록 청중이 지켜보는 가운데도 어려운 질문에 맞는 훌륭한 답을 생각해낼 수 있다. 발표가 끝나고 집에 돌아가는 차 안에서 뒤늦게 생각난 답에 무릎을 칠 필요가 없어진다는 말이다.

답변을 분명하게 전략적으로 계획하기 전에 일단 말을 중지하고 생각해야 한다. 이는 어려운 질문에 답변할 때 가장 중요한 부분이다. 이에 따라 발표자가 명료하게 대답하는지, 진짜 아는 것이 많은지, 자신감 있고 솔직하다는 인상을 주는지 판명된다. 또 많은 경우 이에 따라서 성공과 실패가 판가름난다.

중지하고 생각해야 하는 이유

질문을 듣고, 답을 구상하고, 큰 소리로 답변하는 세 과정에서 두뇌는 각기 다르게 활동한다. 뇌를 양전자 방사 단층 촬영(positron emission tomography, PET)한 결과를 보면, 뇌 속 혈액은 이 세 과정에서 각각 다른 부문으로 이동한다. 이렇게 혈액이 이동하는 데는 시간이 걸린다. 그런데 앞의 두 단계를 거치지 않고 바로 답변을 시작하면, 각기 다른 세 작업이 두뇌에서 동시에 일어난다는 뜻이다. 이렇게 되면 뇌 속의 혈액이 여기저기로 분산되므로 결국 어느 부분도 최고로 활동하는 데 필요한 산소를 제대로 공급받지 못해 발표 내용과 전단 방법 모두 기대치를 충족하지 못할 것이다.

게다가 진심으로 청중에게 '초고'를 들려주고 싶은가? 미래 고객에게 수정도 안 된 서류를 이메일로 보내겠는가? 잠시 중지하고 생각을 정리하는 과정을 거치지 않고 답변을 시작하면 막 시작한 '초고'를 들려주게 될 것이다.

몇 초라도 시간을 내 단어를 선택하지 않으면 한 말을 취소하거나 바로잡아야 할 사태가 발생한다. 설명하거나 수정하거나 심지어 사과하느라고 훨씬 더 많은 시간을 소모하게 될 수도 있다. 한편 답변하기 전에 잠시 중지하는 방법이 논리적이고 당연한 것처럼 여겨지겠지만 이는 항상 쉽지는 않다.

여러분은 본능에 따라서 즉각적으로 답변하게 될 것이다. 또 애당초 중지할 때의 침묵이 불편할 것이다. 중지하면 답을 모르는 것처럼 보이겠지만 즉시 답변하면 지식을 선보일 수 있다고 무의식적으로 생각할 것이다. 그러나 이런 억측에 빠져 즉각적으로 답변하면 자신과 청중이 최상의 답변을 전달하고 들을 기회를 뺏게 된다. 또 답변 구상 모형을 따를 가능성이 줄고, 나중에 후회할 말을 하게 될 가능성이 높다.

중지하면 진짜로 답을 모른다는 인상을 줄까? 오히려 그 반대다. 잠시 중지하고 자신 있되 방어적이지 않은 자세를 취하면 사려 깊고 자신감이 넘쳐 보인다. 이런 자세는 다음과 같은 인상을 준다.

- ▸ 질문자를 존중하는 뜻에서 받은 질문을 신중하게 고심하는 중입니다.
- ▸ 질문자의 필요사항을 가장 잘 충족해줄 수 있는 답변을 생각하고 있습니다.
- ▸ 이 발표장에 있는 게 편합니다.
- ▸ 이 시간이 구술시험 시간이 아니라, 서로 정보를 나누고 다른 사람의 처지를 이해하는 기회라고 생각합니다.
- ▸ 내 답변은 잠깐 기다릴 가치가 충분히 있을 것입니다.

답변을 구상하자

잠시 중지하고 생각한 뒤 다음 세 단계로 답변을 구상해보자.

1. 질문을 이해한다는 점을 보여준다. 공통점을 찾는다.
2. 답변 내용이나 입장을 뒷받침하고 명백하게 하며 보완하는 정보를 준다.
3. 신념, 의견, 조언, 중요한 요점을 다시 말한다.

각 단계를 자세히 살펴보자.

질문을 이해한다는 점을 보여주자 : 공통점을 찾자

"질문자가 의미하는 바를 이해합니다. 그러나…"라는 반응은
오히려 이해를 못하고 있다는 느낌이 든다. 이 진부한 문구는 발표
자가 '이해하지만, 이에 반대하고, 빨리 무대를 내려가고 싶다'고
생각하는 것처럼 보이게 한다. 이보다 나은 대안을 살펴보자. 여러
대안 가운데 하나를 결정할 시기와 방법에는 발표자의 훌륭한 판
단력(중지하고 생각하는 동안 나온)이 중요하게 작용한다.

질문을 명백하게 하자

발표자는 모든 방안을 강구해서 자신이 질문자가 질문한 의미
를 이해했는지 확인해야 한다. 평상시 대화에서 사용하는 식으로
한다. 질문 의미를 확신하지 못하겠거든 질문자에게 물어본다. 질
문의 상황과 누락된 내용을 간단하게 설명해달라고 한다. 잘못된
질문에 답하기 전에 물어본다.

정보를 더 요구하자

정보가 더 필요하지만 어떤 질문이 적당한지 모르겠거든 신체
언어와 언어적 암시를 써서 질문자가 질문을 계속하거나 확대하게
유도한다. 눈썹을 들어올리고 멈추는 행동만으로도 청취자는 발표
자가 더 많은 정보를 필요로 하고 원한다는 점을 알아챈다. "무슨

생각을 하는지 더 이야기해주세요"라고 하면 질문자에게서 정보를
더 이끌어낼 수 있다. 보충 정보는 문제의 본질에 다다르는 데 도
움이 된다.

질문을 그대로 따라 말해보자

질문자가 한 말을 그대로 따라서 질문을 다시 말해본다. 이는
발표자가 보기에 질문자가 잘못 말한 것 같을 때 특히 유용하다.
이때 목소리에 감정을 담지 않도록 주의한다. 비꼬는 느낌을 주면
안 된다. 시간을 벌려는 용도가 아니라, 의미를 확인하거나 이해하
려 한다는 점을 보여줄 때만 이 방법을 사용한다. 시간이 더 필요
하면 잠시 중지하고 생각한다.

질문을 바꿔 하자

질문 바꿔 하기(발표자의 표현으로 질문을 다시 하기)는 발표자가 그
질문을 얼마나 잘 이해하는지를 보여준다. 발표자가 질문을 정확하
게 또는 완전하게 이해하지 못한 경우, 바꿔 말하기를 하면 질문자
가 해당 질문을 명확하게 설명할 기회가 생긴다. 이는 발표자가 계
속 진행하기 전에 정보 교환을 기초로 자신과 질문자가 생각하는
의미가 같은지를 확인하는 방법이다. 질문을 바꿔 말할 때 "내가 듣
기에 귀하가 하는 말은 …"(사춘기 자녀에게 말하는 것처럼 들린다) 하는
식으로 시작하면 안 된다. 간단하게 "…라는 의미인가요?" 또는 "내
가 제대로 이해했는지 볼까요…"라는 말이 효과가 더 좋다.

질문을 반복해서 하자

질문을 반복해서 하기는 발표자가 질문의 의미를 완전히 이해했지만 애초에 청중이 질문을 잘못했다는 확신이 들 때 좋은 방법이다. 그러나 단순히 생각할 시간을 벌려고 질문을 반복하면 안 된다. 이런 방법은 솔직하지 못하고 교활하다. 차라리 잠시 중지한다. 서두르지 않는다. 자신 있고 방어적이지 않음을 신체 언어로 표방하는 한 여러 답변 중에서 고르는 것처럼 보여 오히려 사려 깊은 인상을 준다.

공통점을 찾자

발표자와 질문자가 동의할 점이 무엇인가? 예를 들어 발표자가 인용한 가격에 난색을 보이는 고객이 있다는 제기가 들어오면, "결정을 내릴 때 가격은 분명히 중요한 요소이지요" 하는 식으로 동의하는 방법이 있다. 때로 공통점이 없어 "이것은 정말로 곤란한 사안입니다. 게다가 우리 둘 다 의견이 아주 분명하군요" 하는 식으로 말하는 것 외에는 도리가 없을 수도 하다. 그러나 공통점을 찾는 방법은 질문자에게 협력하고 있다(반기를 드는 게 아니라)는 분위기를 즉각 조성하는 효과가 있다.

이런 방법을 쓰고 나면, 실질적인 답변을 할 차례다.

답변 내용이나 입장을 명백하게 하며 보완하는 정보를 주자

다음 단계는 답변의 실질적인 내용이다. 답변을 구상하는 방법을 살펴보자.

정보를 보태자

질문자가 알고 싶어 하거나 필요로 하는 것이 또 무엇이 있는가? 어떤 상세 내용이 필요한가? 보충 정보를 최대한 간결하게 전달한다.

의미를 명백히 하거나 오해를 바로잡자

사소한 의미 차이나, 요점에 대한 개인적인 판단이나, 동일한 단어 뜻을 다르게 해석하는 것은 모두 혼돈을 주거나 착각을 불러일으킨다. 청중이 발표자의 요점을 잘못 이해하고 질문하면, 발표자는 이를 명백히 하고 바로잡을 기회가 생기는 셈이다.

질문자의 의견을 반박하거나 부정하는 정보를 논쟁 없이 잘 전달하면, 청중은 발표자와 발표자의 정보를 수용하는 태도를 높게 산다. 이렇게 할 수 있게 돕는 아주 간단한 기술을 소개한다.

"귀하가 의미하는 바를 이해합니다. 그러나…"라는 말을 들었을 때 즉각적으로 어떤 생각이 드는가? 특히 발표자가 이를 빠르고 격렬하게 말하면, 이 말이 전달하는 메시지는 "댁이 틀렸습니다!"이다.

이런 말을 들으면 발표자가 이해력이 부족하다는 생각은 물론 자신이 부인당한다는 느낌까지 든다. 그것도 많은 사람 앞에서 공개적으로 말이다.

발표자는 질문에 답할 때 '그러나(but)' 대신에 '그리고(and)'를 써야 한다. '그러나'를 '그리고'로 바꾸는 것만으로 부인한다는 느낌이 사라진다. 발표자는 항상 개방적이며 방어적이지 않은 자세를 유지해야 한다.

청중은 발표자가 즉시 말을 시작할 때보다 요점을 증명하는 방법을 고심하고 나서 말할 때 더 열심히 듣는다.

게다가 "그 내용에 상당 부분 동의합니다. 그리고 …" 또는 "그 점을 인정합니다. 그리고 …" 또는 "귀하가 말한 내용을 존중합니다. 그리고 …"와 같은 문구로 답변하면 훨씬 효과가 좋다. 아무리 다루기 힘든 상황이라도, 이런 사소한 변화는 긍정적이고 협력적인 환경을 만드는 데 도움이 된다.

신념, 의견, 조언, 중요한 요점을 다시 말하자

아무리 의도가 좋은 질문이라도 샛길로 빠질 수 있다. 이런 경우 답변을 끝낸 뒤 중요한 요점을 반복해서 설명하며 원래 발표 궤도로 돌아온다. 이는 발표자와 청중이 단순히 이전에 나온 질문이 아니라 프레젠테이션의 원래 내용과 목적에 다시 집중하게 하는 데 좋은 방법이다. 반복은 오랫동안 기억하게 만드는 주요 요소다. 따라서 이를 청중이 기억하기 바라는 주요 요점을 반복하는 기회로 활용한다.

질문에 답하기

답변하기 전에 잠시 중지하는 사이 몇 가지를 생각해본다. 첫째, 질문이 발표자가 마땅히 알아야 하는 내용인지 결정한다. 질문이 들어왔다고 해서 발표자가 그 답변을 꼭 알아야 한다는 뜻은 아니다. 질문이 발표자의 전문 분야에 속하는가, 아니면 이에 답할 더 적당한 사람이 있는가? 둘째, 그 질문에 답할 필요가 있는지 결정한다. 주제와 전혀 관계없어서 답변하다가는 다른 청중의 시간만 낭비하는 꼴인 질문도 있다.

아예 답이 없는 질문도 있다. 답을 명확하게 주장하기 불가능하기 때문이다. 또는 견해의 문제일 수도 있다. 아니면 그저 아직 알려지지 않은 내용일 수도 있다. 이밖에 기밀 또는 특허 정보라 공개하면 안 되는 경우도 있다. 이런 가능성을 고려한 뒤에야 질문자에게 답할 준비를 갖추게 된다. 각종 방법을 더 자세히 살펴보자.

답을 모를 경우

당연히 답을 알아야 하지만 모른다면 알아본 뒤 질문자에게 연락하겠다고 이야기한다. 이 방법을 쓸 때 질문자의 연락처를 알아놓는다. 단 여러분이 이 답변을 해줄 최고 적임자일 때만 선택한다.

여러분이 답해줄 영역이나 전문 분야가 아니라면 질문자에게 답을 해줄 만한 다른 출처를 알려준다. 다른 사람이나 자료나 인터넷 검색이 최선의 출처일 가능성도 있다.

또 다른 방법은 다른 청중에게 물어보는 것이다. "청중 가운데 이 질문에 답해줄 분이 있나요?" 또는 "이런 사안을 다뤄본 분이 있나요?" 식으로 질문하면 적절하다. 이 방법을 선택한 때 마음의 준비를 하고 있어야 한다. 청중이 내놓은 답과 여러분의 의견이 다를 수도 있기 때문이다. 또는 답을 하겠다는 청중이 너무 많아서 계속 이어지는 답변을 처리해야 할 수도 있다. 그러나 이는 청중의 참여도를 유도하는 아주 좋은 방법이기도 하다.

주제와 무관한 질문

일부 질문은 주제와 무관하거나, 표면적으로만 관계가 있거나, 너무 질문자에게만 국한된 문제라 시간을 내어 답하는 게 다른 청중에게 시간 낭비가 될 수도 있다. 이런 질문이 나오면 발표자는 즉시 청중의 주의를 발표 주제로 다시 돌려야 한다. 다음과 같은 식으로 말하면 된다.

"물론 이 문제에 관심이 가겠지만, 지금 당장은 원래 정해진 부분을 다뤄야 합니다. 이 사안을 토론하고 싶으면 프레젠테이션 끝나고 내게 찾아오세요. 이 행사가 끝나기 전에 나는 주제에 직접 관련된 질문에 최대한 많이 답해야 합니다. 또 다른 질문 있으신 분?"

기밀과 특허 정보

질문이 기밀 또는 특허 정보와 관련돼 있다면 그렇다고 설명한다. 그러나 '노코멘트(no comment)'라고만 하고 넘어가면 안 된다.

그러나 설사 숨길 게 없더라도, 이렇게 하면 퉁명스럽거나 회피하는 것처럼 들린다. 그 대신에 청중에게 말해도 되는 선까지 이야기한 뒤 이후에 더 공개할 수 있는지 여부와 가능하다면 그 시기가 언제쯤인지 알려준다. 이렇게 말하면 적당하다.

"그 부분은 특허 정보라서 대답할 수 없습니다. 다만 많은 고객이 그 분야에서 필요한 사항이 있음을 우리도 알고 있다는 점 정도만 말씀드리겠습니다. 이런 고객의 요구가 우리 회사에 각종 기회를 열어줄 것이라고 기대합니다. 또 우리는 3/4분기가 끝나기 전에 이 사안을 발표할 수 있기를 바랍니다. 그러니 부디 계속 관심을 기울여주세요."

이미 답한 질문

이미 설명한 정보를 반복해서 설명하는 데 주저하지 말아야 한다. 한 청중이 발표자가 앞서 말한 정보를 놓쳤다면, 다른 청중 역시 그랬을 가능성이 다분하다. '앞서 말한 대로'라는 말로 답변을 시작하지 말자. 이런 말은 방어적이거나 비난조로 들린다. 그 대신 필요한 정보를 머릿속으로 생각해본다. 다음에는 더 주의를 집중하거나 기억하기 쉬운 방법으로 전할 수 있겠는가?

한편 때로 유독 한 청중이 이미 설명한 정보를 반복해서 질문하는 경우가 있다. 이런 질문에 답하다가는 다른 청중의 시간을 뺏겠다는 판단이 서면, 질문자에게 프레젠테이션이 끝난 뒤 따로 만나거나 나중에 해당 정보를 보내주겠다고 말한다. 그다음에 다른 청중에게 질문할 기회를 준다.

적대적이거나 따지는 질문

적대적 질문이 나오면 잠시 중지하고 생각하는 동안 그 질문자와 계속 시선을 마주치면서 우호적이거나 중립적인 표정을 유지한다. 질문자에게서 시선을 돌리거나 달아나고 싶은 자연스러운 충동을 억제한다. 다시 강조하지만, 말하기 전에 꼭 잠시 중지해야 한다. 불쑥 답변을 시작하면 방어적이거나 겁을 먹은 것처럼 보인다. 그 반면에 중지하면 차분하고 사려 깊게 여겨진다. 적대적 질문에 답할 때, 답변 구성 3단계를 따른다. 이 단계를 다시 짚고 넘어가자.

1. 질문을 이해한다는 점을 보여준다. 공통점을 찾는다.
2. 답변 내용이나 입장을 뒷받침하고 명백하게 하며 보완하는 정보를 준다.
3. 신념, 의견, 조언, 중요한 요점을 다시 말한다.

곤란하고 적대적인 질문에 답변할 준비를 진짜 제대로 갖추려면, 18장에 소개한 논리적 오류의 개념에 친숙해져야 한다. 곤란하고 적대적인 질문, 함정이 있는 모든 질문에는 논리적 오류가 들어있다. 이런 오류를 파악하면 훨씬 쉽고 자신 있게 효과적으로 답변할 수 있다. 반면에 적대적인 질문을 하는 질문자는 자신의 잘못된 생각이 공개적으로 분명히 드러나는 순간에 발표자 같은 태도로 대응하지 못한다. 발표자가 침착하고 논리적으로 대응하면 악화될 가능성이 있는 상황을 진정시킬 수 있다. 이는 질문자는 물론 다른 청중도 발표자를 더 신용하게 만드는 효과적인 방법이다.

지배 욕구가 강한 질문자

지배 욕구가 강한 질문자는 순서에 상관없이 큰 소리로 질문하며 우위를 차지하려 하거나, 수많은 질문을 던지거나, 발표자를 논쟁에 끌어들이려고 한다.

이런 질문자가 큰 소리로 질문하면서 우위를 차지하려 하면 다음 방법을 써보자. 그 질문자의 눈을 들여다보며 차분하게 "그 질문을 잘 기억해두세요. 다른 질문(또는 여러 질문)에 답변한 뒤 곧 귀하의 질문에 답하겠습니다"라고 말한다. 그리고 나서 몸을 돌려 여러분이 선택한 질문으로 계속 진행한다. 이런 행동은 진행 순서와 발표자의 권위를 강화하고, 다른 청중을 향한 존중을 보여준다. 적절한 때가 되면 그 질문자의 질문으로 돌아간다.

한 질문자가 수많은 질문을 계속 던지면 강경한 자세를 취한다. 발표자가 생각하기에 답해야 되는 질문에만 답변한 뒤에 "최대한 많은 청중의 질문에 답하고 싶습니다. 자, 다음 질문 있는 분?"처럼 말한다. 이야기할 때 지배적인 질문자 쪽을 보지 않고, 다른 청중과 시선을 맞추며 질문을 환영한다는 뜻을 비친다.

그 질문자가 상황에 맞지 않는 토론에 발표자를 끌어들이려 하면, 그 질문을 '제외' 하는 게 낫다. 다음처럼 말해보자. "귀하와 그 사안을 토론하자면 주어진 시간보다 더 많이 소요될 것입니다. 그 부분을 이야기하려면 귀하의 상황을 구체적으로 알아야 하니까요. 지금 당장은 시간이 허락하는 한 많은 질문에 답변해야 합니다. 프레젠테이션이 끝나고 찾아오시면 1 대 1로 이야기해보지요." 그 다음에 "또 질문 있는 분?" 하면서 다른 청중과 눈을 마주친다.

전문적인 질문

비전문가들은 전문가들에게 질문하면 너무 많은 정보와 너무 상세한 내용을 설명한다고 불평한다. "몇 시냐고 물어봤는데, 원자시계 제작 방법을 말하더라고요."

원하거나 필요한 것 이상으로 정보를 제공하면 비전문가인 질문자를 짜증스럽게 하는 것은 물론 시간을 낭비하게 된다. 이 때문에 프레젠테이션이나 회의에서 제한된 시간에 더 질문하거나 답변할 수 있는 질문의 수가 줄어든다. 그러나 전문가나 기술계 발표자는 논점을 복잡하게 만들 많은 변수를 알고 있고, 정확하고 빈틈이 없으며, 성실하게 도움을 주고 싶어 한다. 그러다보니 이들은 말을 중지할 시점을 잘 감지하지 못한다. 전문기술 분야 발표자가 적당한 정보량과 너무 과해지는 시점을 포착할 방법이 무엇인가?

해리 E. 체임버스(Harry E. Chambers)는 『과학과 기술 전문가를 위한 효율적 커뮤니케이션 방법(Effective Communication Skills for Scientific and Technical Professionals)』에서 기술 분야 발표자에게 길잡이 역할을 할 질문지가 필요하다고 제안한다. 이는 발표자가 답변을 시작하기 전에 가지는 딜레마인 '얼마나 상세하게?'를 해결해준다. 청중에게 질문지를 돌려서 원하는 상세도를 구체적으로 선택하게 하면 이 문제를 풀 수 있다. 체임버스의 책에 나온 내용을 바꿔 말하면 다음처럼 표현될 것이다.

▶▶ 여러분이 해당 정보를 어떻게 사용할지를 알면 내가 그 질문에 가장 맞는 답변을 결정하는 데 도움이 될 겁니다. 필요 사항이나 관심 부분을 더 자세히 이야기해주시겠어요?

▶▶ 연구 프로젝트 내용을 상세하게 설명해드리지요. 10분쯤 걸릴 겁니다.

▶▶ 설계와 접근법의 기본 사항을 알려드린 다음에 여러분에게 필요하다면 더 많은 정보를 얻을 방법을 이야기하겠습니다.

▶▶ 간략하게 개요를 말한 뒤에 여러분의 구체적인 질문에 답변하겠습니다.

시간과 식순이 허락한다면 프레젠테이션이 끝난 뒤에 개별적인 질문에 답하거나, 명함이나 이메일 주소 등의 정보를 줘서 질문자가 다음에 연락하게 하거나, 시간 여유가 있고 관심이 있는 청중에게 남아서 더 질문하게 한다.

고위 경영진의 질문

고위 경영진이 묻는 질문은 주로 두 종류다. 첫째, 조직에서 상부와 대단히 직결된 질문이다. 둘째, 아주 정밀하고 상세한 질문이다. 하니웰 회장인 래리 보즈웰(Larry Boswell)은 전략 실행의 중요성을 토론하면서 경영진이 왜 이런 질문을 하는지 다음처럼 설명했다.

"단지 일의 마무리만 중요한 게 아닙니다. 마무리 짓기 위해 적절하게 배치할 사항을 이해하는 것도 아주 중요하지요. 15년 전만해도 CEO는 수준 높은 전략을 짜고, 남은 시간에는 그저 고객을 방문하거나 백악관에서 열리는 만찬에 참여하면 됐습니다. 그러나 오늘날은 상황이 다릅니다. 전략가가 되는 것은 기본이고, 조직화 과정에 참여해 전략 실행도 관리해야 합니다. 참여하지 않은데다 전략마저 실패로 돌아간다면, 여러분은 끝장입니다."

이 두 종류의 질문을 살펴보자. 첫째, 상부와 직결된 질문은 대개 대규모 조직 전략과 관련이 있다. 이런 질문의 예를 들면 '우리 회사가 R&D를 강조하는 견지에서 볼 때 이 조직 개편이 어떤 의미가 있다고 생각하는가?' 같은 식이다. 둘째, 정밀하고 상세한 질문은 조직화, 실행, 구체적인 예상 결과에 초점을 맞춘다. 이런 질문의 예로는 '이율이 2퍼센트까지 상승하면 주요 수치가 어떻게 변할 것인가?'를 들 수 있다.

이런 질문에 바로 대답할 수 있다면 아주 좋겠지만, 실상은 그렇지 못하다. 모두에게 불가능한 일이다. 그렇지만 상부 전략의 논점을 고려하고 있다는 점이 드러나게 답변하면, 기본적인 사업 감각이 있는 것으로 비춰질 것이다. 이런 방식을 쓰면 상세한 사항까지 엄청나게 쏟아내거나 모든 세부 질문에 즉시 답하는 것보다 경영진의 신임을 더 많이 얻게 될 것이다.

이는 가설에 입각한 질문일 경우에도 마찬가지다. 조직 전략에 관련된 다양한 접근법과 여러 가능성을 고려했다는 점을 보여주면 사고방식이 유연하고 개방적임을 증명하는 셈이다. 세부적 질문이 가설에 입각한 데다 특히 구체적인 답변을 제공하기 위해 계산 해야 하는 상황이라면, 질문자는 계산이 마무리될 때까지 기꺼이 기다릴 것이다.

경영진 프레젠테이션을 준비할 때 가장 중요한 점은 전략 형태와 발표 주제와 관련된 이행상의 문제점을 철두철미하게 생각해놓는 것이다.

신체 언어가 중요

최고 답변이라도 발표자가 방어적이고 회피하는 태도라면 신뢰가 가지 않는다. 반면에 답변이 완전히 만족스럽지 않더라도 발표자가 솔직하고 자신 있는 태도를 보이면 청중은 쉽게 받아들인다. 물론 답변 내용이 가장 중요하지만, 질문에 답변할 때의 행동 역시 전달하는 메시지에서 중요한 역할을 한다. 총체적인 메시지를 전달하는 데 중요한 부분은 스트레스를 받을 때 몸에 나타나는 증상을 인식하는 것과, 발표 내용을 뒷받침하도록 몸을 활용하는 방법을 아는 것이다.

이런 내용을 모르면 신체 언어를 통해서 불안감이나 스트레스가 그대로 드러날 것이다. 자신감과 성실함을 전달하도록 몸을 사용하는 방법을 알면 신체 언어를 통해서 발표 내용에 대한 청중의 신뢰도를 높일 수 있다. 다른 사람에게 자신이 자신 있게 행동하고 말하는 것처럼 비춰진다고 느끼면, 불안감이 증폭되는 하강 악순환을 예방할 수 있으며, 긴장을 풀고 명료하게 생각하게 된다.

질문에 답할 때 사용하는 신체 언어는 프레젠테이션하는 동안에 사용해야 하는 신체 언어와 동일하다. 14장에서 소개한 비언어적 전달 기술(시선 마주치기, 속도, 자세, 얼굴 표정, 목소리, 동작, 움직임)이 모두 여기에서도 효과를 발휘할 것이다.

중간에 발표 스타일을 바꾸지 말자!

준비한 정보를 발표한 뒤에 질의응답 시간으로 전환해서도 지속적인 스타일을 유지하는 것이 자연스럽고 솔직하게 접근하는 핵심이다. 프레젠테이션의 다른 부분으로 넘어가면서 갑자기 스타일을 바꾸면 청중은 발표자의 '진짜' 스타일을 놓고 혼란스러워진다. 이렇게 되면 자연스럽게 발표자의 신뢰도에 의문이 제기된다. 발표자가 부분적으로만 '진짜' 모습을 보여준다면 어느 때가 진짜 모습인가? 진짜 모습을 보여주지 않는 의도가 무엇인가?

신체 언어를 의식적으로 사용하자

14장에 나온 비언어적 전달 기술을 사용해 발표자에 대한 신뢰도를 높이고 어색하거나 곤란한 순간을 없애는 방법을 살펴보자.

중지하고 호흡하자

답변을 시작하기 전에 잠시 중지하는 게 아주 중요함을 앞에서 설명했다. 중지하는 동안에 꼭 호흡해야 한다는 것을 명심해야 한다. 숨을 참으면 긴장하고 되고 이런 모습이 상대방에게 그대로 전달된다. 숨을 내쉴 때 소리를 내지 않게 주의한다. 할 말을 생각하면서 한숨을 짓는 것처럼 보이면 안 되기 때문이다.

시선을 계속 마주치자

질문에 답변할 때 시선 마주치기가 아주 중요하다. 질문자가 말할 때 계속 시선을 맞춘다. 물론 다른 곳을 보는 게 마음이 편하겠지만 이는 안 듣는다는 인상을 준다. 시선을 마주치면 질문에 숨은 의미를 드러내는 미세한 얼굴 표정이나 신체 언어를 감지할 기회가 생긴다.

생각하기 위해 꼭 다른 곳을 봐야겠다면, 말을 시작하기 전에 시선을 돌려서 해당 질문자와 시선을 다시 마주친다. 바닥이나 벽이나 천장을 보며 답변하지 말고 질문자에게 답변한다. 답변이 아주 간단하면 말하는 내내 질문자와 시선을 마주친다. 답변이 길면 (약 2초 이상 지속될 경우) 말하면서 각기 다른 위치에 앉아 있는 청중을 골고루 바라보는 게 효과적이다. 이유는 다음과 같다.

질문자와 시선을 너무 많이 마주치면 양쪽 다 불편해진다. 또 다른 청중과의 연계가 약해진다. 해당 질문에 관심이 있는 다른 사람도 이야기 속으로 끌어들여야 한다. 또 그 질문에 관심 없는 청중은 머릿속으로 다른 생각을 하게 되지만, 발표자가 시선을 마주치면 계속 경청하게 된다.

답변을 자신 있게 마무리하자

답변하면서 질문자에게서 시선을 거두고 다른 청중에게도 시선을 맞췄다면, 답변을 마치면서 시선을 맞추고 싶은 사람을 선택한다. 일반적으로 답변을 끝낼 때는 원래 질문자를 다시 쳐다보는 게 좋다. 이렇게 하면 얼굴 표정과 신체언어를 통해서 질문자가 이해하는지와 답에 만족하는지 확인할 수 있다. 청중을 교육하거나 이들에게 정보를 전달하는 목적의 프레젠테이션이라면 "질문에 답이 됐나요?"라고 물어보는 것도 좋다.

적대적 질문에 답변할 때 마무리하기

질문자가 따지는 경향이 있거나 적대적 상황이라면, 답변을 끝내면서 그 질문자를 다시 바라보지 않아도 좋다. 이는 미세한 행동이지만, 질문자가 다른 질문을 하거나 발표자를 논쟁에 끌어들일 기회를 차단하는 데 효과가 아주 좋다. 이는 질문자가 제기한 주제를 다뤘고 다음 질문으로 넘어갈 준비가 됐다는 뜻을 강력히 전달한다. 질의응답 시간에는 대부분 강력한 민주주의 원리가 존재한다. 일반적으로 질문을 하나 이상 하고 싶은 청중일지라도 다른 청중에게 질문할 기회를 줘야 한다는 것을 쉽게 받아들인다.

질의응답 시간 끝내기

질문에 답변하면서 시간을 계속 확인한다. 발표자가 시간을 확인할 여력이 없다면 다른 사람에게 부탁한다. 시간을 확인할 다른 사람(사회자, 주최자 또는 청중)을 정해서 제한된 시간 몇 분 전에 알려달라고 한다. 그 다음에 청중에게 질문 한두 개를 받을 시간밖에 없음을 알린다. 프레젠테이션이 끝난 뒤에 1 대 1로 더 질문을 받을 수도 있다.

강하게 끝내기 위해 반복의 힘을 활용하자

끝낼 시간이 되면 발표 내용 가운데 가장 중요한 요점을 강조할 마지막 기회가 남는다. 이 기회를 이용한다. 그저 청중에게 감사하다는 말로만 끝내지 않는다. 물론 이는 좋은 태도이지만, 이렇게 끝내면 발표자의 주장을 촉진할 기회를 활용하지 못하게 된다. 한 번 더 청중이 취해야 할 행동을 간략하게 말한다. 최대한 구체적으로 발표한다. 발표자의 충고를 따랐을 때 청중이 얻을 이익을 다시 이야기한다. 말을 끝낸 다음에 정지한 자세로 서 있어야 한다. 끝나서 기쁘다는 듯이 서둘러 내려가면 안 된다. 그 자리에 적어도 몇 초 동안 서 있어야 한다. 청중의 박수를 즐긴다.

핵심 포인트

질의응답은 프레젠테이션의 꽃이다. 질의응답 시간에 비로소 청중과 대화를 시작하게 된다. 누구나 대화에는 여러모로 전문가다. 대부분 일상생활의 대화 기법을 그대로 활용하면 된다.

이 시간에 청중은 자신들의 생각을 발표자에게 알린다. 발표자는 청중의 관심을 파악하고, 이들이 원하는 세부 내용을 부연하며, 심도 깊게 설명하고, 혼동이나 오해를 없앨 수 있다.

질의응답 시간에 잘 대비하려면 브레인스토밍을 해서 예상 질문을 뽑아놓는다. 그러고 나면 쉽게 답변할 수 있는 질문, 조사해야 할 질문, 다른 전문가나 자료를 참고하게 하거나 당장 대답하지 않고 미뤄둬야 할 질문으로 분류된다. 프레젠테이션은 구술시험이 아니라 공유하는 장이다. 발표자는 프레젠테이션 할 때 자신이 아는 내용을 알려줘야 하고, 질문을 받을 때 청중이 더 알아야 할 점을 파악해야 한다.

예상 질문에 답을 계획할 때와 예상하지 못했던 질문에 답을 생각할 때 발표 구상 3단계 모형을 사용하면 좋다. 신체언어를 통해서 자신감, 솔직함, 청중과 정보를 공유하고 싶은 진실한 열의를 전달한다.

중요한 요점을 다시 반복하면서 프레젠테이션을 끝낸 다음 몇 초 동안 움직이지 말고 자리에 그대로 서 있어야 한다. 청중의 박수를 즐기자.

뭔가 문제가 있다!

적대적이고 함정이 있는 질문에 대한 자기방어

18장

이성이 마음을 다스리면 평화가 지속된다. **-윌리엄 콜린스**

오류 파악 능력은 논쟁의 여지가 있고 중대한 이해관계가 걸린 상황에 처한 발표자에게 대단히 중요한 기술이다. 오류는 설득력 있게 들리지만 결정적 흠이 있는 주장이다. 보통 오류는 비논리적인 방법으로 설득하려 할 때 생기지만 경솔한 생각 때문에 나오기도 한다.

함정이 있는 질문 등 많은 곤란한 질문에는 논리적 오류가 있다. 사업과 재정 분석가 같은 전문 대담자들은 오류가 포함된 질문을 하는 데 능수능란하다. 이런 질문은 설득력 있게 들리지만, 논리적 오류를 인지하고 폭로하지 못하면 납득이 가게 대답하기 아주 힘들다.

마찬가지로 청중이 곤란한 질문을 던지면 발표자가 주장한 내용의 오류가 드러나기 쉬워진다. 물론 주장이 설득력 있게 들리게 만들 수는 있지만 이는 여러 가지 이유로 부적절하다. 발표자가 전한 '사실'이 틀렸거나 불완전할 수 있다. 또 발표자의 정보는 정확하지만, 발표자의 추론과 결론이 틀렸을 수도 있다. 발표자가 말을 잘못했을 수도 있다. 또는 비논리적인 방식으로 청중에게 영향을 주려는 의도로 단어를 교묘하게 사용했을 수도 있다.

우리는 일반적 오류에 익숙해져 무의식적으로 이를 인정하지 않는 경향이 있다. 발표자가 보기에, 오류를 이용해서 청중을 설득했을 때 발생할 위험보다 이득이 크다고 생각되면 이를 주저 없이 이용해도 좋다. 그러나 많은 사람이 모인 발표장에서 자신의 잘못된 생각이 공개적으로 드러날 위험이 있다면 적어도 의식적으로 사용하려고 노력해야 한다.

사업 프레젠테이션에서 청중이 묻는 곤란한 질문에서 주로 발견되는 논리적 오류를 설명하겠다. 주장에 들어간 오류를 파악해서 규명한 다음 프레젠테이션에서 흔히 접하는 질문과 비슷한 예를 제시할 것이다. 앞부분에 나온 오류 여섯 가지에서는 질문의 예는 물론, 주장의 오류를 폭로해줄 적절한 답변의 예까지 제시했다.

곤란한 질문을 다루는 연습을 하고 싶으면, 예로 든 질문에 대한 자신의 답변을 나름대로 생각해보자. 답변 내용은 물론 어조에도 주의를 기울여야 한다. 답변을 생각할 때 앞에서 설명한 답변 구상 3단계 모형을 활용하면 도움이 된다.

오류가 있는 흔한 주장

우리가 흔히 접하는 오류가 있는 주장을 인식하는 방법을 배우면, 청중이 던지는 곤란한 질문에 답변할 준비를 갖추게 된다. 아래에 유형별로 오류가 있는 주장이 들어간 질문과 이에 잘 대처한 답변을 예로 들었다.

논점 교묘히 회피하기

논점을 교묘히 회피하기는 '답변이나 에둘러 추론한 내용을 옳다고 가정해놓고 논하는 방법'이다. 이런 오류는 명제를 입증하는데, 그 명제를 다시 사용할 때 발생한다. 이 방법을 쓰면 발표자가 주장을 그저 반복할 뿐인데도 마치 주장을 입증할 다른 증거를 대는 것처럼 들린다. 논리학 용어를 빌려 설명하면, 명제에 대한 논쟁의 전제에 명제 자체가 포함돼 있으면 명제나 전제 모두 의심스럽다. 최근 들어 '논점을 교묘히 회피(beg the question)' 하는 말이 '논점을 제기(raise the question)' 하는 것으로 잘못 이해되는 일이 허다하다. 이 두 말은 실제 의미가 아주 다르다.

> 질문 : "고객 만족을 향상시키는 최선책은 완제품을 철저히 검사하는 것이라니, 완제품 검사 횟수를 두 배로 늘리기만 하면 되겠네요?"
>
> 답변 : "누구나 결함 있는 제품이 출하되는 것을 원하지 않습니다.

그러나 선적하기 전에 결함 있는 제품을 발견하더라도, 어차피 이 제품을 생산하는 데 비용이 들었습니다. 그러니 애초에 결함이 발생할 횟수를 줄일 방법을 생각해봅시다."

유도 질문

유도 질문에는 상대방의 의견을 손상하려고 설정된 가정이 들어 있다. 이 방법은 논쟁을 회피한다. 이렇게 되면 상대방은 조정당하거나 따돌림을 받는다는 느낌이 들어 반감이 생길 수 있다.

질문 : "마케팅 부서가 계속해서 무능력하게 운영되고 있으니, 개발팀 중 누군가가 보도 자료를 작성해야 하지 않나요?"

답변 : "개발팀은 보도 자료에 들어가야 하는 내용을 준비할 것입니다. 물론 마케팅 부서 직원들은 지난번 경쟁업체가 보도 자료를 배포한 타이밍과 예산 제약 때문에 어려움을 겪었습니다. 마케팅 부서원들은 능력이 매우 뛰어나고 헌신적이며, 우리 회사 제품을 소비자에게 인식시키는 데 엄청난 공헌을 하고 있습니다. 이들은 보도 자료 업무도 계속 담당할 것입니다."

위협하기

위협하기는 불리한 결과를 부각하거나 두려움에 호소하면서 주장하는 방법이다. 손해가 생길 거라고 위협하면서 자신의 의견을 내세운다.

질문 : "어떻게 가격을 올리지 않는다는 말입니까? 가격을 인상하지 않으면 올해 수익이 하나도 안 날 겁니다. 올해 봉급 인상과 보너스가 없을 것이고, 일자리마저 보존하지 못하게 될 거라고요."

답변 : "순수익을 향상할 방법을 찾아봐야 할 것입니다. 이를 위해서 가격 인하를 단행할 경우 순수익이 올라갈 정도로 판매량이 늘어날지를 분석해보는 것도 좋은 방법입니다. 또 다른 방법은 경비를 절감할 방도를 찾는 것입니다."

위험한 비탈길

위험한 오류는 계획의 첫 단계만 시작해도 피해가 막심한 결과가 반드시 발생할 것이라고 가정한다. 이런 결과를 들먹이는 이유는 해당 계획을 아예 실행하지 말자고 주장하기 위해서다. 이런 오류가 들어간 주장은 예외를 고려하고, 한계를 설정하며, 사례별로 결정을 내리는 데 취약하다.

질문 : "이것이 진짜로 현명한 계획이라고 생각합니까? 이 프로젝트에 자금을 투자하면 얼마 지나지 않아 모든 엔지니어가 각자의 작업에만 몰두하게 될 것입니다. 수익을 창출할 가능성이 없어 보이더라도 말입니다. 그렇게 되면 다른 핵심 프로젝트들이 완료되지 못할 겁니다."

답변 : "발생 가능한 수익을 포함해서 자금 지원 기준을 만들면 됩

니다. 평소 예산을 승인할 때와 마찬가지로 각자 상황에 맞춰서 잘 판단할 수 있을 것입니다."

C큐브

상호관계와 인과관계를 혼동하는 C큐브(c cubed) 오류는 '잘못된 원인의 오류'라고도 한다. 이 오류는 두 일이 함께 발생하면(시간, 장소, 동일한 사람 또는 집단) 반드시 한쪽이 다른 쪽에 영향을 줬다고 가정한다.

질문 : "주식시장이 정점에 달했을 때 우리나라의 살인 발생률이 35년 만에 가장 급격하게 떨어졌습니다. 그러니 경제가 번창하면 폭력범죄가 감소된다는 사실이 맞잖아요?"

답변 : "나는 살인 발생률이 떨어졌다는 점도 기쁘지만, 지난 몇 년 동안 주식시장이 떨어지는 가운데도 폭력범죄 발생률이 올라가지 않았음을 더 만족스럽게 생각합니다. 일부 사회학자들은 폭력범죄 발생률이 떨어진 이유가 주요 도시에서 치안유지 정책을 개편했기 때문이라고 주장합니다. 또 에코 붐 세대(echo boom, 베이비붐 세대의 자녀 세대로 X세대나 Y세대라고 부름—옮긴이)의 고령화와 테스토스테론(testosterone, 남성 호르몬의 일종—옮긴이) 수치의 하락 때문이라고 생각하는 사회학자도 있습니다. 이처럼 범죄율의 급격한 변화에는 여러 이유가 존재합니다."

불합리한 추론

라틴어 'Non sequitur(불합리한 추론)'은 '관계가 없다'는 뜻이다. 불합리한 추론은 주장의 결론이 전제와 관계가 없을 때 생기는 논리의 오류다.

질문 : "시장에서 선두자리를 유지하는 것을 그토록 걱정해야 하는 이유가 무엇입니까? 우리 회사 제품은 품질 면에서 월등합니다. 사용자들은 우리 제품을 아주 좋아합니다."

답변 : "이 제품은 회사가 시장에서 선두자리를 차지하고 이를 유지하는 데 엄청난 역할을 했습니다. 최근 가격에 이의를 제기하는 소비자가 늘고 있습니다. 소비자에 따르면 몇몇 경쟁사가 자신들에게 잘 맞고 좋은데다 가격이 우리 제품보다 20퍼센트나 낮은 제품을 내놓고 있다고 합니다. 소비자들이 어떤 제품을 선택할 것 같은지 한 번 이야기해보죠."

허수아비

허수아비 오류는 반대되는 주장과 다르고 약한 주장을 공격할 때 사용된다. 반대되는 주장을 극단적으로 어리석게 풍자하는 식으로 이루어진다. 즉 공격할 '허수아비'를 만드는 것이다.

질문 : "그러니까 하루 24시간 내내 시중을 들어주길 바라는 고객(프로그램을 만들고, 고장을 수리하고, 직원을 훈련하면서)이 사실

상 아무 대가도 없이 새 소프트웨어를 만들어달라고 요구한다는 거 아닙니까? 이를 기꺼이 받아들여야 한다고 생각합니까? 답변 좀 해보시죠?"

여러분이 발표자라면 이 질문에 어떻게 답하겠는가?

전후관계와 인과관계 혼동

라틴어 'post hoc, ergo propter hoc(전후관계와 인과관계 혼동)' 은 '이 이후에 일어났으므로 이 때문에 발생했다' 는 뜻이다. 이 논리의 오류는 어떤 일 뒤에 일어났기 때문에 그 일이 원인이라고 가정할 때 나타난다. 이는 주로 간단히 'post hoc' 이라고 한다.

> 질문 : "작년 1월에 영업팀을 개편했습니다. 그리고 6개월 동안 판매량이 15퍼센트까지 상승했습니다. 부서원 재편성이 영업력을 소생시키는 게 확실한데요. 언제 또다시 개편을 해야 할까요?"

여러분이 발표자라면 이 질문에 어떻게 답하겠는가?

도넛 샌드위치

도넛 샌드위치(doughnut sandwich) 오류에는 여러 이름이 있다. 이 오류는 허위 딜레마(false dilemma)나 허위 이분법(false dichotomy)이나 배중률(excluded middle, 어떤 명제와 이를 부정하는 명제 중 하나는 반드시 참이라는 원칙-옮긴이)로 알려졌다. 이는 다른 선택이나 절충안이 불가능함을 의미한다. 자동차 범퍼에 많이 붙이는 '싫으면 떠나라(America-love it or leave it)' 스티커가 전형적인 예다.

> 질문 : "그 시장을 선점할 수 없다면, 아예 참여하는 의미가 없습니다. 예산을 소모하기 전에 그 사업부문을 아예 없애버립시다. 그리고 나면 핵심 사업에 자원을 집중할 수 있습니다. 그 사업부문을 매입할 업체가 있을까요?"

여러분은 이 질문에 어떻게 답하겠는가?

단기적 관점 대 장기적 관점

짧은 기간 대비 긴 기간은 특히 허위 딜레마의 일반적인 형태다. 많은 기업의 주요 고민이 단기적인 관점 대비 장기적인 관점이라는 식으로 논쟁된다.

> 질문 : "금융시장이 우리 회사의 지난 수익 예상을 놓고 비웃는 상황인데, 어떻게 R&D 비용을 늘려야 한다고 조언하는 거죠?"

여러분이 발표자라면 이 질문에 어떻게 답하겠는가?

무지에 호소

무지에 호소(appeal to ignorance)하는 오류는 잘못이라고 증명되지 않은 것은 모두 진실이며 진실이라고 증명되지 않은 것은 모두 거짓이라고 본다.

질문 : "아무도 이 문제의 원인이 정신적 피로가 아니라고 입증하지 못했습니다. 그러니 정신적 피로 때문인 게 확실해요! 연구 폭을 좁혀서 정신 피로에만 집중하면 안 될까요?"

여러분이 발표자라면 이 질문에 어떻게 답하겠는가?

인신공격

라틴어 'ad hominem(인신공격)'은 '사람에게'라는 뜻이다. 이 오류는 자기주장의 장점을 거론하는 게 아니라, 반대 주장을 하는 상대방 자체를 평가할 때 나타난다. 이 평이 긍정적이든 부정적이든 간에 일반적으로 주장과 관계가 없다.

질문 : "그 변호사가 출근하는 길에 길을 잃어버린 적이 있죠? 회사에 가는 길도 찾지 못하는 사람이 어떻게 이런 사건을 맡을 수 있죠?"

여러분이 발표자라면 이 질문에 어떻게 답하겠는가?

섣부른 일반화

섣부른 일반화는 결론을 내리기에 너무 적은 표본을 사용해서 일반화할 때 일어난다. 이를 흔히 '속단하기'라고 한다.

> 질문 : "저 고객이 구입한 것까지 합해서 오늘만 이 책이 세 권 팔렸어요. 이 달 판매용으로 수백 권쯤 더 주문해야겠죠?"

여러분이 발표자라면 이 질문에 어떻게 답하겠는가?

비전형적 표본

이 오류는 설사 사용된 표본이 상당히 크더라도 이 표본이 전체 인구를 대변하지 않을 때 발생한다.

> 질문 : "동네사람, 골프장 또는 온천에서 만난 이들까지 포함해서 내가 아는 사람은 다 애시버튼에게 투표할 작정이라고 했어요. 그런데 어떻게 스미스가 시장으로 선출된 거죠?"

여러분이 발표자라면 이 질문에 어떻게 답하겠는가?

쇼핑하기

쇼핑하기 오류는 '엄선(pick and choose)' 오류라고도 한다. 여기에는 밀접하게 연관된 두 가지 오류가 들어 있다. 이는 관찰에 따른 선택과 제외의 오류다. 관찰에 따른 선택은 '성과'를 감안하되 '실패'를 뺀다. 제외는 '실패'를 감안하지 않는다. 흔히 쇼핑할때 두 오류가 다 나타난다. 가장 좋아하는 것만 선택하는 것이다.

질문 : "와! 캘리포니아에 있는 아울렛들이 진짜 잘 운영되는군. 이들 중 거의 3분의 1이 판매 목표를 달성하고, 나머지 반도 목표치에 근접하겠는걸. 내 사위를 이 지역 관리자로 승진시키는 게 좋겠어! 자네 생각에 내 사위가 애리조나와 네바다에 있는 아울렛도 관리할 준비가 된 것 같은가?"

여러분이 발표자라면 이 질문에 어떻게 답하겠는가?

허위 유추

허위 유추는 아주 다른 두 사물을 비교한 뒤 비슷하다고 주장하거나 암시하고, 그것을 토대로 결론을 내리는 것이다. 그러나 두 사물에 어떤 식으로든 비슷한 면이 있으면 이것이 오류임을 분명히 말하기 혼란스럽다. 따라서 허위 유추를 파악하려면 차이점을 분명히 인식해야 한다.

질문 : "두 사례 모두에서 젊은이가 자신 또는 다른 사람을 사망에 이르게 하거나 상해를 끼쳤습니다. 그렇다면 십대에게 차를 판매하는 것은 유아에게 총알이 든 총을 주는 것과 마찬가지 아닌가요?"

여러분이 발표자라면 이 질문에 어떻게 답하겠는가?

대중성

대중성의 오류는 주장에 장점이 있어서가 아니라 많은 사람이 이 주장을 사실이라고 믿으니까 사실이라고 주장하는 것이다.

> 질문 : "체중을 줄이는 진짜 비결은 탄수화물 섭취를 억제하는 것임을 모르나요? 얘기를 들어보니 수많은 사람이 고단백 식이요법으로 바꾸고 있다고 하더군요."

여러분이 발표자라면 이 질문에 어떻게 답하겠는가?

권위에 호소

권위에 호소하는 오류는 주장 자체가 지닌 장점 때문이 아니라 권위 있는 사람이 말했기 때문에 사실이라고 주장할 때 나타난다. 이는 권위 있는 사람의 주장이 틀릴 가능성이 있기 때문에 논리적 오류다. 그러나 전문가의 의견에 그 분야의 다른 전문가들이 반대하거나, 이 전문가가 정보를 잘못 받아들였거나, 인용을 잘못했거나, 회유를 당했거나, 단순히 농담하는 것일 수도 있다. 게다가 권위자나 전문가를 정하는 기준이 무엇인가? 지식의 범위가 확장되고 전문 분야가 좁고 깊어지면서, 어떤 사안이 정확하게 해당되는 분야의 전문가를 찾기가 점점 힘들어지고 있다. 실제로는 해당 사안과 다른 분야의 전문가일 수도 있다.

> 질문 : "그렇지만 그 사람들은 회계사잖아요! 모두 CPA란 말입니다! 게다가 대기업에서 일한다고요! 이 사람들에게 우리 회사 회계 장부를 맡기고 우리는 마케팅에 집중하는 게 좋지 않을까요?"

여러분이 발표자라면 이 질문에 어떻게 답하겠는가?

반대 도로

반대 도로 오류는 결과를 원인으로, 또는 원인을 결과로 가정할 때 발생한다. 이 오류는 대체로 제한된 관점 때문에 생긴다.

> 질문 : "그렇지만 계속 새 직원을 고용해야 합니다. 고용 속도를 늦추면 제품 생산율이 증가하지 않을 거예요. 제품 생산율을 계속 증가시키지 못한다면 도대체 어떻게 수요를 높이고 판매망을 확장할 수 있겠습니까?"

여러분이 발표자라면 이 질문에 어떻게 답하겠는가?

아빠, 설교하지 마세요!

'아빠, 설교하지 마세요!(Papa don't preach, 마돈나의 노래 제목으로 원치 않은 임신과 낙태를 내용으로 함—옮긴이)' 오류는 논리학에서 '편파적인 말(prejudicial language)' 이라는 논리적 오류다. 이 오류는 해당 주장에 동의해야 윤리적 또는 도덕적으로 덕이 있다고 주장하거나 암시한다. 대체로 주장을 달성하려고 감정적이거나 가치관이 들어간 말을 사용한다.

> 질문 : "그러니까, 여기 모인 관대한 여러분은 이 신설 자선단체의 정력적이고 덕이 높은 자원봉사자의 지칠 줄 모르고 사심 없는 활동을 지원함으로써, 사회에 공헌해야 하는 우리의 의무를 달성할 수 있는 이 좋은 기회를 환영할 것입니다."

여러분이 발표자라면 이 질문에 어떻게 답하겠는가?

관심을 다른 곳으로 돌림

이는 질문 또는 토론 중인 주제와 관련이 있는 것 같지만 실제로 무관한 정보를 대는 방법이다. 이는 청중의 주의를 다른 데로 돌리고, 논점을 혼동하게 하며, 동의와 결론에 다다르기 어렵게 만든다.

> 질문 : "주요 도시의 담수 사용량을 줄일 방법을 토론하기 전에, 전 세계의 담수 공급이 빙하와 빙하 밑 저장량에 얼마나 의존하는지 먼저 살펴봐야 하지 않을까요?"

핵심
포인트

발표자들에게는 오류가 있는 주장(설득력 있게 들리지만 논리적으로 결점 있는 주
장)을 파악하고 논리적으로 대응하는 능력이 중요하다. 이런 능력은 발표자를
더욱 유능해 보이게 하고 자신감에 넘치게 만들어준다.
곤란한 질문이나 함정이 있는 질문에는 대체로 논리적 오류가 들어 있다. 일
단 발표자가 질문자의 논리적 오류를 발견해 드러내고 나면 설득력 있게 답
변하기가 훨씬 쉬워진다.
발표자의 주장에 담긴 오류도 쉽게 드러난다. 발표자가 보기에 오류를 이용해
서 청중을 설득했을 때 발생할 위험보다 이득이 크다고 생각되면 주저 없이
이를 이용해도 좋다. 일반적으로 접하는 오류를 잘 알아두면 무의식적으로 이
를 사용해서 공격받을 확률이 줄어든다.

여러분이 발표자라면 이 질문에 어떻게 답하겠는가?

곤란하거나 논쟁적인 질문에 잘 답하기 위한 첫 단계는 이런
질문에 담긴 오류를 파악하는 것이다. 그러나 이는 다분히 복합적
이고 감정적인 문제임을 명심하자. 여러분에게 이성적이고 논리적
으로 보이는 것이 다른 사람에게는 반대로 받아들여질 수 있다.

작은 세상
이해를 막는 장벽 극복하기

벽을 좋아하지 않는 뭔가가 있다….
그래서 두 사람도 나란히 지나갈 만한 큰 틈을 만든다….
벽을 좋아하지 않는 뭔가가 있다. 그것은 벽이 무너지기를 바란다.

－로버트 프로스트

세계가 날로 좁아지면서 많은 사람과 새로운 방법으로 소통하게 됐다. 이 장에서는 대부분의 대규모 조직과 많은 소규모 조직에서 흔히 발생하는 어려움을 극복할 기본 지침을 제공한다. 이 어려움은 웹 프레젠테이션 만들기, 더듬거리며 말하기다.

웹 프레젠테이션

사람 앞에서 하는 기존의 프레젠테이션에서 효과적인 많은 방법과 기술은 웹 프레젠테이션에도 유용하다. 그러나 웹 프레젠테이션에서는 약간 문제가 복잡해지므로, 고려할 몇 가지 사항을 소개한다.

어떤 종류의 웹 프레젠테이션을 말하는가? 일단 가장 일반적인 종류를 살펴보자. 그다음에 각 종류의 어려움을 설명하고, 이런 어려움을 해결해 웹 프레젠테이션에 성공하는 비결을 소개한다.

보통 웹캐스트(webcast, 인터넷 방송)는 인터넷을 통해서 상호작용이 거의 또는 아예 없는 많은 사람에게 하는 프레젠테이션을 말한다. 브로드캐스트(broadcast)를 생각해보면 된다. 보통 웹 컨퍼런스(web conference, 화상회의)는 이보다 작은 집단을 대상으로 하는데, 최소한 2명에서 최대한 25명 정도다. 회의 종류와 관계없이 참가한 사람이 많을수록 각 참가자가 이야기하는 시간이 줄어든다.

웨비나(webinar, 웹과 세미나의 합성어로 웹사이트에서 하는 실시간 또는 녹화해둔 양방향 멀티미디어 프레젠테이션)는 훈련이나 교육에 주로 사용된다. 작은 수부터 많은 수까지 참여할 수 있는데, 참가자들은 다른 조직 소속이거나 한 조직의 다른 부서 또는 다른 지사 소속일 수도 있다. 웨비나는 실시간 상호작용, 행사 도중 또는 마지막에 상호작용하거나 아예 상호작용하지 않을 수도 있다.

이런 웹 프레젠테이션과 직접 사람 앞에서 하는 기존 프레젠테이션의 분명한 차이점은 바로 웹 사용 여부다. 웹은 멀리 떨어져서 의사소통하는 데 필요한 기술이다. 웹 프레젠테이션이 오디오만을 활용하든, 오디오와 비디오를 모두 활용하든 간에, 기술이 더 많이 적용될수록 생각할 상세 내용이 더 많아진다. 먼저 프레젠테이션 요소를 결정할 때 기술이 미치는 영향을 살펴보자.

대역폭이 핵심이다

대역폭이 충분하지 않으면 참가자들의 주파수대가 달라진다. 각 참가자는 같은 시간에 동일한 내용을 받아야 한다. 그렇지 못하면 처음부터 불리한 상황에서 시작하는 셈이다. 프레젠테이션 중간에 이 문제를 조절(문제 설명, 모두가 내용을 받을 때까지 기다리기, 정보 반복)하자면 내용을 전달하고 관리하며 받아들이기가 더 힘들어진다.

발표자가 웹 프레젠테이션 기술 분야의 전문가가 아니고 특히 이를 처음 사용한다면 미리 사용법에 대해 조언과 도움을 받아둔다. 장비에 일시적으로 이상이 생기거나 막판에 전환될 경우를 대비해 즉각 도움을 받을 수 있게 꼭 기술자를 대기시켜놓는다.

오디오 고려 사항

모든 참가자가 프레젠테이션을 분명하게 들을 수 있어야 한다. 특히 비디오를 사용하지 않는 경우라면 모든 내용이 잘 들리는 게 아주 중요하다. 비디오를 사용하지 않거나 상호작용할 기회가 없다면 재생음의 충실도(fidelity)가 결정적인 역할을 한다. 이는 내용을 정확하게 전달하는 것은 물론, 청중이 성가시거나 짜증스러워지고 주의가 분산되는 것을 막는데도 핵심적인 부분이다.

높은 오디오 성능을 원한다면 아직까지 전화선이 가장 적합하다. 인터넷에서 발표한다면, 하루 중 전송량이 가장 많은 시간대라도 오디오 전송을 잘 받도록 빠른 전화선으로 연결하라고 모든 참가자에게 알려둬야 한다.

웹캐스트를 하는 도중에 키보드를 사용하거나 다른 부분을 조작해야 한다면 헤드셋을 사용한다. 두 손이 자유로워 필요한 일을 즉각 처리할 수 있으면 많은 문제를 예방할 수 있다.

비디오 고려 사항

직접 사람들 앞에서 하는 기존 프레젠테이션과 마찬가지로, 비디오 웹 프레젠테이션을 할 때도 청중은 발표자가 이야기를 시작하기 전부터 발표자의 모습에 영향을 많이 받는다. 다음 조언을 따르면 더 효과적으로 진행할 수 있을 것이다.

화면에 비춰질 환경을 깔끔하게 정리한다. 배경은 무늬가 없는 단색으로 하고 필요 없는 물건(화분, 벽에 걸린 그림, 술 장식이 달린 램프)을 치우면 청중의 주의가 덜 분산되고 비디오 전송 품질을 유지하는 데도 도움이 된다.

조명에도 신경을 쓴다. 형광등은 그리 적절하지 않다. 천장 조명은 발표자를 무섭게 보이게 할 수 있다. 최적의 조명은 밝기와 따뜻한 느낌이 적당하고 그림자가 지지 않게 여러 방향에서 비춰야 한다. 이런 종류의 크로스 라이팅(cross lighting)에는 무대 조명이나 휴대용 스포트라이트가 필요하다.

복장을 수수하게 갖춰 청중이 발표자의 얼굴에 집중하게 한다. 배경과 대조되는 색을 입으면 발표자가 잘 부각된다. 무늬가 있는 옷보다 단색을 입는 게 청중의 주의를 덜 분산하며, 디지털 전송 데이터가 줄어들어 일정한 영상 품질을 유지해준다.

전달 기술

직접 사람들 앞에서 하는 프레젠테이션과 마찬가지로 목소리 톤과 억양과 정지를 통해서 많은 의미가 전달된다. 더구나 청중이 발표자를 볼 수 없는 상황이라 일반 프레젠테이션에 비해 말투와 성량의 중요성이 더욱 커진다. 그러니 14장에서 설명한 음성 전달 기술과 속도와 정지 기술을 잊지 말고 꼭 사용하자.

비디오를 사용할 경우 머리 부분만 클로즈업해서 잡으면 안 된다. 일반적으로 상반신을 촬영하는 것이 적당하다. 몸의 중심을 자꾸 이동하지 않는다. 너무 활동적으로 움직이면 화면상에서 이리저리 튕기는 것처럼 보이니 이를 피한다. 발표자가 보는 것이 청중에게는 안 보일 수도 있음을 명심한다. 시각교재를 향해서 손짓하지 않게 주의한다. 항상 미소를 짓는다. 미소는 기계 장치를 통한 웹 프레젠테이션의 차가운 속성에 온기를 더해준다. 또 미소는 눈에 보일 뿐만 아니라 귀에도 들린다.

웹 프레젠테이션 진행

발표자의 임무는 참가자가 모르는 사항을 최대한 없애주는 것이다. 따라서 프레젠테이션 개요를 소개하고 진행 순서를 알려준다. 또 참가자들을 서로 소개하며, 각자의 직위와 위치 등을 이야기한다. 이밖에 참가자가 직접 발표할 시기와 방법을 설명하고 상호작용을 조절해야 한다. 참가자들이 음성으로만 대화한다면 발표자가 각자의 이름과 위치를 알려줘야 한다. 질문이나 논평이 화면에 자막으로 나가고 특히 한 화면에 여러 논평이 주르륵 실린다면 발표자가 각 내용을 올린 사람을 즉시 알려주는 게 좋다.

발표자가 각기 다른 지역의 참가자들이 이야기하도록 유도하는 방법도 좋다. 이는 참가자들이 소리 제거 버튼을 눌러놓고 듣는 둥 마는 둥 그냥 앉아만 있게 되는 상황을 방지해준다. 이 방법을 선택할 작정이면 프레젠테이션을 시작할 때 참가자 발언 순서가 있으니 호명되더라도 놀라거나 창피해하지 말고 바로 답변하라고 얘기해둔다.

프레젠테이션 요점을 요약하고 참가자들이 실천할 사항을 개략적으로 다시 반복하면서 자신 있게 마무리한다.

말 더듬기

다양한 분야에서 큰 성공을 거둔 많은 사람이 말을 더듬었다. 아리스토텔레스, 아이작 뉴턴, 찰스 다윈, 윈스턴 처칠, 작가 존 업다이크, 제너럴 일렉트릭의 전 CEO 잭 웰치, 연예인 얼 존스와 마릴린 먼로, 카릴 시몬을 예로 들 수 있다. 세계 인구 가운데 약 5퍼센트가 살아가면서 말을 더듬는데, 이는 대부분 어린 시절에 많이 나타난다. 대개 자라면서 고쳐지지만, 성인 가운데 1퍼센트는 계속 말을 더듬는다. 이는 미국에서 280만 명, 전 세계에서 5,500만 명가량이 말을 더듬는 장애가 있다는 뜻이다.

아주 오래전부터 학자와 사색가들은 말더듬이에 대한 수수께끼를 풀려고 노력했다. 현대 과학 덕에 이 비밀이 조금씩 풀려가지만, 아직까지도 확실한 원인은 밝혀지지 않았다. 말더듬이에 대해 과거에 나왔던 해석(심리적인 스트레스 때문이 일어나거나 말을 더듬는 가족 또는 가까운 지인에게 배운다)에 유전학, 신경학, 방사선학, 언어병리학 분야에서 새로 발견된 내용이 보완되고 있다. 이렇게 새로 발견된 내용들은 곧 말더듬이에 대한 여러 의문점을 해결해줄 것이다. 이 중에는 말더듬이가 여성에 비해 남성에게 4배나 자주 발생하는 이유도 포함된다.

2000년 후반에 많은 학자가 말을 더듬는 데 유전적 요인이 작용한다는 증거를 발견했다고 발표했다. 더 결정적인 증거는 뇌를 PET 촬영한 결과로, 이는 말을 더듬는 사람들의 생리 기능에 나타난 차이점을 보여줬다. 산타바바라 캘리포니아대학과 텍사스대학이 함께 실시한 연구에 따르면, 말을 더듬는 사람들의 뇌 패턴에 차이점이 나타났다.

그러나 말더듬이라도 더듬지 않고 말할 때는 이 패턴이 나타나지 않아, 바로 이 차이점이 말의 생성을 방해하는 것으로 보인다. 또 흥미롭게도 말더듬이가 자신이 말을 더듬는 장면을 상상만 해도 뇌에 이 패턴이 나타난다. 학자들은 이 뇌 활동 때문에 말을 생성하는 근육(입술, 혀, 발성 체계, 횡격막)에 뒤범벅이 된 메시지가 전달된다고 생각한다.

자신이 말을 더듬는다면 이 문제를 해결하려고 노력했을 것이다. 이를 위해 진단을 받은 뒤 자신에게 딱 맞는 교정 프로그램을 선택해야 한다. 그러나 특히 새로 만난 사람과 대화할 때를 비롯해서 말을 더듬어 발생하는 여러 문제의 구체적인 해결방안을 알고 싶으면, 에릭 불란드(Eric Bourland)가 쓴 『게릴라 말더듬이(Guerrilla Stutterer)』를 읽어보자.

말을 더듬는 사람과 이야기해야 한다면 다음 조언이 각종 장벽을 극복하는 데 도움이 될 것이다.

말을 더듬는 사람에게 정보를 전달할 때의 비법

말을 더듬는 사람과 의사소통하는 것은 모든 관련자에게 어색하거나 불편한 경험이 될 수 있다. 이런 불편함을 최소로 줄이려면 효과적으로 의사소통하는 데 유용한 방법을 활용해보자.

일단 인내심을 가진다. 상대방의 말이 끝날 때까지 기다린다. 그 사람의 말을 가로채서 끝내면 안 된다. 이는 모욕적이며, 특히 당사자와 다른 방향으로 문장을 끝내면 곤란해진다. 느긋하게 말하되, 부자연스럽거나 선심을 쓴다는 느낌을 줄 정도로 느리면 안 된다.

연계를 유지한다. 자연스러운 시선 맞추기와 얼굴 표정을 유지하고, 의식적인 신체 언어를 피한다. 중지하고 기다린다. 전화 통화할 때는 비언어적 전달 기법이 사용될 수 없음을 인식하고 불편할 정도로 길게 중지되더라도 기꺼이 기다린다.

　조언하지 않는다. 조언은 필요하거나 도움이 되지 않으며 환영받지 못한다. "긴장을 푸세요." "깊게 호흡하세요" 같은 말을 하지 않는다. 이는 너무 단순한 말로, 말하는 사람이 불편해한다는 점과 무지하다는 점을 드러낸다.

　마지막으로 가장 중요한 점은 말을 더듬든 그렇지 않든 간에 모두 여러 사람 앞에서 이야기할 때 동일한 감정을 느낀다는 점을 알아야 한다. 다음은 스스로 말더듬이이자 다른 말더듬이를 위해 자가 정신 요법 단체를 창립한 존 알백(John Alback)이 쓴 글이다.

　나는 사람들이 가장 두려워하는 게 발표임을 처음 알았을 때 아주 놀랐다. 말을 더듬는 사람만 이런 경험을 한다고 생각했던 것이다. 나는 늘 사람들 대부분에게 가장 큰 두려움은 죽음의 공포라고 여겼

**핵심
포인트**

의사소통의 복잡성(이해하는 데 영향을 미치는 사소한 의미 차이나 미묘함)에 언어의 차이와 발표의 어려움과 소통 방식의 문제 등이 결합되면, 이 복잡성이 소통을 가로막는 장벽이 되기 쉽다. 이런 장벽은 존재하는 차이점과 어려움을 인식할 때 해결할 수 있다. 각 문제를 구체적으로 파악하고, 이를 최소로 줄이거나 극복할 계획을 세우고, 다른 사람의 협조를 얻어내면 의사를 효과적으로 전달하는 데 도움이 많이 된다.

다. 그러나 죽음이 여러 사람 앞에서 발표하는 것보다 더 나은 점 세 가지를 발견했다. 첫째, 죽음은 딱 한 번 찾아오지만, 청중 앞에서 발표하면서 바보가 되는 경험은 무한히 겪게 된다. 둘째, 죽음은 사람들 앞에서 이야기할 필요가 없는 최선의 방법이다. 셋째, 죽은 다음에는 발표를 마치고 자리로 돌아가는 경험을 하지 않아도 된다.

준비되면 기분이 좋다
완벽한 계획수립을 위한 발표자 점검표

승리는 항상 준비태세를 갖춘 이들을 기다린다. 사람들은 이를 행운이라고 한다. —로알드 아문센

철저한 계획은 불안감을 줄이고 효과적으로 전달하는 데 엄청나게 큰 몫을 한다. 마지막 순간이 되면, 세부 사항을 걱정하는 것 말고도 생각할 일이 아주 많다. 프레젠테이션이 완벽하게 진행되지 않을 수도 있다. 발표자는 프레젠테이션에서 발생할 수 있는 문제를 아예 없애도록 계획을 철저히 세워야 한다. 그러고 나면 다른 문제를 유머감각을 유지한 채 빠르고 우아하게 처리할 시간과 힘과 명료함이 생길 것이다.

다음에 소개하는 핵심적인 정보가 담긴 발표자 점검표는 처리해야 할 세부 사항을 기억하는 데 도움이 될 것이다. 이 점검표를 작성하고 나면 필요한 모든 사항을 필요한 장소와 순서에 배치할 수 있다.

각 항목에 나온 사항을 처리했으면 항목의 왼쪽에 있는 상자에 표시한다. 프레젠테이션의 성격에 따라서 적용되는 항목이 달라질 것이다. 이 점검표를 복사했다가 필요할 때마다 사용한다. 프레젠테이션의 세부 사항을 담당하는 비서나 조수가 있으면 이들에게도 점검표를 준다. 그리고 담당할 부분을 나눈다. 프레젠테이션 직전에 "그건 네가 담당하는 줄 알았는데"라는 말을 하거나 듣지 않게 확실히 분담한다.

행사장 도착

행사장에 가는 데 필요한 모든 정보를 미리 알아놓는다. 이 정보를 이동하는 동안 늘 볼 수 있는 곳에 보관한다.

- ☐ 행사장 주소, 자세한 위치, 지도
- ☐ 여행 예약에 필요한 모든 사항
- ☐ 비행기가 지연되거나 취소될 때 도움을 요청할 여행사 직원 전화번호
- ☐ 주차 정보
- ☐ 건물에 들어가는 방법. 근무 시간 전이나 후에 도착할 예정이면 야간 담당자 전화번호를 알아놓는다.
- ☐ 마중 나올 사람의 이름과 전화번호

☐ 도와줄 최소한 두 명의 이름과 전화번호(조수, 비서, 건물 경비부
   서, 수위)
☐ 발표장 이름과 위치
☐ 미리 보낸 장비를 보관 중인 사람의 이름과 전화번호
☐ 장비 배송 확인증과 장비가 보관된 장소

호텔이나 컨퍼런스 센터 정보

호텔 또는 컨퍼런스 센터 직원에게 미리 그리고 자주 연락해 정보를 교환한다. 이들은 발표자가 프레젠테이션을 성공리에 마치도록 필요한 모든 것을 제공해야 한다. 이들은 발표자가 분명하게 지시해주면 고마워할 것이다(발표자 못지않게 이들도 막판에 비상사태가 일어나는 것을 원하지 않는다). 이들은 발표장의 온도 변화, 행사장 주방의 최고 요리를 비롯해 유용한 세부 사항을 모두 알고 있다. 준비하면서 이들이 아는 내용을 최대한 활용한다. 다음 정보를 꼭 파악해둔다.

☐ 도움을 줄 직원의 이름과 전화번호 : 호텔 매니저, 연회 매니저,
   음향영상 기술자 등
☐ 해당 시설 직원과 외부 하청업체(음향영상 기술자 등)가 제공하는
   서비스 내용. 외부 하청업체를 고용한 경우에는 장비를 설치해
   야 하는 이른 아침 등 발표자가 필요할 때 바로 동원이 가능하게

해놓는다.

☐ 모든 가격과 지불 조항 확인서

자리 배치와 기타 필요한 사항

필요한 사항을 구체적(도표가 유용하다)으로 써서 발표하기로 한 시설에 보낸다. 지시 사항을 수행했는지 미리 확인하되, 요구한 대로 정확히 따랐을 것이라고 너무 믿지 말자. 지시 사항을 오해하거나 실행하지 않았을 확률이 높다. 미리 발표장에 도착해서 필요한 대로 설치됐는지 확인한다.

☐ 좌석 형태/좌석 수

☐ 탁자/탁자 배치

☐ 발표장 앞쪽에 필요한 공간

☐ 필요한 발표대 또는 탁자

☐ 필요한 크기의 연단

☐ 조명 요건

☐ 음향영상(마이크, 컴퓨터 프로젝터, 비디오 플레이어, 이젤, 플립 차트, 화이트보드 등) 지원 요건

☐ 다과 종류와 양

☐ 다과 서비스 배치와 시간 같은 구체적인 사항

부가적인 세부사항

알아놓으면 좋은 세부사항을 몇 가지 더 소개한다. 다음 사항은 직원들이 알고 있는 것이지만, 발표자가 묻기 전에 굳이 미리 말하지 않을 것이다.

☐ 다과가 정각에 준비될까? 서빙이 조용하게 진행될까? 다과가 공동 사용 구역에 차려지는가? 그렇다면 행사에 참가하지 않는 사람들이 음식을 먹을 염려는 없는가?

☐ 청중이 발표자를 어떻게 찾을까? 발표자의 프레젠테이션을 알리는 정보를 언제, 어디에 붙일까?

☐ 근처 발표장에서 어떤 행사가 진행될까? 이런 행사에서 나오는 소음이 얼마나 클까? 발표자의 프레젠테이션에서 나는 소리가 옆 발표장의 행사에 방해될까?

☐ 휴식시간이 근처 발표장의 휴식시간과 겹칠까? 그럴 경우라면 휴게실과 전화 시설이 충분한가? 그렇지 않다면 격차를 둬서 휴식시간을 조절할 수 있는가?

☐ 발표장에 시선을 가로막는 기둥이 있는가? 이런 경우 참가자가 자유롭게 볼 수 있게 탁자와 의자를 배치할 수 있는가?

☐ 발표장에 스크린을 가로막을 낮게 드리워진 샹들리에나 다른 조명 기구가 있는가?

☐ 스크린을 한쪽으로 옮겨야 하는가? 스크린이 두 개 필요한가?

☐ 발표장에 화분이 몇 개나 있으며 어디에 있는가? 커다란 화분이 너무 많으면 방해된다.

☐ 발표장의 온도 조절이나 환기에 문제가 있는가? 있다면 해당 문제를 어떻게 해결해야 하는가?

☐ 발표장에 사람이 들고 나는 데 시간이 얼마나 걸리는가? 이는 휴식시간을 배분할 때 알아둬야 할 중요한 사항이다.

☐ 사용하지 않는 탁자나 의자를 호텔 직원이 빼갈 것인가? 프레젠테이션할 때 발표장에 빈 의자와 탁자가 많은 것은 좋지 않다.

마지막으로, 이밖에 어떤 세부사항을 해결해야 하는가? 또 어떤 정보를 알아야 하는가? 다른 사람들에게 무엇을 알려야 하는가에 대해 목록을 만든다. 마무리된 항목에 표시를 해둔다.

핵심 포인트

불안감을 줄이려면 계획을 철저하게 세우는 것이 가장 중요하다. 위 점검표를 사용하면 충분한 시간 여유를 두고 행사장에 도착할 수 있으며, 해당 시설이 발표자의 필요 사항에 들어맞는지와 준비가 돼 갖춰졌는지를 확인할 수 있다. 철저히 준비해두면 막판에 예상하지 못한 문제가 생겨도 침착하게 대응할 수 있다.

당신도 변할 수 있다

프란시스 효과는 인간의 본성을 이해하고 받아들이면서 시작된다.

사람들은 대부분 여러 사람 앞에서 이야기할 때 신경이 과민해지는 본성을 완전히 버리지 못할 것이다. 그러나 이런 불안감이 자연스럽고 정상적이므로, 최소로 줄이고 대비하고 잘 활용해서 훌륭한 발표자가 될 수 있음을 이해하면 결과가 상당히 달라진다.

사람은 변할 수 있다. 사람은 성장할 수 있다. 이렇게 변하고 성장해야 진정한 자신의 모습을 유지하고 모든 잠재력을 발휘할 수 있다.

즐겁게 프레젠테이션하고, 그 결과 얻는 보상을 마음껏 누리기 바란다.

경쟁자도 반하게 할
최강 프레젠테이션 기술

초판 1쇄 인쇄   2008년 10월 2일
초판 1쇄 발행   2008년 10월 9일

지은이   M.F. 펜숄트
옮긴이   신승미
감 수   윤영돈
펴낸이   이대희
펴낸곳   지훈출판사

기획편집   허남희
디자인, 제작 심정희
마케팅   신진식, 윤태영
교정, 교열   이상희
경영지원   안지영, 김정미
공급처(서경서적) 전화 02-737-0904 팩스 02-723-4925

출판등록   2004년 8월 27일 제300-2004-167호
주소   서울시 종로구 필운동 278-5 세일빌딩 지층
전화   02-738-5535~6
팩스   02-738-5539
전자우편   jihoonbook@naver.com

편집저작권ⓒ2008 지훈출판사
ISBN 978-89-91974-20-3 03320